Leontine v. Winterfeld-Platen

Das große Ja

FRANCKE
Verlag der Francke-Buchhandlung GmbH

Die Deutsche Bibliothek - CIP-Einheitsaufnahme

Winterfeld-Platen, Leontine /von:
Das große Ja / Leontine v. Winterfeld-Platen. -
Marburg an der Lahn : Francke, 2001
ISBN 3-86122-913-7

35037 Marburg an der Lahn
Umschlaggestaltung: Henri Oetjen, DesignStudio Lemgo
Foto: Privat
Satz: Verlag der Francke-Buchhandlung GmbH
Druck: Schönbach-Druck GmbH, Erzhausen

Heimatlicht „Taschenbuch"

In Schwarzburg blühten die Kastanien, und auf der ganzen langen Straße von Blankenburg her, die Schwarza entlang, war ein Jubeln und Singen, ein Knospen und Duften, als hätte nur auf diesem Weg allein der Frühling seinen Einzug gehalten ins deutsche Land. Und nun erhob sich über das Vogelsingen ein reiner, heller Klang aus jungen Menschenkehlen:

„Wer recht in Freuden wandern will,
der geh' der Sonn' entgegen,
da ist der Wald so kirchenstill."

Sie gingen alle drei in gleichmäßigem Marschtempo, den Rucksack auf dem Rücken. Als das Lied zu Ende war, blieb das Mädchen aufatmend stehen.

„Oh, Kinder, wie wunderschön ist es hier! Hier möchte ich gerne wohnen – immer und immer.",

Sie lehnte sich an den Hals zur Rechten und sah in den knospenden Buchenwald jenseits der Schwarza, wo die Drosseln schlugen.

„Nein, Annemarie, immer wohnen möchte ich hier nicht. Ich würde Heimweh bekommen nach unserer Wasserkante, nach der See und der Heide und den Dünen."

Langsam setzte sich der Sprechende auf die hölzerne Bank und faltete die Hände zwischen den Knien. Er hatte ein schmales, scharfes Gesicht und dichtes, blondes Haar. Seine Augen waren leuchtend und klar, wie die eines Kindes, und von einer tiefen, unbestimmten Farbe. Um seinen Mund lag meist ein stilles, versonnenes Lächeln, das ihm etwas unendlich Anziehendes verlieh.

Erich Knudsen, Annemaries Bruder, setzte sich neben ihn und schlug ihm lachend auf die Schulter.

„Ach, Klaus, nun lass doch mal deine alte, graue Nordsee und freue dich an Thüringens Maienpracht. Wenn wir erst beide wieder im Hörsaal sitzen, werden wir uns noch zurücksehnen in dieses wunderschöne Tal."

Annemarie nickte.

„Wie die Schwarza murmelt und springt! Ihr Wasser ist so grün und klar wie durchsichtiges Kristall. Ach, was wandern wir hier eigentlich mit schweren Schuhen auf der staubigen Straße!"

Sie sprang auf und lief den grasigen Abhang hinunter ans Ufer. Da zog sie sich schnell Schuhe und Strümpfe aus und raffte ihr Kleid zusammen. Behutsam schritt sie hinein in das murmelnde Wasser und ließ es schmeichelnd über ihre nackten Füße gleiten.

„Oh, ist das schön! Ich gehe hier unten nach Schwarzburg weiter. Schuhe und Strümpfe kommen in den Rucksack, so. Ich kann euch nur raten, ihr beiden da oben, macht es auch so."

Erich Knudsen und sein Freund ließen sich nicht lange bitten, und bald stapften alle drei im weißen Ufersand barfüßig ihrem Ziel zu.

Es war in den Pfingstferien, da hatten sie für einige Tage den Ausflug nach Thüringen unternommen. Erich Knudsen mit Schwester und Freund. Und des Freundes Mutter war auch dabei. Nur konnte Frau Sören nicht mehr so weit zu Fuß wandern wie die Jugend. Da benutzte sie denn die Bahn, sooft es ging. So auch heute. In Schwarzburg wollte sie die drei Wandervögel im Weißen Hirsch erwarten, wo man auch zu übernachten gedachte.

Was für eine Frau war eigentlich Frau Sören?

So fragte sich ein jeder, der sie zuerst kennen lernte. Denn man kam nie gleich dahinter bei ihr, weil sie so anders als andere war. Aber von ihren Augen ging ein Schein aus, der einem die Seele wärmte. Genauso wie bei ihrem Sohn Klaus. Sie trug das graue Haar schlicht gescheitelt und ein schwarzes Häubchen darüber. Ihr Mann war Pastor gewesen in dem kleinen Heidedörfchen Plichten, das nahe an der See lag. Nun hätte sie als Witwe eigentlich hinausgemusst aus dem lieben alten Pfarrhaus unter den breitästigen Linden. Und sie hatte sich schon gefürchtet vor der engen Stadt und der dunklen Hinterwohnung mit ihrem kleinen Klaus. Aber „die Olsch hat wieder Glück“, sagten die Leute, und es war wirklich so. Der neue Pfarrer war unverheiratet und ein etwas eigentümlicher Sonderling. Der hatte sie gebeten, doch bei ihm wohnen zu bleiben und ihm die Wirtschaft zu führen, da er niemanden mehr hatte auf der weiten Welt. Auch ihren Klaus sollte sie bei sich behalten, und er wollte ihn gerne unterrichten. Da hatte die junge Pfarrwitwe Linchen Sören mit Tränen in den Augen die Hände gefaltet und dem lieben Gott aus allertiefstem Herzen gedankt, dass sie nun nicht aus ihrem lieben Plichten fort brauchte. Und sie war dem alten Junggesellen eine treue und emsige Hauswirtin geworden. „Uns' Sonnenhüsing" hatten die Leute das Pfarrhaus getauft, und die Sonne darin war immer Frau Line Sören.

An den Lattenzaun des großen Pfarrgartens grenzte noch ein anderes Haus. Das gehörte dem Pächter Knudsen, der die schönsten Kühe auf den Marschen hatte und die ollsten Scheunen. Aber obgleich es viel schöner und stattlicher war als das strohgedeckte Pfarrhaus, hieß es im Munde der Fischer und Tagelöhner nur „Donnerhüsing". Denn viel donnernde Worte konnte man von da herausschallen hören auf die stille Dorfstraße. Das war die Heimat von Erich und Annemarie. Und man musste sich wundern, dass die beiden trotzdem noch so viel Frisches und Sonniges an sich hatten. Klaus Sören und die Knudsens waren Spiel- und Schulkameraden gewesen von Kind an. Das Pförtchen im verwitterten, alten Holzzaun des Pfarrgartens, der die beiden Grundstücke trennte, war wohl hundertmal an jedem Tage auf- und zugeknarrt, um die trippelnden Kinderfüßchen hindurchzulassen. Und die Freundschaft war auch geblieben, als die beiden Jungen von zu Hause fortmussten zum Hochschulstudium.

Klaus studierte Medizin und Erich Landwirtschaft. Das war schon von Kind auf ihr heißer Wunsch gewesen, und sie waren beide ihren Kinderwünschen treu geblieben.

Auf der großen, glasbedeckten Terrasse am Weißen Hirsch saß Mutter Sören mit ihren Schutzbefohlenen. Ganz prächtig schmeckte ihnen das Abendbrot nach dem langen Marsch, und in stiller Freude tranken ihre Augen das zauberhafte Bild der nebelumwogten Hirschwiese zu ihren Füßen und der dämmerigen bergan steigenden Wälderweiten, in deren Kranz wie ein vergessenes Dornröschenschloss die alte Schwarzburg ragte, die vor tausend Jahren dem Deutschen Reich einen Kaiser schenken durfte.

Sie sprachen wenig, denn Mund und Augen hatten so viel zu tun. Die großen Glasfenster standen weit offen und ließen den würzigen Duft von den Wiesen heraufsteigen.

Endlich holte Mutter Sören tief Luft und faltete beide Hände auf dem Tisch.

„Nein, Kinder, so wunderschön hätte ich es mir doch nie gedacht. Man hat es doch wieder mal viel, viel zu gut, dass man so etwas Herrliches mit seinen eigenen Augen sehen darf! Eigentlich war es doch furchtbar leichtsinnig von mir alten Frau, diese teure, weite Reise für so kurze Zeit zu machen."

Klaus, der ihr gegenübersaß, streichelte ihr quer über den Tisch herüber beide Hände.

„Wie du nun wieder redest, Mutter. Meinst du, ohne dich hätten wir anderen diese Fahrt ins Thüringer Land unternommen? Ganz gewiss nicht. Und für mich gab's keine größere Freude als dein Mitkommen."

Annemarie nickte lächelnd.

„Ja, lange genug gebettelt haben wir darum, Tante Sören. Denn mit Erich und Klaus allein hätten mich die Eltern ja auch nie ziehen lassen. Du kennst ja Mutter."

Es stand eine feine Falte zwischen ihren Augenbrauen, als sie das sagte, und ihr Gesicht war ein wenig traurig geworden.

Frau Sören sah es und fuhr ihr mit der Hand über das dichte, blonde Haar, das vorne gescheitelt war und in schlichtem, festem Kranz um den Hinterkopf lag.

„Lass gut sein, Annmieken. Nun sind wir ja hier und wollen uns alle von ganzem Herzen darüber freuen."

Klaus nickte.

„In wenigen Tagen muss ich wieder in die dunkle Stadt zurück. Da merkt man wenig vom Frühling und seiner Blütenpracht."

Annemarie sah ihn versonnen an, mit weichem, tiefem Blick.

„Und wann kommst du ganz und für immer nach Plichten zurück, Klaus?"

Er lächelte.

„Oh, das hat noch ein Weilchen Zeit. Ein paar Jahre muss erst noch studiert und assistiert werden. Wenn ich dann so weit bin, will unser guter, alter Doktor Mertens sich ja zur Ruhe setzen und mir seine Praxis überlassen im lieben Heimatdorf. O Mutter, das Leben ist doch wunderschön, wenn man so viel Verlockendes vor sich sieht wie ich."

Erich zuckte die Achseln und trank sein Glas Bier aus.

„Ansichtssache, mein lieber Klaus. Für mich hat dein blödsinniges Geochse auf der Universität sehr wenig Verlockendes. Und dann diese Aussicht: Immer nur mit kranken, überreizten, klapprigen Leuten zu tun zu haben! Schrecklich!"

Klaus lachte.

„Anderen helfen zu können muss doch das Schönste sein, was es gibt, Erich. Ich habe von Kind auf keinen anderen Gedanken gehabt, als Arzt zu werden. Nicht, Mutter?!"

„Ja, mein Junge, das ist richtig. Es ist mir wohl zuerst schwer geworden, weil ich wünschte, du würdest auch Pastor werden wie dein Vater und Großvater. Aber schließlich kommt es ja auch gar nicht so auf den Beruf an. Es muss nur ein jeder auf seinem Posten Gottes Mitarbeiter sein."

Erich zündete sich eine Zigarre an.

„Du redest oft so pastörlich, Tante Sören. Das ist mir manchmal zu hoch. Du musst mir darum nicht böse sein, dass ich das sage. Aber ich bin nun eben ein einfacher, törichter Kerl. Für solchen medizinischen Gelehrtenkram, wie Klaus ihn betreibt, passe ich nun schon gar nicht. Aber meine Scholle hab' ich lieb. Und auf meine Scholle pass' ich hin. So zwischen Kühen und Pferden ist mir immer am wohlsten gewesen. Und wenn ich mal Vaters Pachthof in Plichten übernehme, so werden wir beide uns ja nicht ins Gehege kommen – was, alter Junge?"

Annemarie atmete schwer und sah an den anderen vorüber in die dämmernden Wälderweiten.

„Ich möchte auch etwas lernen und werden, etwas leisten und schaffen. Aber ich muss still daheim sitzen und darf ab und zu in Mutters Obstkeller die faulen Äpfel herauslesen. Und morgens die frischen Eier aus dem Hühnerstall holen."

Die anderen lachten, aber Mutter Sören schüttelte tadelnd den grauen Kopf.

„Wie du nur wieder schwatzt, Annmieken. Was wollt ihr jungen Mädchen von heute denn eigentlich? Es ist doch wohl das Nächstliegende für solch ein junges Ding, daheim im Haus der Mutter zu helfen."

Annemarie sah starr vor sich hin.

„Ja, aber wenn man es nie und nie recht macht? Und von früh bis spät nur Schelte bekommt?"

„Ach, Annmieken, nun übertreib nicht! So schlimm ist es wirklich nicht. Und wenn man eine Mutter hat, die leidend und leicht reizbar ist, muss man eben doppelt geduldig sein."

Annemarie schüttelte traurig den blonden Kopf.

„Du kannst das nicht verstehen, Tante Sören, weil du eben so ganz, ganz anders bist als Mutter. Aber verzeih, ich will nicht so reden. Ich weiß, dass das nicht nett ist. Es ging nur eben so mit mir durch, als Klaus und Erich Zukunftspläne schmiedeten."

Mutter Sören legte ihre abgearbeitete Hand über die Rechte des Mädchens.

„Nun sieh mir mal klar und froh in die Augen, Kind. So. Siehst du, es geht doch. Und lass das Sorgen und Grübeln. Es hilft doch nichts. Musst dem lieben Herrgott auch ein bisschen für dich zu tun übrig lassen. Und nun denke ich, sagen wir uns ‚gute Nacht' und gehen alle schnell ins Bett, denn es ist schon sehr spät."

Und sie zog den blonden Kopf des Mädchens zu sich herunter und küsste sie mütterlich auf die Stirn.

* * *

„Es geht alles!", sagte Klaus Sören und hob seine Mutter aus dem breiten, niedrigen Fenster zu ebener Erde, das gleich links von der dunkelgrünen Eingangstür des Pfarrhauses lag und zum Garten hinausführte. „Wenn Pastor Mümmlein in seinen tiefen Gedanken die Haustür abschließt und den Schlüssel mitnimmt, dann bleibt uns eben nichts anderes übrig, als durchs Fenster zu steigen wie die Spitzbuben. Aber mache nicht solch ein ängstliches

Gesicht, Mutter, ich halte dich wirklich ganz fest, du kannst dich darauf verlassen."

Und der junge, kräftige Mensch trug seine Mutter behutsam durch die blühenden Asternbeete bis auf den schön geharkten Kiesweg, wo er sie ganz sanft und vorsichtig absetzte und sie noch ein Weilchen, als sie schon lange stand, ganz fest an den Schultern hielt und besorgt fragte:

„Stehst du auch?"

Da musste Mutter Sören lachen über ihren großen Jungen und trippelte eilig einige Schritte davon.

„Als ob ich ein kleines Kind wäre, Klaus, das eben laufen lernt. Und dabei bin ich doch so rüstig und gesund. Aber was wird Pastor Mümmlein sagen, dass wir seine Asternbeete zertreten haben. Sieh nur!"

Und sie kniete eilig nieder und glättete vorsichtig mit den kleinen, runzligen Händen die schöne, schwarze Gartenerde auf den Rabatten vor dem Fenster, wo Klaus' Stiefelabsätze tiefe Spuren hinterlassen hatten.

Er lachte.

„Mach' dir doch nicht solch eine Mühe, Mutter. Das ist Mümmleins eigene Schuld. Warum ist er so vergesslich und sperrt uns an einem solchen goldenen Spätsommernachmittag ins Haus. Aber da kommt Frau Knudsen angejagt, und die bringt nie was Gutes. Also erschrick bitte nicht!"

Durch die kleine Gitterpforte zwischen den beiden alten tief verschatteten Gärten hastete eine lange, hagere Frau. Sie hatte ein enges, dunkles Kleid an. Das spärliche, graue Haar war straff nach hinten gezogen und in Eile ein Tüchlein schief darüber geworfen. Das Gesicht mit der sehr großen, vorstehenden Nase und dem schmalen, scharfen Mund hatte eine ungesunde, rote Farbe. Die Augen waren klein und unruhig und die Stirn voll Falten. Das war Frau Knudsen, die Mutter von Erich und Annemarie. Sie stürzte auf Frau Sören zu und blieb dann atemringend stehen, als suche sie nach Worten. Frau Sören war aufgestanden von ihrer schwarzen Gartenerde und legte der anderen beruhigend beide Hände auf die Schultern.

„Aber meine Beste, Sie sind ja ganz außer sich! Was ist denn nur geschehen? Sie bringen doch hoffentlich nicht wieder eine Hiobsbotschaft?"

Und sie brachte die andere fürsorglich zur weißen Holzbank unter dem herbstbunten Kastanienbaum und hieß sie sich setzen. Aber nun hatte Frau Knudsen ihre Sprache wieder gefunden.

„Freilich, eine Hiobsbotschaft, Mutter Sören, wie sollte es auch anders sein? Denn die Welt ist doch nun mal ein Jammertal. Annemarie ist eben beim Weintraubenpflücken von der Leiter gefallen und hat sich den Arm gebrochen. Wir haben sofort nach Doktor Mertens geschickt, aber der ist über Land gefahren. Da fiel mir ein, dass Klaus ja hier ist, und so ein studierter Mediziner wird ja wohl wenigstens die erste Hilfe bei solch einem Unglücksfall leisten können."

„Aber natürlich!"

Und Klaus war schon den beiden Frauen voraus durch die kleine Pforte zum Nachbarhaus gelaufen. Da lag das schöne, neue, rote Pächterhaus mit seiner blanken, geraden Fensterreihe und seiner breiten Sandsteintreppe mit den Säulenreihen. Er sprang schnell die Stufen hinauf und stieß die Glastür auf. Denn er war hier ja wie zu Hause und kannte jeden Stein.

Annemarie saß auf einer der großen Truhen im Vorflur und sah sehr blass aus. Der linke Arm hing schlaff herunter, und sie stöhnte leise vor sich hin.

Klaus schüttelte den Kopf.

„Was machst du nur auch immer, Annmieken? Nur schnell den Ärmel aus, damit ich sehen kann, was los ist."

Da waren auch schon die beiden Frauen nachgekommen. Sie führten das Mädchen in ihr Zimmer, wo ihr der erste Verband angelegt wurde. Und dann brachten sie Annemarie zu Bett, denn sie sah erbärmlich aus und hatte große Schmerzen.

Klaus traf noch einige Anordnungen, bis der Arzt käme, und dann führte er seine Mutter sorgsam durch den Garten zum Pfarrhaus zurück.

Aus den fernen Wiesen stiegen schon die Herbstnebel, und Abendschatten schlichen schwer und dunkel unter den tief hängenden Zweigen der alten

Gartenbäume hin. Irgendwo schrie eine Eule und huschte flügelschlagend über den Weg. Die Luft war rein und herb, wie nur die Spätsommernächte sie bringen. Aus Pastor Mümmleins Studierzimmer schimmerte ein stilles, helles Licht in den Abend hinaus und warf gelbe Vierecke auf den dunklen Gartenweg.

„Wie wir uns verspätet haben“, sagte Mutter Sören und zog ihr Tüchlein fröstelnd um die Schultern. „Und ich wäre gerne noch länger bei der armen Annemarie geblieben, aber Mümmlein wird auf sein Abendbrot warten.“

„Und helfen können wir ihr nun doch nicht mehr. Ruhe ist jetzt für sie am besten, Mutter. Aber gib mir deinen Arm, es ist dunkel hier auf den Stufen.“

Der Pastor hatte wohl ihre Schritte draußen gehört und öffnete weit seine Zimmertür, dass das Licht voll auf den Flur fiel.

Er war ein kleines, verschrumpftes Männlein mit einem faltenreichen, runzligen Gesicht. Durch die große Hornbrille blickten zwei unendlich gute, freundliche Augen auf die beiden Eintretenden.

„Gott sei Dank, dass Sie da sind, Frau Sören. Ich hatte schon Angst, Ihnen sei etwas zugestoßen. Katrin war schon zweimal hier und fragte, ob sie die Bratkartoffeln bringen dürfte.“

Da erzählte ihm Klaus von Annemaries Unfall, während Mutter Sören rasch ins Nebenzimmer ging und die große Hängelampe über dem runden Tisch anzündete. Die warf einen weichen, behaglichen Schein ringsumher, und nur der Dämmerung in den tiefsten Winkeln und Ecken der großen, niedrigen Wohnstube konnte sie nichts anhaben. Und das war auch gut, denn hier hauste die Vergangenheit, und die mag sich nie gerne ins helle Licht schieben lassen. Das waren alles noch Mutter Sörens Aussteuermöbel, die hier im Wohnzimmer standen, und da hatte jedes seine eigene liebe, uralte Geschichte.

* * *

Über Mutter Sörens Pfarrgarten lag das süße Schweigen eines eben erwachenden Herbstmorgens. Ganz still und schwer war dieses Schweigen, als wage die Natur noch nicht recht, wieder lauter aufzuatmen nach der langen Nacht. Noch standen die taunassen, fruchtschweren Bäume regungslos, als träumten sie von der heiligen Stille der Nacht, die mit ihrem schwarzen, weichen Mantel sie alle so sorglich eingehüllt hatte. Und von dem milchweißen, flutenden Mondschein, der so leuchtend und himmelsrein auf den Rasenflächen und Baumwipfeln gelegen und sich bemüht hatte, auch die dunkelsten Winkel zu erhellen, wo ihm störrische Zweige starrsinnig den Weg versperrten, weil sie kein Licht hineinlassen wollten in ihre Dunkelheit. Wie kleinliche, verstockte Menschenkinder, die auch ihre Seelen nicht auftun mögen, wenn ein fernes, übersinnliches Leuchten an ihre verschlossenen Türen klopfen will. Und wo die verschattenden Zweige dem Licht den Zugang versperrt hatten, da war nun auch kein wundersames, tiefes Erinnern mehr an die heilige Helligkeit der Nacht. Nun stiegen des Tages Lichter lautlos aus allen Tiefen und die wogenden Morgennebel mit ihnen.

Oben an ihrem offenen Giebelfenster stand Annemarie Knudsen und sah mit tiefen, sinnenden Augen in den erwachenden Herbstmorgen. Sie hatte vor Schmerzen in ihrem Arm nicht schlafen können und hatte auf ihrem Bett mit großen, wachen Augen den Stimmen der Nacht gelauscht, dem knackenden Flügelschlag der Fledermäuse und dem lauten, lockenden Ruf der Käuzchens.

Ihr Unfall lag nun schon einige Wochen zurück, aber sie fühlte sich immer noch schwach und angegriffen. Dann klingelte sie dem Mädchen, dass es ihr beim Ankleiden helfe, und stieg damit nun langsam und mühselig die breite Treppe hinunter ins Erdgeschoss, wo die Wohnzimmer lagen. Im großen, geräumigen Esszimmer war der Frühstückstisch gedeckt. Auf der eichengeschnitzten dunklen Anrichte blinkte das Silber in uralter Prägung, von Kind auf Kindeskind vererbt, denn die Knudsens waren ein altes Geschlecht, jahrhundertelang ansässig im Friesenland. Es war Annemarie immer schwer gewesen, dass der Vater dieses neue rote Haus erbaut und das liebe alte niedergerissen hatte, weil es gar zu baufällig und nach dem Urteil Sachverständiger lebensgefährlich geworden war. Sie sah es noch so deutlich vor sich mit dem tiefen, bemoosten Strohdach, ähnlich wie drüben das alte Pfarrhaus.

Sie musste sich mit der einen Hand die Flamme unterm Wasserkessel anzünden und die Kaffeemaschine in Gang bringen. Dabei glitt ihr Blick durch die geöffneten Fenster auf den weiten, geräumigen Hof, wo von der Scheune her das dumpfe Brummen der Dreschmaschine klang und aus den Ställen das Brüllen der schweren Holsteiner Kühe. Zwischen Scheune und Pferdestall, die im Hintergrund den Hof abschlossen, sah man wie durch einen Rahmen auf weites, kahles Stoppelfeld, auf dem wie weiße Punkte schnatternde Gänseherden weideten. Und ganz, ganz hinten, zwischen Stoppelfeld und Himmelsblau, da war ein schmaler grauer Streifen, der auch oft blinken konnte wie geschmolzenes Silber – das war das Meer.

Ein schwerer Schritt weckte Annemarie aus ihren Morgenträumen. Der Vater, der bereits vom Felde kam, stapfte über den Flur dem Esszimmer zu. Er war von breiter, untersetzter Gestalt und hatte ein stark knochiges, braun gebranntes Gesicht ohne Bart. Seine Stimme hatte etwas Polterndes, und seine Rede war laut und derb. Dabei fehlte ihm nicht eine gewisse Gutmütigkeit, die hier und da, wie ein schmaler Sonnenstreif zwischen dunklen Wolken, durch alles laute Poltern hindurchbrach. Er hatte sich schwer auf seinen Stuhl geworfen und begann, sich sein Brot zu streichen.

„Nun, Annmieken, wie geht's heute? Kannst du den Arm schon etwas rühren? Bitte recht starken Kaffee, ich muss viel Ärger runterspülen."

Annemarie reichte ihm die Tasse mit der gesunden Hand.

„Hast du wieder Ärger in der Wirtschaft gehabt, Papa?"

Er brummte.

„Na ja, das ist man ja nun allmählich so gewöhnt. Ohne Ärger geht bei uns wohl kein Tag zu Ende. Wenn's nicht das Wetter ist, dann sind's die Leute. Da soll einem nicht die Galle überlaufen. Und wie ich gerade so recht im besten Schimpfen bin, kommt dieser verschrobene Malerhäuptling mit seiner Staffelei hergezogen. Als ob es nichts Vernünftigeres in der Welt gäbe, als tagein, tagaus zu pinseln. Der Kerl bot mir lächelnd guten Morgen und sah mich so strahlend an, als ob's überhaupt keinen Ärger in der Welt gäbe. Na, da kam er bei mir schön an. Ich habe ihm einfach den Rücken zugedreht und bin weggegangen. Mag er mir's übel nehmen oder nicht."

Annemarie goss das kochende Wasser auf den Kaffee, dass ein starker, schwerer Duft durch das Zimmer strömte.

„Meister Güldenwang nimmt niemandem etwas übel, Papa. Das kann er gar nicht. Er ist so voll von hellen Bildern und großen Ideen, dass er für etwas anderes kaum Zeit übrig hat. Aber da kommt ja schon Mama."

Sie stand auf, um der Mutter guten Morgen zu wünschen, die soeben eingetreten war. Frau Knudsen hatte tiefe Ränder unter den Augen und einen wehleidigen Zug um den Mund.

Annemarie rückte der Mutter den Stuhl zurecht und füllte ihr die Tasse.

„Wie hast du denn geschlafen, Mama? Du siehst angegriffen aus."

Frau Knudsen sah in den Spiegel und strich sich den Scheitel glatt.

„Nicht wahr, ich sehe schlecht aus? Es ist aber auch kein Wunder, wo man nie und nie Ruhe hat. Erst der Brand vorigen Monat im Vorwerk und nun dein Armbruch. Statt dass man auf seine alten Tage eine Hilfe an seiner Tochter hat, muss man sie nun noch pflegen. Das kommt davon, dass du immer so leichtsinnig bist, Annemarie. In deinem Alter darf man einfach nicht mehr von einer Leiter fallen. Aber du hast ja nie Rücksicht auf deine Mutter genommen."

Über Annemaries blasse Wangen waren langsam zwei große Tränen gerollt. Sie sagte kein Wort. Dafür aber Vater Knudsen in seiner energischen Weise.

„Na Alte, die Annmieken hat schon selbst genug Schmerzen auszustehen gehabt, die lass man jetzt in Frieden. Kann uns auf unsere alten Tage noch mal ebenso gehen."

Frau Knudsen schlug entsetzt ihre Hände zusammen.

„Dass uns Gott davor bewahr, Johann! Du beschwörst es ja förmlich. Aber mein Kaffee ist gar nicht ordentlich heiß, Annemarie, und die Scheiben sind auch wieder viel zu dick geschnitten."

Annemarie seufzte.

„Ich konnte sie heute auch noch nicht selbst schneiden, Mama, das hat Grete getan."

Eine Weile war es still im Zimmer, nur das Wasser im Teekessel summte leise. Frau Knudsen sah auf die Uhr.

„Nein, was ich mich verspätet habe! Und ich muss doch noch die Kiste für Erich packen. Der Junge will auch alle Augenblicke etwas geschickt haben, es ist schrecklich!"

Johann Knudsen schnitt sich eine fingerdicke Scheibe von der Mettwurst ab.

„Sei froh, Mutter, dass du noch einen Jungen hast, für den du sorgen kannst."

Annemarie nickte.

„Vielleicht kann ich dir dabei helfen, Mama, es geht mir ja heute schon viel besser."

Frau Knudsen sah auf.

„Viel davon anmerken tut man dir aber nicht. Käsig siehst du aus, dass man sich schämen muss. So, als pflegten wir dich nicht genug. Aber ich habe es ja immer gesagt, die Jugend von heute kann nichts aushalten. Aber den Mund hat sie immer vorneweg."

Annemaries Lippen zitterten.

„Mama!“, sagte sie nur leise und vorwurfsvoll.

Vater Knudsen wischte sich den Mund und stand auf.

„Lass man gut sein, meine Tochter. Mama scheint heute mit dem linken Fuß zuerst aufgestanden zu sein, was meinst du.“ Damit ging er aus der Tür.

Frau Knudsen sandte ihm einen zornigen Blick nach.

„Er muss natürlich immer Partei ergreifen für seine Kinder. Und an die arme, abgearbeitete Frau denkt niemand. Und dabei zerrt das ganze Haus an einem herum mit seinen Wünschen und Ansprüchen. Wenn ich einmal tot bin, werdet ihr vielleicht endlich ein Einsehen haben. Aber warum stehst du auch schon auf, Annemarie? Du bist ja noch gar nicht fertig?“

Annemarie hatte sich erhoben, ihre Hände zitterten, und ihr Gesicht war blass.

„Verzeih, Mama, aber ich kann es wirklich nicht mehr mit anhören. Oh, wenn du wüsstest, wie man sich oft sehnt nach einem warmen Wort, nach ein wenig Sonne.“ Sie hatte den gesunden Arm auf den Kaminsims gelegt und den Kopf darüber. Ihre Schultern zuckten in verhaltenem Schluchzen.

Frau Knudsen hatte ganz langsam und erstaunt den Kopf zu ihr gewandt.

„Was soll das nun wieder werden, mein Kind? Du weißt, dass ich solche sentimentalen Auftritte nicht liebe. Ich hätte viel eher Grund zum Weinen als du, weil niemand mich versteht, niemand Mitleid mit mir hat. Nun ist mir auch der ganze Appetit vergangen. Du kannst Grete klingeln zum Abräumen. Ich packe jetzt Erichs Kiste."

Und sie ging mit schnellen, unruhigen Schritten zur Tür hinaus, ohne sich noch einmal nach ihrer Tochter umzusehen. Annemarie stand regungslos da, die großen, leeren Augen in weiter Ferne. Wie ein eiserner Ring legte es sich schwer um ihr junges Herz. Sonnenschein lag draußen über See und Stoppelfeldern – sie sah es nicht. Rasche, feste Schritte erklangen auf dem Hof und der breiten Sandsteintreppe – sie hörte es nicht. Bis die Tür leise aufgeklinkt wurde und Klaus Sören auf der Schwelle stand.

„Hier bist du, Annmieken, ich habe dich überall gesucht. Aber –"

Er stutzte, als er die Tränenspuren auf ihrem Gesicht sah. Dann kam er langsam näher.

„Tut dir dein Arm so weh, armes Annmiekchen? Du hast gewiss schon wieder viel zu viel getan damit. Völlige Ruhe, du weißt doch, haben Doktor Mertens und ich dir verordnet. Und nun hantierst du hier am Kaffeetisch, als sei nichts geschehen, und spielst Haustochter und was weiß ich alles."

Sie sah lächelnd zu ihm auf. Denn wenn sie auch groß und schlank war, so war er doch noch einen Kopf größer als sie.

„Irgendetwas muss ich doch tun, Klaus. Und nun

lass mich nach Grete klingeln und dann Mutter beim Packen helfen."

Er stutzte.

„Wollt ihr verreisen?"

Sie lachte.

„O nein, nur eine Kiste für Erich, die du ihm morgen mitnehmen sollst."

„Ach, die lass man deine Mutter allein packen, Annmiekchen. Du störst sie bloß dabei mit deinem steifen Arm. Ich wollte dich gerade zu einem Spaziergang abholen. Weißt du, solch ein Morgenspaziergang im Herbstsonnengold, wie ich ihn so liebe. Es ist ja mein letzter Tag heute, da darfst du nicht nein sagen. Morgen ruft wieder die Arbeit und die schreckliche Großstadt."

Sie warf einen sehnsüchtigen Blick auf die Herbstgluten der Felderweiten.

„Ja, aber Mama –"

„Die wird's schon erlauben. Du bist ja noch Rekonvaleszent und arbeitsunfähig. Ich will's auf mich nehmen."

Da konnte sie nicht länger widerstehen und holte sich den großen Knotenstock zum Wandern aus der Flurecke.

„Aber Bescheid sagen will ich Mama noch", sagte sie ängstlich; doch da kam Frau Knudsen gerade die Treppe herunter.

„Oh Tante Knudsen", rief Klaus übermütig. „Annmiekchen und ich wollen bloß noch zum letzten Mal zusammen durch die Felder streifen. Weißt du, das war schon immer unser Schönstes, als wir noch Kinder waren. Du erlaubst es doch, bitte. Du bist mich ja dann auch für lange Zeit wieder los."

Und ehe Frau Knudsen noch recht antworten konnte, hatte er Annemarie bei der Hand gefasst und war mit ihr losgestürmt in den lachenden Morgen.

Frau Knudsen stand da und schüttelte stirnrunzelnd den Kopf.

Den breiten Feldweg, der von den Erntewagen tief ausgefahren war und zur See hinabführte, gingen Klaus und Annemarie entlang. Der Herbstmorgen war so unsagbar schön. Über die rötlich gefärbten Brombeerhecken am Wegrand zogen sich vom Tau silbern beperlte Fäden des Altweibersommers. Und hinter den Hecken dehnten sich in stiller Weite die Stoppelfelder, ausruhend von heißer Sommerarbeit und Erntesegen. Und ganz in der Ferne, wie ein grausilbernes Nirwana lag das Meer, über dem die Morgennebel fluteten und wogten. Fast blendend in ihrer flammenden goldgelben Herbstschönheit standen die Margeriten regungslos am Wege. Nur hin und wieder löste sich zitternd eines der goldenen Blätter und sank lautlos zu Boden, in unbewusster ewiger Arbeit die Heimaterde befruchtend für kommende Saat. Es war eine große Stille überall. Wie ein Ausruhen, ein Sichanschicken zum Winterschlaf.

Sie gingen jetzt über die Dünen, zwischen spärlichem Strandhafer und grausilbernen Disteln. Kleine, zuckende Wellen mühten sich unablässig, den weißen Strand emporzuklettern. Und sanken doch immer wieder rauschend zurück, dass es klang wie ein leises Seufzen.

Das Mädchen hob die Hand und strich sich eine Haarsträhne hinters Ohr. Ihr Gesicht war ernst und blass.

„Sieh, Klaus, wie sie sich mühen, die Wellen, und müssen doch immer wieder zurück."

Er lachte. Das klang stark und befreiend in die große Stille hinein.

„Weil sie Unmögliches wollen, Annmieken. Das hat nie viel Zweck gehabt. Aber komm, wir setzen uns noch ein wenig auf die Düne oder lieber auf diese großen Steine hier. Du darfst dich noch nicht überanstrengen, und hier können wir gut ausruhen, meinst du nicht?"

Sie nickte und setzte sich neben ihn auf den großen, flachen Stein am Wasser. Klaus fuhr sich mit der Hand durch das dichte, blonde Haar und atmete tief.

„Was wird man in den dumpfen Hörsälen wieder für eine Sehnsucht nach dem stillen, schönen Plichten bekommen! Aber trotzdem – ich freue mich auf die Arbeit!"

Er reckte die Arme, und seine Brust weitete sich.

„Es ist doch wohl der Schaffensdrang in uns das Beste, was wir haben. Und dann denke, mein Beruf! Ist es nicht der schönste, den es geben kann? Zu kämpfen gegen dieses grenzenlose Krankheitselend der Welt! Hunderten helfen zu können mit Rat und Tat! Oh, Annmieken, das Leben ist so stolz und herrlich!“

Sie hatte ihn unverwandt von der Seite angesehen, als er sprach. Sein kühnes, freies Profil hob sich scharf von dem grauen Hintergrund der See ab. Ein leichter Wind hatte sich aufgemacht und blies ihm wie liebkosend durchs dichte, blonde Haar. Da kam eine wilde, unbezwingbare Sehnsucht über sie, auch so arbeiten und wirken zu dürfen wie all die anderen da draußen. Und sie hob jäh den Kopf und sah ihn aus ihren tiefen blauen Augen groß an.

„Klaus, ich möchte auch Krankenpflege lernen! Oh, ich möchte dir helfen bei deiner Arbeit und anderen nützlich sein! Das würde meinem Leben Inhalt und Kraft geben, ich weiß es!“

Aus seinen grauen Augen brach ein warmes Leuchten. Er streckte ihr beide Hände hin.

„Das ist ein Wort, Annmieken! So vernünftig habe ich dich lange nicht reden hören. Dann kannst du mir später gut als Gemeindeschwester hier helfen, wenn ich erst Doktor Mertens Praxis übernommen habe. Eine ordentliche Gemeindeschwester hat Plichten schon lange gefehlt.“

Sie nickte, und ihre Wangen waren rosig gefärbt vor Eifer und Freude über diesen neuen Gedanken. Und sie saßen mit frohen Gesichtern nebeneinander und schmiedeten dabei himmelhohe Zukunftspläne.

Im Pfarrgarten, wo sich die Herbstsonne nun auch allmählich siegreich hindurchgerungen hatte durch allen Nebel, saßen nebeneinander auf der weißen Bank unter dem gelbblättrigen Kastanienbaum die beiden „Altchen“, wie Klaus Mutter Sören und Pastor Mümmlein getauft hatte. Sie saßen jeder in einer Ecke, wo die Sonne am wärmsten schien, die Knie ein wenig hochgezogen – die Schultern ein wenig gebückt – wie aufgepluderte Hühner auf der Stange. Pastor Mümmlein qualmte große, blaue Wolken aus seiner altersdunklen, kleinen Tabakspfeife. Das schwarze Seidenkäppchen saß ihm ehrwürdig auf dem schmalen, weißen Haarkranz. Mutter Sören hatte ein dickes, wollenes Tuch fest um die schmalen Schultern gezogen und blinzelte behaglich in die warme Mittagssonne.

„Wie das gut tut, nicht, Mümmlein? Wir Alten können gar nicht mehr genug Wärme in unsere blutarmen Knochen bekommen. Da hat's die Jugend doch besser. Ach, wenn ich noch denke, wie ich damals flink und schnell war! Ein Kind an der Brust und zwei am Rockzipfel – ach, Mümmlein – das Leben war doch wunderschön!“

Der Alte murmelte nur nickend und paffte seine blauen Rauchwolken weiter. Mutter Sören konnte sich wirklich nicht helfen, aber sie musste ein ganz klein wenig verächtlich die Achseln zucken.

„Er kann das natürlich nicht verstehen, Mümmlein, weil er ein Mann ist und noch dazu unverheiratet. Ja, was weiß er denn überhaupt vom Leben? Das fängt doch erst an in dem Augenblick, wo man nicht mehr für sich allein zu sorgen hat. Dann fühlt man erst das grenzenlose Gottesgeschenk, ein lebendiger Mensch sein zu dürfen. Dann lernt man die Hände rühren wie noch nie, für all das kleine Volk, das einen braucht. O Mümmlein, das ist Glück!"

Jetzt nahm der Alte die Pfeife aus dem Mund und sah sie an.

„Nur Glück, Frau Pastor? Und all die kleinen Kreuze drüben auf dem Friedhof?"

Sie faltete die Hände über ihrem wollenen Tuch. Ihre Lippen zitterten ein wenig.

„Jedes Kreuz brachte mich ein Stückchen näher zu meinem Gott. Als ich noch jung war, begehrte ich oft auf dagegen. In meinem Alter habe ich gelernt, auch dafür Gott zu danken. Und er ließ mir ja noch das Beste – meinen Klaus."

Mümmlein klopfte seine Pfeife an der Lehne der Gartenbank aus und nickte.

„Ihr habt Recht, Frau Pastor. Der Klaus ist ein lieber Junge und mir ans Herz gewachsen wie mein eigenes Kind. Schade, dass er morgen wieder fort muss!"

„Zu Weihnachten haben wir ihn ja wieder, Mümmlein", tröstete Mutter Sören.

„Aber er hat schon wieder vergessen, was ich ihm

so oft schon gesagt habe, dass er seine alte, graue Pfeifenasche nicht immer auf meine schönen, schneeweißen Gartenbänke stäuben soll."

Pastor Mümmlein schielte schuldbewusst zur Seite und versuchte mit seinen Rockschößen, die grauen Spuren von der Bank zu wischen. Dann hob er schnuppernd die Nase ein wenig in die Luft.

„Oh, Frau Pastor, ich glaube, es riecht nach Pflaumenkuchen, habe ich mich da geirrt?"

Mutter Sören schmunzelte.

„Was er da auch wieder alles gerochen hat, Mümmlein! Es sollte doch eigentlich eine Überraschung sein für heute Nachmittag zum Kaffee. Weil es doch Klaus' letzter Tag bei uns ist. Aber ich muss nun auch hinein und nach dem Essen sehen, sonst lässt Katrin mir noch alles anbrennen."

Sie war aufgestanden und wollte gerade an ihm vorübergehen, als er sie an einer Rockfalte packte und festhielt.

„Ach, Mutter Sören, noch einen Augenblick, bitte. Seht Euch doch nur mal unser liebes, altes Pfarrhaus an, wie es da so still und friedlich unter den herbstbunten Kastanien vor uns liegt. Wenn mir das doch einer einmal malen wollte! Das weiße, freundliche Gesicht – denn es ist wirklich wie ein Gesicht, Mutter Sören – mit den grünen Fensterläden und dem breiten, tiefen Strohdach, als hätte es sich eine kurz geschorene Perücke übergestülpt. Und dann die goldgelbe Herbstsonne zwischen den Zweigen und auf dem sauber geharkten Vorplatz. Und vor den niedrigen Fenstern die bunten Asternbeete auf dem Rasen. So möchte ich wohl ein Bild davon haben, Mutter Sören. Die grüne Haustür steht ein klein wenig offen, und man kann direkt auf die Diele sehen, wo ein Sonnenstrahl die dunkle Truhe und die alte Standuhr deutlich erkennen lässt."

Mutter Sören war andächtig neben ihm stehen geblieben und hatte die Hände gefaltet.

„Er hat Recht, Mümmlein, so müsste es wirklich einer malen. Vielleicht tut es Meister Güldenwang einmal, wenn wir ihn bitten. Aber ich habe das Haus natürlich noch viel, viel lieber als er, Mümmlein, weil doch alle meine Kinder darin geboren sind. Und er hat ja nie Kinder gehabt. Aber nun muss ich wirklich nach meinem Pflaumenkuchen sehen."

Und mit ein paar raschen Schritten war sie im dämmernden Hausflur verschwunden. Langsam ging Pastor Mümmlein hinterher, die qualmende Pfeife im Mundwinkel.

Nun hatte die Sonne allen Nebel fortgeküsst von der träumenden, regungslosen See.

Klaus Sören und Annemarie waren aufgestanden und gingen langsam am Strand entlang zurück. Es war ein Flimmern und Blenden ringsum, als hätte sich irgendwo heimlich eine verborgene Goldader geöffnet, die alles mit leuchtendem Gleißen überzog. Sie gingen wie im Traum gefangen und wagten kaum zu atmen vor all der Schönheit ringsum. Als sie so um den nächsten Vorsprung einer Landzunge bogen, sahen sie sich mit einem Mal einem alten Mann gegenüber, der emsig malend vor seiner großen Staffelei stand, die ihn fast verdeckte.

„Meister Güldenwang", rief Klaus, und es sprang ihm eine helle Freude dabei über das Gesicht. Der Maler hob den Kopf und ließ die fleißige Hand mit dem Pinsel einen Augenblick ruhen. Es war ein schönes, tief durchfurchtes Greisenantlitz mit langem, schneeweißem Bart. Er nahm den Pinsel in die Linke, die die buntfarbige Palette hielt, und streckte die freie Rechte den Ankömmlingen entgegen.

„Das ist recht, dass Sie den alten Güldenwang auch einmal besuchen. Ich sehe die Jugend gern an solch einem Sonnentag wie heute."

Annemarie sah ihn freundlich an aus ihren tiefen, blauen Augen.

„Wir wussten nicht, dass Sie hier malen, Meister Güldenwang, sonst hätten wir es wohl kaum gewagt, Sie zu stören. Denn ich weiß wohl, was Sie mir einmal über die Arbeitsstille des Künstlers gesagt haben."

Güldenwang lächelte.

„Sie beide stören mich nicht. Das sind nur solche, die mit unermüdlichem Wortschwall alle heilige Stille zerstören und alles zerpflücken müssen."

Klaus war schweigend hinter den Alten getreten, um das Bild zu sehen, das auf der großen Leinwand im Entstehen war. Es war alles erst wie ein Hauch, ein unausgeträumter Sonnentraum. Silberweiße, unendliche Wasserweiten, durstige Segel, die am Horizont verschwammen wie ausgespannte Möwenflügel.

Annemarie sah es lange an und sagte dann leise: „Ich glaube, es wird sehr schön. Es liegt so viel Zartheit darin."

Er lächelte.

„Ja, ja, das ist noch die alte Schule. Die Modernen und vor allem die Sezession wollen wenig von mir wissen. Aber kommen Sie, wir wollen uns dort auf das umgestürzte Boot von Fischer Klaasen setzen. Meine alten Beine sind inzwischen auch müde geworden vom langen Stehen."

Sie setzten sich nebeneinander auf das braune, teerduftende Boot, das neben mehreren anderen kieloben im Sande lag.

Der Alte schüttelte den Kopf und sah zu seinem Bild hinüber.

„So geht es mir nun schon mein ganzes, langes Leben, das bald siebzig Jahre währt – mit großen Gedanken und heißer Begeisterung fange ich ein Bild an und denke jedes Mal, das soll nun dein Meisterwerk werden – die Erfüllung deines Lebenstraumes. Und jedes Mal, wenn es fertig ist, ist es doch nur eine Stümperarbeit geworden. Niemals das, als was es mir in meinen Gedanken vorschwebte. Ich möchte nur wissen, ob es anderen Künstlern auch so geht?"

„Sicherlich, Meister Güldenwang. Wenigstens all

denen, die den heiligen Willen haben, vorwärts zu streben – weiterzukommen. Denn sehen Sie, wenn einer erst zufrieden ist mit seinem Werk – dann fehlt ihm der Drang zu Höherem – das Arbeiten an sich selbst, das Aufwärtsklimmen. Dann muss notgedrungen Stillstand eintreten. Und Stillstand ist Rückschritt."

Klaus Sören hatte es ernst gesprochen, den Kopf in beide Hände gestützt. Dabei sah er unverwandt herüber zu Meister Güldenwangs Bild.

Annemarie atmete tief.

„O Meister Güldenwang, Sie haben doch schon so viele wunderschöne Bilder gemalt. Wenn ich in Ihrem Atelier drüben bin, ist es mir immer wie im Märchentraum, so schön und zart und rein ist alles. Sie können wohl mit Stolz und Freude zurückblicken auf Ihr Lebenswerk. Und wie viele große Galerien haben nicht schon Ihre Bilder angekauft!"

Die Augen des Alten, die unter dem großen, breitkrempigen Hut in tiefem Schatten lagen, sahen in weite Fernen.

„Aber das Beste fehlt noch", sagte er leise – „das Beste soll noch kommen."

Er schloss die Augen, als müsste er nach innen sehen. Dann legte er die hagere, blau geäderte Hand darüber und seine Lippen murmelten langsam – abgerissen – wie zu sich selbst:

„Es ist eine einsame Zeder – auf hohem Felsen wächst sie. Sturm und Wetter haben ihr die Krone zerzaust. Sturm und Wetter haben versucht, sie zu beugen. Aber sie steht. Sie steht und wächst weiter. Aber Sie kennen das Lied von Bertram wohl nicht, an das ich bei dem Bild immer denken muss?“

Er nahm die Hand von den Augen, aber die Lider ließ er geschlossen und lehnte den Kopf ein wenig nach hinten. Schwer und tief kam es von seinen Lippen, wie wenn in einer fernen Waldkirche eine verborgene Orgel spielt:

„Ja, wachse langsam. Meine Zeit
ist eine lange Geduldigkeit.
An jedem wuchs ich, was mir ward,
kein Reif zu jäh, kein Frost zu hart.
Ich wachs' am Dunkel, daraus ich stieg,
ich wachs' am Licht, darin ich mich wieg',
ich wachs' am Wurm, der an mir nagt,
ich wachs' am Sturm, der durch mich jagt.
Verwandelnd zwing' ich jede Kraft
hinauf zu dehnen meinen Schaft.
Ich dulde Blitz und Glut und Gruß,
ich weiß nur, dass ich wachsen muss.“

Jetzt öffnete er weit die Augen und atmete tief. „Es soll mein Meisterwerk werden – das Bild. Jeder Einzelne soll die Kraft erkennen, die in dem kampfumtobten Baum schlummert, die ihn emporzwingt – trotz Sturm und Not. ‚Das große Ja‘ soll das Bild heißen. Aber Sie können das noch nicht so verstehen. Sie sind beide noch jung, und das Leben liegt noch vor Ihnen. Gott schenke Ihnen viel Sonne darin!“

Meister Güldenwang stand langsam auf und griff wieder nach Pinsel und Palette. Im Wasser vor ihnen tauchten die schwimmenden Silbermöwen auf und nieder.

* * *

Im großen Wohnzimmer, wo die grünen Ripsmöbel standen, die noch von Mutter Sörens Aussteuer stammten, war der Kaffeetisch gedeckt. Auf der schneeweißen Sonntagsdecke mit den rosa Rosen prangten zwischen den hohen, goldgeränderten Tassen zwei große Schüsseln voll Pflaumenkuchen, der so frisch und lecker duftete, dass Pastor Mümmlein schon ein paar Mal den Kopf durch die Tür gesteckt hatte, um zu sehen, ob denn immer noch nicht Kaffeezeit sei. Durch die breiten, niedrigen Fenster schien hell die Nachmittagssonne, und der kleine Kanarienvogel in dem blanken Messingbauer am Blumentisch schmetterte vor Vergnügen, so dass man das feine Singen des dampfenden Wasserkessels kaum hören konnte. An dem dickbauchigen, gelben, eingelegten Sekretär aus der Biedermeierzeit, mit den dünnen Beinen, saß Mutter Sören in Erwartung ihrer Gäste und rechnete. Immer wieder schrieb sie Zahlen auf und strich sie durch, nagte am Bleistift und hatte die Stirn gekraust. Es wollte da irgendetwas nicht stimmen. Leise knarrte die Tür, und Pastor Mümmlein steckte zum dritten Mal seinen Kopf herein, einen sehnsüchtigen Blick auf den Pflaumenkuchen werfend.

„Ist es immer noch nicht Kaffeezeit, Frau Pastor?", fragte er seufzend und schob sich dann etwas verlegen ganz herein.

Mutter Sören sah auf die Uhr.

„Ehe nicht unsere Gäste kommen, können wir doch nicht gut anfangen, Mümmlein."

Er schob die lange Tabakspfeife erschrocken in den anderen Mundwinkel.

„Gäste, Frau Pastor? Wen haben Sie denn eingeladen?"

„Er braucht nicht solch ein erschrockenes Gesicht zu machen, Mümmlein, es ist immer noch genug Kuchen da. Ich meine bloß Klaus und Annemarie."

Er atmete sichtlich erleichtert auf und kam dann langsam zu ihr an den alten Schreibtisch heran.

„Was rechnen Sie denn da, Frau Pastor? Sie machen ja solch ein sorgenvolles Gesicht?"

Sie hob den grauen Kopf mit dem schneeweißen Häubchen und seufzte:

„Ja, das ist so 'ne Sache, Mümmlein, über die ich mir nun schon seit Tagen den Kopf zerbreche. Mein Klaus hat mir erzählt, dass er im neuen Semester einige neue Bücher brauche, aber die kosten viel Geld. Nun geht da ein Freund von ihm fort, der sie ihm gebraucht für wenig Geld verkaufen will. Aber für uns ist das doch immer noch zu viel. Er weiß ja selbst, Mümmlein, dass ich mich tüchtig zusammenreißen muss, um meinem Jungen dieses teure Studium zu ermöglichen. Durch meine Pension und manche Stipendien ist es ja aber bis jetzt immer so gerade gegangen. Auch versucht mein Junge ja durch Stundengeben nebenbei noch immer etwas zu verdienen. Als er mir das nun neulich so von den Büchern erzählte und seine Augen so dabei leuchteten, dass ich sah, wie gerne er sie hätte – da wünschte ich mir so sehr, sie ihm schenken zu können. Nun rechne ich immerzu hin und her, aber ich bekomme nicht so viel zusammen. Fünfzig bis sechzig Mark müssten es sein, meinte Klaus. Aber dann lachte er gleich und sagte: ‚Aber das ist natürlich zu teuer für uns, Mutter, das werde ich mir auch ruhig verkneifen. Es sind viele, die sich dergleichen von einer Leihbibliothek besorgen müssen und nicht alles selbst besitzen können.' Ach, Mümmlein, ich wollte, ich wäre reich!"

Pastor Mümmlein hatte die Pfeife aus dem Mund genommen und blies kleine, blaue Wölkchen vor sich hin, obgleich Mutter Sören das in ihrer guten grünen Stube gar nicht gerne mochte. Aber er war so in Gedanken versunken, dass er nicht daran dachte. Denn im Geiste drehte er seinen seidenen Geldbeutel ganz und gar um und zählte und rechnete, ebenso wie Mutter Sören.

Da klopfte es von außen an die Fensterscheiben und scheuchte die beiden Alten aus ihrem Grübeln. Zwei lachende Gesichter sahen ins Zimmer. Da schloss Mutter Sören rasch ihren Schreibtisch zu und trippelte zu ihrem Wasserkessel. Pastor Mümmlein aber wusste in der Eile nicht, wo er seine Tabakspfeife lassen sollte, und versteckte sie schnell im Papierkorb.

Da traten auch schon die beiden Erwarteten ein. Klaus legte beide Arme um seine Mutter und sah ihr in die Augen.

„Wie ist es wieder gemütlich bei dir, Mutter! Ach, es ist doch auf der ganzen Welt nichts so schön und behaglich wie zu Hause Mutters Stube!"

Annemaries Augen lachten, als sie sich zu Mutter Sören auf das Sofa setzte.

„Weißt du, Tante Sören, was wir uns ausgedacht haben? Ich will Krankenpflege lernen und später hier Gemeindeschwester werden, da kann ich Klaus gut helfen, wenn er erst Kreisarzt in Plichten ist, nicht wahr?"

Mutter Sören goss den dampfenden Kaffee in die Tassen und nickte ihnen allen mit ihrem freundlichen, runzligen Gesicht zu. Sie war so glücklich, ihren Jungen noch heute bei sich haben zu dürfen. Nur Pastor Mümmlein sagte kein Wort. Er hatte sich schweigend in die Pflaumenkuchen vertieft. Nach dem Kaffee gingen sie alle noch einmal durch den abendstillen, herbstgrauen Garten. Die untergehende Sonne malte den Westhimmel gelbrot, dass es wie ein feiner, goldner Schein über der fernen See lag. Von den Zweigen tropfte es feucht und lautlos, wie oft an Herbstabenden, wenn die Nebel zu steigen beginnen. Eine Fledermaus, die den Winterschlaf noch nicht antreten mochte, segelte knackend um den dunklen, efeuumsponnenen Giebel des alten Pfarrhauses. Ein weicher Duft von verwelkenden Herbstblumen wob durch die Dämmerung. Vom Pachthof nebenan klang das Brüllen der Kühe aus den Ställen herüber. Sie gingen langsam zu zweien über die stillen, geharkten Gartenwege und sprachen von diesem und jenem. Und Annemarie sann darüber nach, während sie neben Pastor Mümmlein schritt, der von seiner Bienenzucht und Honigernte sprach, wie vertraut ihr doch jeder Pfad, jeder Strauch in diesem Garten war. Hier am Zaun hatte sie als Kind mit Klaus ihre ersten halsbrecherischen Kletterübungen gemacht, und drüben in dem dichten Wildrosengestrüpp hatte sie jeden Frühling das Nachtigallenpärchen belauscht, das dort sein Nestchen baute. Sie war so in ihre Gedanken versunken, dass sie kaum auf Pastor Mümmleins Reden hörte.

Hinter ihnen gingen Arm in Arm Mutter und Sohn. Da blieb Pastor Mümmlein stehen und zeigte auf das verschlafene, efeuumsponnene Haus, das im Dämmer unter den entblätterten Kastanien stand.

„Haben Sie das gesehen, Fräulein Annemarie, wenn es so im Sonnenschein daliegt? Sehen Sie, das ist ja mein größter Wunsch, davon ein Bild zu haben, so ein recht leuchtendes, buntes, das ich mir in mein Zimmer über den Schreibtisch hängen kann."

Klaus hatte es gehört und nickte.

„Ich wollte es dir schon immer mal photographieren, Onkel Mümmlein, aber dann fehlen eben die schönen Farben."

Mutter Sören zog die Schultern hoch und ging schneller.

„Es wird kalt, Kinder, kommt schnell in die warme Stube. Line hat auch schon die Lampe angezündet."

Klaus legte seinen Arm um die Mutter.

„Ja, was willst du denn jetzt in der warmen Stube, Mutter? Ich denke, du wolltest mir ein bisschen packen helfen?"

Sie standen jetzt im Hausflur, der von einer schwankenden Messinglaterne, die an dem Balken hing, matt erhellt war, so dass die dunklen Truhen und Schränke im Hintergrund noch in unbestimmtem Dämmerlicht blieben.

Pastor Mümmlein rieb seine Brillengläser, die in der wärmeren Luft hier drinnen beschlagen waren.

„Willst du denn morgen schon mit dem ersten Zug fahren, Klaus?"

Klaus nickte. Dann legte er seine Hand auf Annemaries gesunden Arm.

„Du willst doch noch nicht nach Hause, Annmieken? Es ist wirklich noch lange nicht

Abendbrotzeit. Und ich möchte so gerne noch ein Lied von dir hören."

Mutter nickte.

„Das finde ich auch, Klaus. Ihr habt so lange nicht musiziert. Komm, du kannst Annmieken begleiten, es ist ja ohnehin das letzte Mal heute."

Und sie trippelte zum Klavier und zündete die beiden Kerzen an. Pastor Mümmlein machte ein unentschlossenes Gesicht. Dann murmelte er:

„Ich muss mich noch vorbereiten auf Sonntag. Bitte mich zu entschuldigen."

Damit war er leise hinübergeschlüpft in sein Studierzimmer.

Klaus hatte sich ans Klavier gesetzt, und seine großen, braunen Hände glitten suchend über die Tasten.

„Was soll es sein, Annmieken?"

„Der Münnich, von Schubert", sagte Mutter vom Sofa her und faltete andächtig die Hände. Sie hatte den grünen Schirm vor die Lampe gezogen, dass sie im Schatten saß, aber die beiden jungen Menschen am Klavier waren hell beleuchtet. Groß und schlank stand Annemarie neben seinem Stuhl, goldenen Widerschein von den Kerzen im blonden Haar. Es lag eine große Sicherheit und Ruhe in ihrem stillen, blassen Gesicht, und ihr Blick war weich und fast voll mütterlicher Zärtlichkeit, wenn er auf Klaus ruhte. Das sah Mutter Sören und freute sich darüber. Und baute im Stillen in ihrer dunklen Sofaecke ein heimliches, schönes Luftschloss. Schwer und weich klang dann Annemaries tiefe Stimme durch den Raum:

„Des Lebens Fahrt durch Wellen trug
und heißen Wüstensand,
es ist ja auch ein Kreuzeszug
in das gelobte Land!“

* * *

Unterdessen stand Pastor Mümmlein drüben in seinem Studierzimmer nachdenklich am Schreibtisch. Er konnte das nicht vergessen, was Mutter Sören ihm vorhin von den Büchern und Klaus' Wunsch gesagt hatte. Den ganzen Nachmittag hatte er darüber gegrübelt, wie er dem Jungen helfen könnte. Da war ihm ein guter Gedanke gekommen. Er hatte da einen wunderschönen Pfeifenkopf aus einem einzigen Stück Bernstein, der so klar und rein war wie flüssiges Gold. Er liebte den Kopf über alles, denn er war mit teuren Jugenderinnerungen für ihn verknüpft. Er hatte ihn einmal Meister Güldenwang gezeigt, der ein großer Liebhaber von Altertümern war. Und der alte Güldenwang war so entzückt davon gewesen, dass er ihm den Kopf am liebsten gleich abgekauft hätte. Aber dafür war Pastor Mümmlein damals nicht zu haben gewesen. Jetzt war ihm das alles wieder eingefallen, und er hatte mit leisem Seufzer einen Entschluss gefasst. Bedächtig schloss er eine der alten, eingelegten Schubladen des Schreibtisches auf. In Seidenpapier gewickelt lag da zwischen anderen alten Erinnerungen der leuchtende Bernsteinkopf. Pastor Mümmlein hielt ihn gegen die flackernde Kerze, dass das Licht hindurchschien wie lauter Sonnenstrahlen. Einen Augenblick sah er wie in tiefem Sinnen darauf nieder. Dann gab er sich einen Ruck und wickelte das kleine Ding sorgsam wieder in das alte Seidenpapier ein, das nach Lavendel und Thymian duftete. Und mit einem zweiten Ruck ließ er es in seiner Rocktasche verschwinden. Ganz leise schlich er sich auf den Flur, zog den dikken Mantel über und stülpte das schwarze Käppchen auf den kahlen Kopf. Wie ein Schuljunge, der nicht gerne auf verbotenen Wegen ertappt wird, schlich er gebückt aus der Haustür. Vom Wohnzimmer her hörte er die tiefen, starken Töne des Schubertliedes durch den stillen Abend schwingen. Es war fast dunkel hier draußen, und seine Augen mussten sich erst an die graue Herbstdämmerung gewöhnen. Aber er kannte hier ja jeden Steg und tastete sich behutsam mit seinem dicken Knotenstock aus dem Garten zur Dorfstraße hinaus. Die lag still und verschlafen unter ihren tiefen, breiten Strohdächern und uralten Pappelbäumen. Man hätte wohl meinen können, sie sei in einen Dornröschenschlaf versunken, wenn nicht hier und da aus den kleinen, niedrigen Fenstern ein heller Lichtstreif hinausgeschimmert hätte in das Dunkel. Pastor Mümmlein kannte sie alle, die hinter diesen hellen Fensterscheiben gebückt um die Lampe saßen mit ihren Sorgen und Freuden. Ihm waren die Bauern und Fischer von Plichten ans Herz gewachsen wie seine eigenen Kinder. War er ihnen doch ein halbes Menschenleben hindurch ein unermüdlicher, treuer Seelsorger gewesen. Ganz am Ende des Dorfes, weit zwischen den Dünen, lag das Häuschen des alten Meisters Güldenwang. Er hatte es einst vor Jahren einem Fischer abgekauft, und es hatte ebenso wie die anderen ein tiefes, dunkles Strohdach. Nur die Fenster hatte er größer und heller machen lassen, und vorne vor der grünen Haustür war eine luftige Veranda gebaut, von wo aus man weit hinabsehen konnte auf das Meer. Pastor Mümmlein ging durch den Vorgarten und zog die Glocke. Eine alte, runzlige Haushälterin mit schneeweißer Haube öffnete ihm. Ihr freundliches Gesicht wurde noch freundlicher, als sie den alten Pastor erkannte.

„So spät noch im Dunklen, Herr Pastor? Aber kommen Sie nur herein. Der Meister ist drinnen in seinem Atelier."

Sie öffnete eine Tür, und auf den dunklen Flur strömte ein helles, warmes Licht von da drinnen, so dass der alte Pastor sekundenlang geblendet seine Augen schließen musste. Meister Güldenwang kam ihm entgegen und schüttelte ihm herzlich die Hand.

„Das ist recht, Herr Pastor, dass Sie mich auch

einmal besuchen. Wenn es Sie nicht stört, kommen Sie mit in mein Atelier, da sitze ich am liebsten."

Er führte ihn in das breite, große Zimmer, wo Zeichnungen und Malereien in buntem Durcheinander Wände und Staffeleien schmückten. In einer Ecke stand ein tiefes, altes Ledersofa mit einem runden Tisch davor, auf dem eine rot verhangene Stehlampe brannte. Als die beiden Alten sich auf das tiefe Ledersofa setzten, meinte Pastor Mümmlein, sich ein wenig scheu umsehend, denn er war noch nicht oft hier gewesen: „Ist es hier für Sie nicht sehr einsam, Meister? So ohne Hausgenossen und Unterhaltung?"

Meister Güldenwang strich sich den langen, weißen Bart, und seine Augen sahen verloren in die Weite.

„Was ist einsam, lieber Pastor? Wir sind es wohl nur dann, wenn unsere Seele nicht gelernt hat, in der Vergangenheit zu leben, aus der Vergangenheit zu schöpfen. Ich besaß viel Liebe in meinem Leben, lieber Pastor, davon zehre ich immer noch in meinen alten, einsamen Tagen."

Pastor Mümmlein räusperte sich, er wollte gern auf den Zweck seines Hierseins zu sprechen kommen.

„Ich komme heute in einer besonderen Angelegenheit, Meister Güldenwang, und ich hoffe, Sie nehmen mir das nicht übel."

Er zog bedächtig den kostbaren Pfeifenkopf aus

seiner Rocktasche und wickelte ihn langsam aus dem Papier. Dann hielt er ihn ein wenig verlegen zwischen den Fingern und sah Meister Güldenwang an.

„Ich – ich – wollte Ihnen das Ding gerne verkaufen, Meister."

Der alte Maler machte große, erfreute Augen.

„Den schönen Bernsteinkopf? Oh, Herr Pastor, Sie tun das doch nicht meinetwegen, weil ich einmal so sehr entzückt davon war?"

Pastor Mümmlein schüttelte den Kopf.

„O nein – o nein – es ist einfach nur deshalb, weil ich gerade Geld brauche und Sie mir seinerzeit eine hohe Summe dafür boten. Ich mochte mich damals nur noch nicht trennen, weil so viele Jugenderinnerungen an diesem Pfeifenkopf hängen."

Er hatte immer leiser gesprochen, und sein Blick ruhte fast zärtlich auf dem leuchtenden Bernstein. Dann biss er sich auf die Unterlippe und schob den Kopf schnell dem Maler zu. Der legte seine schmale, weiße Hand bittend auf die runzlige, ein wenig zitternde des alten Pastors.

„Da nun dieser schöne Kunstgegenstand in meinen Besitz übergehen soll, wüsste ich auch gerne seine Geschichte. Oder ist das sehr unbescheiden?"

Pastor Mümmlein legte sekundenlang die Hand über die Augen und lehnte sich ein wenig zurück in dem alten Ledersofa, dass es knarrte.

„Ich will es Ihnen erzählen, Meister, wenn es auch nur eine ganz kleine, alltägliche Geschichte ist."

Er legte seine Rockschöße bedächtig über die Knie und faltete die Hände darüber.

„Das ist nun schon so viele Jahre her, dass ich gar nicht mehr weiß, wie viele. Jedenfalls war ich noch so jung, gerade erst Vikar in einer kleinen Küstenstadt in Ostpreußen geworden. Ich verkehrte da viel im Hause eines Kaufmanns, der eine große Bernsteinfabrik hatte. Er hatte aber auch eine Tochter, die Hanna hieß. Damals träumte ich davon, dass sie einmal meine Frau würde. Da starb meine Mutter und bat mich im Sterben, meinen einzigen Bruder niemals zu verlassen. Mein Bruder litt aber an Krämpfen und hatte oft so schwere Anfälle, dass er seine ganze Umgebung damit aufs tiefste erschrecken konnte. Ich bekam bald darauf eine Pfarrerstelle und nahm ihn ganz zu mir. Einer Frau hätte ich nie zumuten können, mit diesem Schwerkranken unter einem Dach zu leben. Als ich aus der Stadt fortzog und Hanna für immer Lebewohl sagte, schenkte sie mir diesen Bernsteinkopf zur Erinnerung. Denn wir waren oft zusammen durch die großen Fabriksäle ihres Vaters gegangen, und ich hatte häufig die verschiedenen Arten dieses versteinerten Harzes bewundert, in dem oft ein Blättlein oder ein Insekt auf geheimnisvolle Weise eingeschlossen war. Damals dachte ich noch, ich würde sie bald zu mir in mein Pfarrhaus holen können. Aber mein Bruder lebte sehr lange. Als er nach zehn Jahren starb, war Hanna mit einem anderen verheiratet."

Pastor Mümmlein saß ganz still, nur seine Brust atmete schwer.

Liebkosend strich des Malers Hand über den Bernstein.

„Es ist ein schönes Stück, das gewiss noch unendlich viel mehr erzählen könnte als Eure stille Geschichte. Denn sein Alter reicht wohl viele hundert Jahre zurück."

Er stand auf, um das Geld zu holen. Da erhob sich auch Pastor Mümmlein.

„Ich muss nun auch heim, Meister, sonst warten sie mit dem Abendessen auf mich."

„Und Sie können es wirklich nicht bei mir einnehmen?"

Der Alte schüttelte den Kopf.

„Sie wissen zu Hause nichts davon, und es würde sie beunruhigen."

Da fiel sein Blick wie von ungefähr beim Hinausgehen auf einen großen Studienkopf, der gegenüber vom Sofa an der Wand lehnte. Es war ein lockiger Kinderkopf, voll Sonne und sprühender Lebenslust. Der alte Pastor musste ihn immer wieder ansehen, es war ihm fast, als sei ihm das Gesicht bekannt.

„Wer ist das Kind?"

Und er wandte sich fragend nach Meister Güldenwang um. Der sah auf. Es war wie ein schmerzliches Lächeln in seinem Gesicht.

„Mein Sohn", sagte er leise.

Pastor Mümmleins Augen wurden groß und weit.

„Ich wusste nicht, dass Sie einen Sohn haben, Meister Güldenwang."

Der alte Maler legte dem alten Pastor die Hand auf die Schulter. Man wusste nicht, wer von den beiden das weißere Haar hatte.

„Ich begleite Sie durch das Dunkel nach Hause, Pastor Mümmlein. Dann will ich Ihnen von meinem Sohn erzählen. Ein Vertrauen ist das andere wert."

Er griff nach dem Bernstein, der auf dem Tisch lag. Durch die neblige Herbstnacht gingen die beiden Alten eng aneinander geschmiegt die breite Dorfstraße entlang. Sie hatten die Kragen ihrer Mäntel hochgeklappt und die Mützen tief in die Stirn gezogen, denn sie froren beide ein bisschen. Von der See her kam ein dumpfes, grollendes Rauschen, und von den alten Linden über ihnen fiel ab und zu noch ein letztes, raschelndes Blatt. Meister Güldenwang strich sich ein paarmal über die Stirn, dann erzählte er langsam im Weitergehen.

„Es ist nun schon viele, viele Jahre her, dass ich das Bild von meinem Jungen da malte. Er war ein so sonniges Kind und sehr begabt, zu begabt vielleicht, denn das wurde sein Unglück. Er wollte Künstler werden – Dichter – Bühnenschriftsteller. Seine Erfolge entsprachen nicht seinen Erwartungen. Das verbitterte ihn, machte ihn zum Einzelgänger und Menschenfeind. Er lebt jetzt als Redakteur in Hamburg."

Pastor Mümmlein bohrte seine Fäuste tiefer in die weiten Manteltaschen, als suche er noch mehr Wärme dort.

„Und hat er Sie hier nie besucht, Meister Güldenwang?"

„O doch, im Sommer oft für längere Zeit. Aber er ist sehr menschenscheu und sucht nur die Einsamkeit."

„Ist er verheiratet?"

„Leider nein. Ich glaube, das würde ihn wieder zu einem richtigen Menschen machen."

Der alte Pastor nickte.

„Sie haben Recht. Es ist nicht gut, dass der Mensch allein sei."

Güldenwang lächelte.

„Das sagen Sie?"

„Ja, Meister, das sage ich. Gerade weil ich es aus Erfahrung weiß. Es ist nur ein halbes Leben so. Ein Sichabfinden mit dem Unabänderlichen. Die Naturen sind verschieden. Ich konnte es eher verschmerzen. Viele tragen schwer daran. Und leiden daran, ohne es selbst zu wissen. Weil ihnen der eigentliche Zweck und Kernpunkt ihres Lebens fehlt. Der Zweck und der Inhalt ihres Seins und Schaffens und Vorwärtsstrebens. Gott hat uns nun einmal so geschaffen. Wir brauchen uns nicht zu schämen deshalb. Ich habe es ja noch wunderbar gut gehabt. Dadurch, dass ich in diese Pfarre kam, wo Mutter Sören noch schaltete mit ihrem Sohn. Er war damals noch ein ganz kleiner Junge, als ich herkam. Und ich habe ihn lieb, als wäre er mein eigen Fleisch und Blut. So war ich nie ganz einsam."

Und vorsichtig fühlte er unter dem Mantelkragen mit der Hand nach seiner Brusttasche, ob er auch das kostbare Geld für Klaus noch hätte, wovon sich sein Klaus die schönen Bücher alle kaufen sollte, die er nötig hatte zum Studieren. In dunklen Umrissen hob sich das Pfarrhaus aus dem Nebel. Da reichte ihm der alte Maler die Hand.

„Gute Nacht, Pastor Mümmlein. Haben Sie Dank für Ihren Besuch."

Mümmlein schüttelte fest die Hand des anderen.

„Ich habe zu danken, Meister. Gute Nacht."

Er tastete sich vorsichtig mit dem Stock zur Haustür, während sein Begleiter in dem dichten Nebelmeer untertauchte.

Als er die Haustür aufklinkte, kam Mutter Sören aus ihrem Zimmer gehuscht.

„O Mümmlein, wo seid Ihr nur geblieben? Wir haben schon mit dem Abendbrot gewartet und alles durchsucht nach Euch. Noch so spät ein Krankenbesuch? Wir dachten es uns gleich, als der Mantel fort war. Na, nun kommt nur schnell herein."

Pastor Mümmlein war etwas verlegen und grübelte beim Ausziehen seines Mantels angestrengt darüber nach, wie er das Geld für Klaus am besten loswerden könnte. Es musste ja bald sein, denn Klaus fuhr morgen schon mit dem ersten Zug.

Nach dem Abendbrot gingen Mutter und Sohn hinauf in Klaus' Zimmer, um gemeinsam seinen Koffer zu packen. Pastor Mümmlein stand etwas unschlüssig auf seiner Schwelle und sah ihnen sinnend nach, als sie die Treppe hinaufstiegen. Dann hatte er einen guten Einfall. Er wollte das Geld für Klaus auf Mutter Sörens Kopfkissen legen – ganz schnell und heimlich, während sie noch oben war. Denn ihr Schlafzimmer lag unten auf der anderen Seite des Flurs.

Oben in Klaus' Zimmer stand der große Koffer auf der Diele, und Mutter Sören kniete davor und packte sorgsam ein Stück nach dem anderen hinein, während der angehende Kreisarzt und Medizinalrat auf der Tischkante saß und Zukunftsträume spann.

„Weißt du, Mutter, das ist mir ja die größte Beruhigung, dass du während meiner letzten Studienjahre noch so gemütlich hier im alten Pfarrhaus wohnen kannst. Denke nur, wie schrecklich, wenn du in der engen Stadt, vier Treppen hoch hausen müsstest! Wenn ich nachher nach Plichten komme, baue ich uns so ein Häuschen, wie Meister Güldenwang hat. Da wollen wir beiden gemütlich zusammen wohnen! Freust du dich denn gar nicht ein bisschen, Mutter?"

„Ja natürlich, Junge, sehr sogar! Aber bis dahin ist noch lange Zeit. Und du musst nicht so mit deinen Armen fuchteln, sonst wirfst du mir noch die Lampe vom Tisch. Hörst du?"

„Ja, Mutter. Und dann wird meine Praxis immer größer und größer, und ich werde schließlich noch ein wohlhabender Mann. Und dann kann ich dir kaufen, was du nur willst."

Er sprang vom Tisch und setzte sich direkt neben der Mutter auf die Erde und umschlang sie mit beiden Armen.

„Sag', Mudding, was du dir wünschst? Einen seidnen Schlafrock oder eine silberne Wärmflasche oder –"

Mutter Sören machte sich mit einem energischen Ruck los.

„Einen vernünftigen Jungen wünsche ich mir und nicht solch einen Quasselpeter! Und nun lass mich aufstehen, ich habe eben die Tür von meiner Schlafstube gehen hören, und Katrin ist doch beim Abwaschen in der Küche."

Klaus sprang auf und half dann seiner Mutter von den Knien.

„Wollen mal beide hinuntergehen, Mutter, wenn es dich beruhigt. Aber es wird wohl nur der Wind gewesen sein."

Als sie langsam die knarrende Treppe hinabstiegen, das flackernde Licht in der Hand, huschte unten gerade Pastor Mümmlein verlegen in sein Studierzimmer.

Mutter Sören hob ihren Leuchter hoch.

„Das war nur unser Mümmlein und kein Dieb", sagte sie aufatmend.

Da fing Klaus an zu lachen und drohte mit dem Finger.

„Was hat denn der in deinem Schlafzimmer zu suchen, Mutter? Na, na, ich sag's ja, Alter schützt vor Torheit nicht!"

Da hatte er schon einen Klaps von Mutter weg.

„Junge, du bist heute wirklich zu albern. Aber gehe nur schon ins Wohnzimmer, ich komme gleich nach. Dein Koffer ist ja auch fertig."

Sie trippelte mit ihrem Leuchter den Flur entlang, bis zu ihrer Schlafzimmertür. Die klinkte sie vorsichtig auf und trat dann etwas zaghaft über die Schwelle. Sie hatte doch ganz deutlich gehört, dass einer aus dieser Tür, die so einen besonderen Knarrlaut hatte, gekommen war. Sie hielt das Licht hoch in ihrer Hand, dass der Schein auch in die dunkelsten Ecken fiel. Und da sah sie ein graues Kuvert auf ihrem weißen Kopfkissen. Sie nahm es auf und las die zittrig geschriebenen Worte:

„Für Klaus, um sich Bücher zu kaufen. Aber er soll nicht wissen, woher das Geld kommt."

Mutter Sörens Lippen zitterten, als wüssten sie nicht, ob sie lachen oder weinen sollte. Dann sah sie neugierig in das Kuvert. Welch große Summe! Wo mochte Mümmlein das Geld nur aufgetrieben haben! Er hatte doch selbst nichts übrig, das wusste sie genau. Kopfschüttelnd steckte sie das Geld ein und ging dann leise mit dankgerührtem Herzen hinüber in die Studierstube. Da hatte Pastor Mümmlein sämtliche Fächer seines Schreibtisches ausgezogen und suchte in seiner Zerstreutheit händeringend nach seinem Bernstein-Pfeifenkopf, aus dem er jeden Abend vorm Zubettgehen noch ein paar Züge zu tun pflegte. So fand ihn Mutter Sören. Nachdem sie ihm aus tiefster Seele gedankt hatte, half sie ihm suchen, aber natürlich vergeblich.

Klaus zerbrach sich unterdessen drüben im Wohnzimmer den Kopf, wo nur Mutter so lange blieb, heute am letzten Abend.

* * *

Der erste Schnee war gefallen. In großen, weißen Flocken war er die ganze Nacht über zur Erde gerieselt. Nun lag er als stille, schimmernde Decke über den kahlen, nackten Gliedern der frierenden Mutter Erde. Und die Sonne wob einen glitzernden Überwurf von tausend schimmernden Goldsternchen darüber, dass des Flimmerns und Leuchtens kein Ende war. Es war in den letzten Tagen des Advent.

In der großen, geräumigen Pfarrküche standen Mutter Sören und Annemarie am weiß gescheuerten Tisch und rollten Pfefferkuchenteig aus. Annemaries Blusenärmel waren hoch hinaufgekrempelt bis über die Ellbogen. Sie hatte eine große blaue Schürze vorgebunden, und ihre Wangen waren rot vor Eifer.

Mutter Sören lächelte.

„Das ist recht, Annmieken, immer tätig sein! Das allein gibt mal eine tüchtige Hausfrau ab. Hast du eigentlich schon mit deinen Eltern gesprochen wegen der Krankenpflege?"

„Ja, Tante Sören, ich dachte, ich hätte es dir schon erzählt. Es war nicht so sehr erfreulich. Vater meinte rundweg, das sei Unsinn. Aber jetzt müssten ja wohl alle jungen Mädchen solch einen Spleen haben. Burmeisters Lene sei ja auch in ein Säuglingsheim gegangen und Karstens Luise in eine Kochschule. Es wollte ja wohl keine mehr vernünftig zu Hause bleiben. Und was er noch alles redete! Mutter war natürlich auch außer sich und sagte, die Sache sollte ich mir nur ganz aus dem Kopf schlagen. Das sei natürlich wieder einer jener törichten Einfälle, die von Klaus stammten, und so weiter. Ich könnte doch nicht im Ernst daran denken, Gemeindeschwester in Plichten zu werden. Ja, ich ließ sie ruhig reden und will dann lieber noch mal bei günstigerer Gelegenheit davon anfangen. Und nicht wahr, Tante Sören, du legst dann ein gutes Wörtchen für mich ein? Mutter gibt so viel auf dein Urteil."

Mutter Sören wiegte den grauen Kopf mit dem weißen Morgenhäubchen.

„Ja, sieh mal, Kind, im Grunde muss ich ja eigentlich deiner Mutter Recht geben. Die einzige Tochter gehört ins Haus. Wenn du noch Schwestern hättest, wollte ich ja nichts sagen. Aber so!

Wenn du mein Kind wärst, würde ich dich auch nicht gerne fortlassen."

Das Mädchen hob jetzt die schönen, vollen Arme, dass die Muskeln sich strafften.

„Ja, Tante Sören, wenn ich genug Arbeit zu Hause hätte, wollte ich ja auch nichts sagen. Aber sieh doch, wie stark und groß und gesund ich bin! Ich brauche wirklich viel mehr Arbeit, sonst werde ich krank. Wenn ich mich im Garten nützlich machen will, sagt Mutter: Dazu ist doch der Gärtner da. Wenn ich in die Küche komme, zieht Mamsell ein schiefes Gesicht. Wenn ich auf dem Hof oder in den Ställen mit anfassen will, lacht Vater mich aus und fragt, wie viel Lohn ich als Knecht beanspruche. Oh, es ist zum Rasendwerden! Wozu habe ich denn all meine junge, starke, überschäumende Kraft? Ich kann wirklich nicht immerzu still sitzen und nähen und flicken, was Mutter als der Inbegriff einer braven Haustochter vorschwebt. Das halte ich einfach nicht aus."

Annemarie hatte sich den Teig von den Händen gewischt und die Finger gewaschen. Ihre grauen Augen flammten, und die blonden Löckchen, die sich vom Scheitel gelöst hatten, zitterten über den Schläfen. Frau Sören betrachtete sie mit mütterlichem Wohlgefallen und lächelte.

„Du bist immer noch wie damals, Annmieken, als du ein kleines Mädchen warst und bei mir stricken lernen wolltest. Sobald eine Masche gefallen war, sprangst du auf und sagtest: ‚Oh, Tante Sören, nu lass mich erst schnell mal ’n bisschen auf den Kastanienbaum klettern. Zu lange still sitzen kann ich wirklich nicht.‘“

Da ging die Küchentür auf, und Pastor Mümmlein schob seinen Kopf herein. Als er sah, dass nur Mutter Sören und Annemarie in der Küche waren – die taube Finken, die in einer Ecke Kartoffeln schälte, zählte nicht mit –, kam er mit allen Zeichen äußerster Erregung selbst herein und schloss die Tür wieder fest hinter sich zu. Er hatte einen offenen Brief in der Hand, und seine Augen suchten einen Stuhl, auf den er sich setzen könnte.

Mutter Sören war ganz erschrocken zu ihm hingetrippelt und hakte ihn unter.

„Aber, Mümmlein, was fehlt ihm nur? Er hat doch keine schlechten Nachrichten bekommen?“

Und sie geleitete ihn sorgsam zum nächsten Küchenstuhl, auf den er erschöpft niedersank. Seine zitternde Hand reichte ihr den Brief.

„Lesen Sie, Frau Sören. Und dann raten Sie mir.“

Mutter Sören konnte so schnell ihre Brille nicht finden, sie war selbst ganz aufgeregt geworden.

„Da, Annmieken, ich weiß nicht, wo meine Brille ist. Es geht schneller, wenn du mir vorliest.“

Annemarie hatte gerade ihre Hände abgetrocknet und die Ärmel wieder heruntergestreift. Nun nahm sie halb neugierig, halb zaghaft den Brief und las laut vor:

„Lieber Bruder!
Du weißt, dass ich schon lange krank bin. Nun hat mir aber der Arzt gestern gesagt, dass es sich nur noch um Tage handeln kann. Wenn man alt und krank ist wie ich, geht man gerne aus dieser Welt. Nur eines bedrückt mich und macht mir Sorge: Das ist mein Enkelkind, die Resi. Sie ist noch so jung und soll nun ganz allein stehen, denn Vater und Mutter hat sie ja nicht mehr, wie du weißt. Nur dich, den alten Großonkel im fernen Norden, hat sie noch. Ich hätte sie schon früher gerne einmal zu dir geschickt, damit ihr euch kennen lerntet, aber die Reise von unseren bayrischen Bergen bis hinauf zur grauen Wasserkante ist so sehr weit und teuer. Aber nun wird sie doch wohl kommen müssen, sobald ich die Augen geschlossen habe. Denn wo soll sie sonst hin? Ihr kleines Erbteil soll dazu verwandt werden, dass sie etwas Tüchtiges lernt, damit sie einmal auf eigenen Füßen stehen kann. Bitte steh du ihr mit Rat und Tat zur Seite, lieber Bruder. Sie ist noch so jung und hilflos. Sie wird dir selbst telegrafieren, wenn sie hier abreist.

Gott segne dich für alles, was du für mein Enkelkind tun wirst!
Deine Schwester Therese."

Annemarie hatte zu Ende gelesen und faltete den Brief wieder zusammen. Mutter Sören nickte ein paarmal mit dem Kopf und atmete tief. Pastor Mümmlein saß gebückt auf seinem Küchenstuhl und sah hilflos von einem zum andern.

Da legte ihm Mutter Sören die Hand auf die Schulter.

„Kopf hoch, Mümmlein; ich sehe es ihm an, dass er sich schon wieder ein wenig ängstigt. Das ist aber doch wirklich nicht nötig. Wir werden ihm schon alle helfen, die kleine Resi zu erziehen. Oh, es ist gewiss ein liebes, kleines Ding, was mir noch eine tüchtige Hilfe im Hause werden kann."

Annemarie klatschte in die Hände.

„Oh, das ist schön, fast als ob ich ein Schwesterchen bekomme. Wie alt ist sie eigentlich?"

Pastor Mümmlein zählte an seinen Fingern.

„Sie muss jetzt so an die siebzehn Jahre sein, schätze ich. Meine Schwester, die nach Bayern heiratete, hatte einen einzigen Sohn, der als talentvoller Baumeister früh starb. Und dies ist seine Tochter."

Annemarie band die große Schürze ab und ordnete sich die Haare.

„So, ich muss nun aber hinüber ins Donnerhüsing. Und nicht wahr, Pastor Mümmlein, sobald Ihr Nachricht habt, lasst Ihr es mich wissen. Dann hole ich selbst Eure Großnichte mit unserem Wagen von der Station ab. Auf Wiedersehen, Tante Sören."

Als Annemarie zur Tür hinaus war, erhob sich der

alte Pastor etwas schwankend von seinem Stuhl. Er seufzte tief: „Na, hoffentlich ist die Resi auch so resolut und gescheit wie unsere Annemarie. Ich bin etwas bange, Frau Pastor."

Mutter Sören ging mit ihm zusammen aus der Tür und geleitete ihn zu seinem Studierzimmer.

„Aber, Mümmlein, wer wird denn immer so bange sein? Freuen soll er sich, dass er auf der großen weiten Welt noch ein Menschenkind hat, für das er sorgen kann. Nun lass er alle trüben Gedanken fahren, sonst wird das mit seiner Sonntagspredigt nichts. Red' er nur recht kräftig über den Vers: ‚Sorget nicht!' Dann wird ihm schon leichter werden. Ist es auch warm genug in seiner Stube?"

Sie hockte sich vor den Ofen, in dem eine rote Glut milde Wärme ausstrahlte, und schraubte die eiserne Tür zu. „Dass die Line das auch immer zu spät macht, das lernen die Mädchen doch auch nie und nimmer." Dann ging sie zum Fenster, sah nach, ob es gut geschlossen war, und hing die große, gestickte Fensterdecke vorsichtig wieder davor, damit auch kein kühles Lüftchen Pastor Mümmleins Beine am Schreibtisch erreichen könnte.

„So, nun steck' er sich seine Pfeife an und freu' sich über den schönen, frisch gefallenen Schnee. Ich habe noch in der Speisekammer zu tun, nachher hole ich ihn zu einem kleinen Spaziergang ab."

Damit war sie schon wieder emsig zur Tür hinausgetrippelt.

* * *

Ein eisiger Ostwind fegte über die Lande. Ganze Schanzen von Schnee hatte er aufgeworfen am Wegrand und an den Dünenhängen. Die Dämmerung war schon tief gesunken trotz der frühen Nachmittagsstunde, und durch die jagenden Schneewolken fand kein Stern seinen Weg, die dunkle Erde zu erleuchten. Nur das Meer heulte und gischtete hinter den Dünen, und irgendwo in der Ferne klang feines Geklingel, das näher und näher kam. Ein leichter Schlitten fuhr den tief verschneiten Feldweg entlang, von zwei Braunen kräftig gezogen. Annemarie hielt die Zügel und sah mit lachenden, fröhlichen Augen aus ihrer warmen Pelzvermummung in die verschneite Welt. Sie wollte die fremde Resi vom Bahnhof abholen, wie sie es Pastor Mümmlein versprochen hatte. Denn es war das Telegramm gekommen, dass die verwaiste Großnichte unterwegs sei. Es war acht Tage vor Weihnachten, und in Annemaries Herzen war schon ein großes, freudiges Erwarten und Jubeln. Denn die Jungens kamen ja nun auch bald zu den Ferien! Die Jungens nannte sie die beiden immer noch, ihren Bruder Erich und Klaus Sören, obwohl sie doch nun bereits lange Zeit große, erwachsene Menschen waren. Für sie blieben es immer die Jungens, deren Kommen mit genauso viel Vorfreude und Feststimmung erwartet wurde wie vor Jahren, als sie noch kleine Jungen waren.

Annemarie klappte ihren Pelzkragen hoch und kniff die Lippen zusammen, denn es war bitterkalt hier auf der Höhe, wo der Nordwind ungehindert von der See herüberstürmen konnte. Endlich war sie an der kleinen Station, die aus einem ziegelroten Häuschen mitten im Schneefeld bestand. Wie schwarze, blanke Eisenschlangen, hier und da von glühenden Laternenaugen bewacht, liefen die schnurgeraden Schienen nach beiden Seiten in die kalte Winternacht hinaus, Kunde bringend von der großen, weiten Welt, die da hinten lag, weit jenseits von Heide, Hügeln und Wäldern. Annemarie gab dem Stallknecht, der hinten gesessen hatte, die Zügel und stieg ab. Die Hände tief in die Manteltaschen gebohrt, lief sie stapfend auf dem kleinen Bahnsteig auf und ab, um warm zu werden. Ach, wie sie diesen kleinen hässlichen Bahnsteig liebte! Es war eigentlich immer etwas Frohes gewesen, weshalb sie ihn betreten hatte. Meist, um die Jungens zu den Ferien abzuholen. Was besonders schön im heißen Sommer war, wenn die Heide purpurn blühte ringsum und das Meer wie eine blauseidne Decke regungslos lag, von tausend Sonnenfunken golden übersprüht. Nun sollte sie die arme, kleine Waise abholen, die so mutterseelenallein dastand in der weiten Welt. Oh, wie wollte Annemarie sie lieb haben und ihr eine teure Schwester sein! Wenn es auch nicht mehr für lange war, denn zu Ostern würde sie nach Hamburg gehen, um die Krankenpflege zu lernen. Die Eltern hatten endlich ihre Einwilligung dazu gegeben, nachdem auch Mutter Sören für Annemarie gebeten hatte. Annemaries tiefe, blaue Augen leuchteten, wenn sie daran dachte. Ach, wie wollte sie fleißig und tapfer sein, um anderen helfen zu können. Und dann später hier in Plichten, wenn Klaus Sören hier Doktor war! Welch fröhliches Zusammenarbeiten würde das sein mit dem lieben, frischen Jugendkameraden! Sonnig und hell lag der Lebensweg vor ihr, den sie sich an diesem dunklen Wintertag in ihres Herzens seligster Tiefe ausmalte. Ein gellender Pfiff störte sie in ihren Träumen. Wie ein schwarzes, fauchendes Ungetüm mit glühenden Augen kam der Zug über den Schnee gekrochen. Es stiegen nur sehr wenig Leute hier aus, einige Bauern und Fischer, die zum Markt in der Stadt gewesen waren. Annemarie war gleich ohne Nachdenken auf eine kleine, dünne Gestalt in tiefem Schwarz zugeschritten, die etwas scheu und ängstlich neben ihrem Koffer stehen geblieben war.

„Sie sind gewiss Fräulein Resi Kammrer aus Bayern, die nach Plichten zu ihrem Großonkel Pastor Mümmlein will?"

Und als die andere wortlos und hastig nickte, nahm Annemarie sie fest bei der Hand.

„Dann seien Sie herzlich willkommen hier bei uns, liebes Fräulein Resi. Ich heiße Annemarie Knudsen und wohne direkt neben dem Pfarrhof. Wir werden schon gute Freunde werden. Nun kommen Sie schnell in den Schlitten, ich habe noch einen Pelzmantel für Sie mit."

Dann nahm Annemarie die Zügel und befahl dem Stallknecht, den Koffer zu holen. Die kleine Fremde wickelte sie vorher sehr sorglich in Pelze und Decken neben sich ein, damit sie nicht fröre. Sie hatte bei dem unsicher flackernden Laternenlicht nicht viel erkennen können. Nur ein schmales, blasses Gesicht, in dem zwei große, schwarze Augen verängstigt und scheu in die fremde Welt sahen. Dann fuhren sie mit Schellengeläute in die flimmernde Schneenacht hinein.

* * *

Zu Hause saß unterdessen Mutter Sören im dichten Häkeltuch am warmen Kachelofen und sah von Zeit zu Zeit von den klappernden Stricknadeln auf und hinüber zur kleinen Alabasteruhr vor dem großen Spiegel. Die Hängelampe brannte, und in der Röhre platzten mit leisem Zischen duftende Bratäpfel. Zwischen den beiden Fenstern ging Pastor Mümmlein ruhelos auf und ab, im schönen, braunen Schlafrock, den er im Haus jetzt meist trug, weil er so warm wattiert war, die lange Tabakspfeife im Mund, auf der Stirn zwei Sorgenfalten, die sonst nicht da gewesen waren. Er hatte die schweren Fensterläden nicht ganz geschlossen und lauschte von Zeit zu Zeit angestrengt hinaus.

Mutter Sören legte die klappernden Nadeln in den Schoß und nahm die Brille von den Augen.

„Nun setz' er sich mal einen Augenblick ruhig hin, Mümmlein. Das ist ja nicht mehr zum Aushalten. Andauernd so hin und her zu springen, als wäre er ein Floh und kein ehrwürdiger Pfarrherr. Sie kann ja noch gar nicht hier sein. Um sechs Uhr ist erst der Zug auf der Station. Setz' er sich doch mal gemütlich hier in den Sessel – so –, und nun erzähl' er mir mal etwas von der kleinen Resi. Wenn man so einen neuen Hausgenossen bekommt, will man doch auch etwas von ihm wissen. Hat er ihre Eltern gekannt?"

Pastor Mümmlein ließ sich in den tiefen Lehnstuhl zurücksinken und schaute nun mit nachdenklichen Augen in das rote Licht der Hängelampe.

„Das Kind selbst kenne ich noch nicht. Aber den Vater, den schönen, begabten Vater der kleinen Resi. Er war der ganze Stolz und Augapfel meiner seligen Schwester. Er hatte eigentlich Bildhauer werden wollen, wurde dann aber Baumeister. Meine Schwester meinte, das sei reeller und bringe auch mehr ein. Denn es kann nicht jeder ein Reinhold Begas werden. Er heiratete sehr jung und soll sehr glücklich gewesen sein. Bei Resis Geburt starb die junge Frau. Das Kind kam dann bald zu meiner Schwester, seiner Großmutter, die es dann auch erzog. Mehr weiß ich nicht."

Mutter Sören schüttelte den grauen Kopf mit dem weißen Häubchen.

„Was ist das für eine traurige Geschichte, Mümmlein. Ich denke, es ist das Härteste für ein junges Menschenkind, so heimatlos aufzuwachsen. Das wirft einen Schatten auf das ganze spätere Leben. Mein Mann sagte immer, ohne Herdglück kein Lebensglück. Herdglück ist der Kitt für Familie, Staat und Vaterland." Mutter Sören stand auf und trippelte zur alten, geschnitzten Truhe, die zwischen den beiden Fenstern stand. In dieser Truhe waren ihre Heiligtümer, und sie war nie glücklicher, als wenn sie darin kramen konnte. Jetzt kniete sie davor und holte ein kleines Büchlein heraus, in violette Ripsseide gebunden. Sie trug es behutsam zum runden Tisch unter der Hängelampe und blätterte mit zitternden, runzeligen Fingern darin, voll ängstlicher Sorgfalt achtend, dass keine der vielen gepressten Blumen herausfiel. Dann schien sie gefunden zu haben, was sie suchte.

„Ich muss ihm etwas vorlesen, Mümmlein, was mein Mann einmal selbst verfasst hat. Denn er war ein heimlicher Dichter und hat mir viele Lieder in dies Büchlein geschrieben."

Sie putzte noch einmal die Brille fein säuberlich mit dem Taschentuch und las dann langsam mit zittriger Stimme:

„Es wohnet da ein Vögelein,
wohl unter unserm Dach,
bei Regen und bei Sonnenschein,

bei Sturm und Ungemach.
Nicht Not noch Sorge scheuchten es
von unsres Herdes Rand,
am Wiegenkorb und Krankenbett
hielt es so treulich Stand.
Es kam wohl her aus Gottes Licht,
so treu, so rein und klar,
wir hegten's still in Liebe schlicht –
Herdglück sein Name war.
Herdglück, du Himmelsangebind,
verlass nicht unser Haus!
Da, wo du weilst, gehen leis und lind
die Engel ein und aus."

Mutter Sören hatte ihre Brille abgenommen und die Hände gefaltet über dem alten, violetten Buch, das nach getrockneten Rosenblättern roch und nach vergilbtem Papier. Ihre Augen hingen an dem großen Bild des ernsten, freundlichen Mannes über dem Sofa. Ihr Geist war ganz in der Vergangenheit. Darum konnte sie sich auch gar nicht zurechtfinden, als Pastor Mümmlein plötzlich auffuhr aus seinem Sessel und kerzengerade lauschend stehen blieb.

„Sie kommen, Frau Pastor, sie kommen wirklich!"

Damit schlurfte er eilig zur Tür. Etwas verständnislos und verwundert fuhr Mutter Sören sich über die Stirn und wusste sich im ersten Augenblick das Schellengeläute und Hundebellen draußen gar nicht zu erklären, das näher und näher kam. Bis sie dann plötzlich wieder im Bilde war, sich gewaltsam von der seligen Vergangenheit losriss und ihr violettes Büchlein eiligst wieder in der Truhe verschloss.

* * *

Nun war Pastor Mümmleins Großnichte schon mehrere Tage da. Und ein jeder bemühte sich, lieb und freundlich zu dem zarten, verschüchterten Ding zu sein. Pastor Mümmlein atmete wieder freier, und die zwei fremden Sorgenfalten waren auch wieder von seiner Stirn verschwunden, wo sie ja auch eigentlich gar nicht hinpassten. Es war nun doch nicht ganz so schlimm, wie er erst dachte, eine Großnichte zu haben. Mutter Sören stellte die kleine Resi überall tüchtig in Küche und Speisekammer an, denn Arbeit hilft am ehesten über Heimweh und allen sonstigen Kummer hinweg. Und Resi tat auch still und geschäftig, was ihr geheißen wurde, mit großen, erstaunten Augen. Annemarie hatte sie mit in ihren Strickabend genommen, den sie wöchentlich mit dem Frauenverein in der Dorfschule abhielt, wo beim Stricken und Nähen Weihnachtslieder gesungen oder hübsche Geschichten vorgelesen wurden. Sie waren eben gerade von solch einem Strickabend nach Hause gekommen. Annemarie hatte die Fremde mit nach oben in ihr Zimmer genommen, wo sie noch eine Weihnachtsarbeit für die Mutter beenden wollte. Resi Kammrer sah sich neugierig in

Annemaries hübschem, großem Zimmer um. Auf dem Tisch brannte traulich die Lampe, der Kachelofen verbreitete eine mollige Wärme, die den beiden vom kalten Seewind durchblasenen Mädchen sehr gut tat. Sie hatten sich ihrer nassen Jacken entledigt, und Annemarie führte die andere an ihren Schreibtisch vorm Fenster.

„Sehen Sie, Resi, das hier ist mein Bruder Erich und das hier Mutter Sörens Sohn Klaus. Sie haben schon so viel von beiden gehört, dass ich Ihnen nun doch auch mal die Bilder zeigen muss."

Resi Kammrer nahm das Bild der beiden Studenten in die Hand und ging damit zur Lampe, wo sie es aufmerksam betrachtete.

„Der große Blonde mit dem scharfen, kühnen Gesicht ist Klaus Sören. Und meinen Bruder haben Sie wohl schon an der Ähnlichkeit mit mir erkannt."

Resi schüttelte den Kopf.

„Ich finde gar nicht, dass er Ihnen so sehr ähnlich sieht, auch ist er ja ganz dunkel. Aber lustig sieht er aus."

„Das ist er auch", lachte Annemarie, „immer lustig von früh bis spät, dabei von solchem trocknen, unverwüstlichen Humor. Klaus Sören ist viel ernster, obwohl er auch immer sehr vergnügt tut. So, nun wissen Sie Bescheid über unsere Jungens. Nun müssen Sie mir auch einmal ein bisschen von sich und Ihrem Leben erzählen. Denn nicht wahr, wir wollen doch Freundinnen werden? Wir sind hier so ganz aufeinander angewiesen, und das Pfarrhaus ist ja eigentlich meine zweite Heimat. Ich beneide Sie fast, dass Sie nun immer dort wohnen dürfen, Tante Sören und Onkel Mümmlein sind solch ein liebes, altes Pärchen, wie aus einem Bilderbuch geschnitten, finde ich immer."

Annemarie hatte sich tief über ihre Weihnachtsarbeit gebeugt, und die Nadel flog unermüdlich auf und ab beim Erzählen. Die fremde Resi hatte sich auf ein Korbstühlchen gekauert, das noch aus Annemaries Kinderzeit stammte, und beide Arme um die Knie geschlungen. Ihre großen schwarzen Augen sahen traurig in das zuckende Lampenlicht.

„Von mir gibt es wenig zu erzählen, Annemarie. Ich habe meine Mutter nicht gekannt. Aber mein Vater war so prächtig und so herrlich! Er versuchte immer, mir mit allen Mitteln, die ihm zu Gebote standen, die fehlende Mutterliebe zu ersetzen. Aber er war ja nur so wenig zu Hause. Aus beruflichen Gründen war er viel auf Reisen. Ich war dann immer bei der Großmutter. Die meinte es wohl gut mit mir, aber sie war sehr streng und oft schroff. Und dann kam der schwerste Tag. Als man meinen Vater bewusstlos ins Haus trug. Er war von einem Gerüst gefallen. Er lebte noch zwei Tage, aber kam nicht mehr zur Besinnung. Nur einmal flüsterte er noch: ‚Meine arme, kleine Resi.' Seitdem ist alles dunkel geworden um mich. Großmutter verstand mich nicht und schalt mich sentimental und schwach. Vielleicht bin ich es auch, sie hatte wohl Recht."

Annemarie hatte die Nadel sinken lassen und sah mit großen, ernsten Augen zu der kleinen, schmächtigen Gestalt hinüber, die da so blass in dem Kinderstühlchen kauerte, in ihrem tiefschwarzen Trauerkleid. Und ein großes Mitleid mit der anderen quoll in ihrem Herzen auf. Sie erhob sich leise und kniete neben dem weißen Kinderstühlchen nieder. Impulsiv umfasste sie die kleine, schwarze Gestalt.

„Nicht mehr weinen, kleine Resi! Nun wird ja alles, alles gut. Im Pfarrhaus zu Plichten kann man auf die Dauer einfach gar nicht mehr traurig sein. Weil da noch so viel Vorrat an Sonne und Frohsinn aufgestapelt ist. Und nun ist ja auch bald Weihnachten. Und wir zwei wollen uns recht lieb haben, nicht wahr? Und wollen du zueinander sagen, das ist gemütlicher."

Da lehnte die kleine Dunkle ihre nasse, bleiche Wange an Annemaries blonden Scheitel und atmete tief. Und flüsterte ganz leise, unter Tränen: „Du bist so lieb zu mir, ich danke dir."

* * *

Es war am Frühnachmittag des 23. Dezember. In der kleinen Dorfkirche stand die Tür weit offen. Im Schnee draußen scharrten unruhig zwei kräftige Braune vor dem großen, schweren Holzschlitten, der über und über mit grünen Tannen beladen war.

Die jungen Mädchen und Jungen von Plichten schmückten das kleine Kirchlein fürs Weihnachtsfest. Das war so Sitte in jedem Jahr gewesen, und sie freuten sich alle schon lange darauf. Das Kirchlein war uralt, ein plumper Bau aus roh gefügten Feldsteinen, schon aus dem 16. Jahrhundert stammend. Den hölzernen Glockenturm hatte eine spätere Zeit daran gelehnt, und er wollte eigentlich nicht recht zu dem Steinbau passen. Aber dicht wuchernder, dunkelgrüner Efeu hatte schon fast alle Unterschiede überrankend verwischt. Jetzt lag der Schnee auf dem dichten Geäst der treuen, harten Blätter, dem hölzernen Glockenturm und dem grauen Schindeldach. Der Schlitten war geleert, und die Jugend hatte ihre schöne Weihnachtsarbeit beendet. Plaudernd und scherzend gingen sie paarweise die verschneite Dorfstraße nach Hause. Vor der offenen Kirchtür stand Klaus Sören und stapfte den Schnee von seinen hohen Stiefeln. Dann schlug er kräftig die Arme kreuzweise übereinander, denn es war kalt. Die Kirche lag ein wenig erhöht und frei, da kam der Wind von der See ungehindert über Dünen und flaches Land geweht und strich rau oder zärtlich, je nach der Jahreszeit, über Efeu und Glockenturm. Man sah von hier aus weit über das Land und die See, die sich dunkel abhob vom beschneiten Strand. Über die Erde senkte sich ein früher Winterabend. Gelbrot und kalt versank im Westen der Sonnenball hinter dunklen Schneewolken. Ein versprengter Krähenschwarm kämpfte gegen den Wind, fernen Wäldern zu. Klaus Sören atmete schwer und sog das Bild seiner Heimat tief in die Seele. Dann trat er durch die offene, schwere Holztür in das Kirchlein ein.

Weiche, graue Dämmerung lag hier schon überall. Nur durch die hohen Glasfenster fielen noch einzelne gelbe Lichter der scheidenden Wintersonne auf die gegenüberliegende weiße Kalkwand, so dass die welken Kränze und Gedenktafeln, die dort hingen, matt schimmernd zu leuchten begannen. Zu beiden Seiten des Altars standen die großen, dunklen Tannenbäume, die eifrige junge Hände soeben mit schneeweißen Lilien geschmückt hatten. In ihrem grünen Lodenmantel stand Annemarie davor und ordnete noch hier und da etwas an den Zweigen. Sie stand hoch aufgerichtet auf den Fußspitzen, die Arme emporgereckt, den blonden Kopf mit der schweren Flechtenkrone unbedeckt. Ein versonnenes Lächeln lag um ihren Mund, sie träumte vom Weihnachtslichterglanz. Ihr Bruder Erich trug gerade die schwere Trittleiter wieder hinaus, die sie zum Schmücken der obersten Zweige gebraucht hatten. Die dunkle Resi stand etwas abseits an eine Bank gelehnt und sah versonnen auf das ernste Altarbild. Tiefer sanken die Schatten der Dämmerung. Nur die weiß getünchte Innenwand des Kirchleins gab noch ein wenig Licht, und der blasse Schnee leuchtete von draußen durch die schmalen hohen Fenster.

Annemarie trat zurück vom Altar und überblickte noch einmal prüfend die Tannengruppe. Dann trat sie zu Klaus Sören und legte ihm die Hand auf den Arm.

„Wir müssen nun wohl nach Hause, Klaus, es wird dunkel. Und ich habe drüben noch viel zu tun."

Er nickte.

„Ja, Annmieken. Aber ich habe noch eine Bitte: Willst du uns noch ein Lied singen hier drinnen zur Orgel? Du weißt, ich höre nichts lieber. Deine Stimme klingt gerade in der Kirche so schön."

Sie nickte ihm freundlich zu.

„Das will ich gerne tun, Klaus. Ich bin heute selbst zum Singen aufgelegt."

Sie ging an ihm vorüber, die kleine, schmale Holztreppe zur Empore hinauf. Er langsam hinterdrein, um die Bälge zu treten. Sie setzte sich auf das Bänklein vor der Orgel, und ihre Hände glitten suchend über die Tasten. Es waren große, weiße, schlanke Frauenhände, denen man ansah, dass sie keine Arbeit scheuten. Ihr Blick war verträumt. Und dann klang es voll und rein und weihnachtsfroh durch das kleine, verschlafene Kirchlein: „Vom Himmel hoch, da komm' ich her."

Erich und Resi, die unten im Kirchenschiff standen, hatten lauschend die Köpfe gehoben. Tannenduft und Weihnachtsfrieden fluteten durch den kleinen Raum mit den steifen, hölzernen Bänken, den Sonntag für Sonntag Pastor Mümmleins andächtige Zuhörerschar füllte. Resi hatte die Hände gefaltet, und ihre Augen waren voll Tränen. Sie sah sehr blass aus in ihrem tiefen Schwarz. Und die schmächtige, kleine Gestalt hatte etwas rührend Kindliches, als sie so dastand, an die vorderste Holzbank gelehnt. Erich Knudsen war leise zu ihr getreten. Er hatte den zerdrückten Filzhut in der Hand und den Kopf ein wenig geneigt.

„Es geht doch nichts über die Heimat", murmelte er und sah durch die offene Tür in das verschneite schlafende Land.

„Ich habe keine Heimat mehr", sagte das Mädchen neben ihm und senkte den dunklen Kopf noch tiefer.

Annemaries Gesang war verstummt. Wie ein Echo rauschten die letzten Klänge noch durch Ohr und Herz.

„Wenn sie doch weitersänge!", flüsterte Resi und stand regungslos da.

Da hub die Orgel wieder an, weich und verträumt.

„Selig sind, die Verfolgung leiden, denn ihrer ist das Himmelreich", klang es tief und stark von oben herab, die alte, schöne Weise aus dem Evangelium. Erich hatte sich in eine der Bänke gesetzt und den Kopf schwer in beide Hände gestützt. So blieb er lauschend sitzen. Darüber hatte niemand Acht, dass draußen vor der Tür ein Fremder im Schnee stand. Von der Landstraße her hatten Orgelspiel und Gesang ihn mächtig hingezogen zum alten Kirchlein.

Annemaries Lied war zu Ende. Klaus stand neben ihr.

„Nun müssen wir wohl heim, Annmieken. Es ist inzwischen fast ganz dunkel geworden."

Sie stand auf.

„Ich könnte noch stundenlang so spielen und singen."

Er nickte.

„Und ich dir stundenlang zuhören. Aber die anderen werden warten und frieren."

Sie tastete sich an der Holzbrüstung entlang dem Trepplein zu.

„Du hast Recht. Aber hier findet man schon kaum mehr die Stufen."

Eine starke, große Männerhand fasste nach ihrem Arm.

„Gib mir deine Hand, Annmieken. Ich will dich führen. Sonst brichst du dir wieder den Arm wie damals im Sommer."

So gingen sie langsam, Hand in Hand, das schmale Trepplein hinunter. Vor der Tür warteten Erich und Resi auf sie.

Von dem Fremden war nichts mehr zu sehen. Klaus schloss die schwere, unförmige Tür mit dem alten, rostigen Schlüssel. Dann hob er beide Arme.

„O Kinder, ist die Luft hier schön und rein. Und so herb wie Nordlandsatem aus Asenzeit. Nichts als Schnee und See. Ach, wollen wir nicht noch am Strand entlanggehen? Ich kann unmöglich jetzt schon in Mutters warme Stube und Pastor Mümmleins Tabaksqualm."

Resi machte ein ängstliches Gesicht.

„Ich habe Tante Sören aber versprochen, ihr noch zu helfen bei ihren vielen Vorbereitungen. Ich muss wirklich zurück."

„Ich begleite Sie natürlich, Fräulein Kammrer", sagte Erich schnell, „es ist ja auch schon so dunkel."

„Aber der Schnee leuchtet, und jetzt kommen auch die Sterne!", jubelte Annemarie.

„So komme noch ein Stückchen mit mir", bat Klaus, „und lass die beiden Stubenhocker getrost allein gen Osten traben."

Erich und Resi waren schon vorausgegangen, und als Annemarie noch zögernd dastand, beugte er sich hinunter zu ihr.

„Ich bitte dich darum, Annmieken. Es wird solch ein wundervoller Spaziergang werden bei dieser Sternenpracht."

Da konnte sie nicht nein sagen und ging mit ihm. Sie gingen vom Hügel herab den breiten Sandweg hinunter zum Strand. Dunkel, fast schwarz hob sich das Meer ab von dem verschneiten Ufer. Es war windstill und frostklar. Kaum ein Hauch kräuselte die unendliche, lautlose Wasserfläche. Nur das zitternde Licht eines unermesslichen Sternenhimmels gab der fahlen Farblosigkeit ringsum ein wenig Leben. Sie gingen schweigend weiter. Nur der Schnee knirschte unter ihren Füßen. Manchmal kam wie von weitem das Rauschen einer Welle oder das Knistern von fernem, brechendem Eis durch die Stille. Oder der verschlafene Lauf eines Tieres vom Dorf her. Sie hatten beide eine Scheu, diese heilige Stille zu unterbrechen, mit der die Heimat tief und weich zu ihrer Seele redete. Endlich sagte das Mädchen leise:

„Wo mögen wir nächste Weihnachten sein, Klaus?"

Und dann mit fester, froher Stimme:

„Hoffentlich mitten in der Arbeit. Oh, ich freue mich darauf! Und so vielen helfen zu können!"

Klaus Sören strich sich mit der Hand über die Stirn.

„Ja, wir brauchen viel junge, frische, frohe Kraft in den Krankenhäusern. Die Schwestern sollten immer voll Sonne sein, die um die Kranken sind. Nicht so mürrisch und unfroh und abgearbeitet."

Annemarie lachte.

„Ich habe einmal eine Mutter gekannt, deren Tochter so sehr gerne Krankenschwester werden wollte. Die Mutter schlug es ihr ab mit den Worten: ‚Dazu bist du ja viel zu lebhaft und lustig. Zur Krankenpflege taugen nur die ganz Ernsthaften, Gemessenen.'"

Klaus Sören ereiferte sich.

„Das ist eben gerade das Verkehrte, dass die Menschen so denken. Herzen voll großer Liebe und Seelen voll Mut und Frohsinn, das brauchen wir für die Kranken. Und Jugend. Keine verbrauchte Kraft und verbitterten Gemüter, die zu nichts anderem mehr taugen. Ich freue mich für unsere Kranken, Annmieken, dass du zu ihnen kommen willst. Mit eiserner Hand wollen wir beide dann meistern, was das Leben fressen will. All diese vielen grausamen, tückischen Krankheiten. Oh, Annmieken, das Leben ist so wunderschön und reich und groß. Und wir Ärzte sind die Priester des Lebens. Unser ganzes Wissen und Können dient nur dem einen Zweck, Leben zu erhalten, Leben zu heilen. Und der einzige Feind, gegen den wir fechten mit all unserer Macht, das ist der Tod."

Annemarie war stehen geblieben und sah über das weite, dunkle Wasser.

„Mit unserer Macht ist nichts getan", sagte sie leise. „Ärzte sind auch nur Menschen und suchen und irren."

Er reckte sich. Und in seinem schmalen Gesicht lagen Spott und Stolz.

„Du scheinst nicht gerade sehr hoch von unserer Zunft zu denken, Annmieken. Und doch, was hat die medizinische Wissenschaft gerade die letzten Jahrzehnte geleistet! Und wird immer mehr leisten, je weiter der menschliche Geist fortschreitet. Und das Gefühl ist so großartig, Annmieken. Dieses stolze Kraft- und Machtbewusstsein."

Sie lächelte.

„Du alter Optimist! Gott erhalte dir diesen Mut! Du hast dir viel vorgenommen."

Er nickte. Und sein kühnes Profil mit der schönen, großen Stirn hob sich scharf vom dunklen Hintergrund der weiten See ab.

„Das Leben ist schön, Annemarie. Und hat so viele verborgene Schätze in seinen geschlossenen Händen. Es ist nun an uns, diese Hände zu öffnen. Wir dürfen nicht so zaghaft dabei sein. Mein Geleitwort war und ist immer: Mut und Selbstvertrauen! Damit ging es allemal noch so, wie ich es gewollt habe. Nur nicht fremden Gewalten seinen Willen beugen.

‚Allen Gewalten
zum Trotz sich erhalten.'

Steht das nicht irgendwo geschrieben?"

„Ja, Klaus, aber es kommt im Leben doch wohl nicht immer so, wie wir es gerade wollen. Es soll da so viel Hindernisse, Gegenströmungen, Widerwärtigkeiten geben, dass man sich eher fürchten möchte als freuen."

Er wollte ihr voll ins Gesicht sehen, aber es war so dunkel, dass er nur noch ihre Umrisse sah.

„Kind, Kind, aus dir spricht deine Mutter. Das bist du ja gar nicht selbst. So kenne ich dich ja auch gar nicht."

Sie holte tief Atem.

„Ja, Klaus, die schwere, trübe Luft unseres Hauses, die ich von Kindheit an einatme, will sich oft wie erstickend auf meine Brust legen."

Da packte er sie mit raschem Griff bei den Schultern und sah ihr fest in die Augen.

„Oho, Annmieken, was sind das für Sachen? Ich denke, du willst den Kranken Sonne bringen? Viel, viel Sonne? Komm, sei mein guter Kamerad und lass die Grillen. Die dürfen hier in der Heimat, einen Tag vor Weihnachten gar nicht aufkommen. Und dann“ – er streckte ihr herzlich die große, starke Männerhand hin – „eins musst du mir versprechen, Annmieken: dass, wenn dich einmal irgendeine Not angreift da draußen in der Welt, du nie vergessen darfst, dass du einen Freund hast. Einen Freund und Kameraden, an den du dich immer wenden kannst, wenn dich etwas bedrückt.“

Sie schlug in seine Rechte. In ihren Augen standen Tränen.

„Du bist ein guter, lieber, treuer Kerl, Klaus. Ich danke dir. Im Übrigen darfst du dich nicht wundern über mich. Lachen und Weinen in einem Sack, sagt Vater immer. Aber nun müssen wir wirklich endlich umkehren, sonst ängstigen sie sich noch zu Hause wegen uns.“

Und mit starken, festen Schritten ging sie neben ihm durch den knirschenden Schnee, den beiden baumumstandenen Gehöften zu, die ihre Heimat waren.

Über den weißen Dünen stieg der Vollmond auf wie eine mattrote, leuchtende Scheibe. Stärker rauschte das Meer gegen den schlafenden Strand.

„Jetzt zündeten unsere alten Germanen Sonnenwendfeuer auf den Bergen an“, sagte Klaus und konnte sich nicht losreißen von all der schweigenden, grenzenlosen Schönheit ringsum.

Als Annemarie daheim in den hell erleuchteten Hausflur trat, hörte sie schon von weitem die schrille Stimme der Mutter aus dem großen Saal, wo alljährlich für Herrschaft und Gesinde beschert wurde. Sie hing rasch den Lodenmantel an den Ständer im Flur und band sich eine große Schürze um. Ihre Wangen waren heiß und gerötet von dem scharfen Gang in der kalten Winterluft. Sie strich sich die blonden Haare aus der Stirn und trat rasch zur Mutter.

„Verzeih, Mutter, dass ich so lange blieb, aber nun will ich dir auch sofort helfen.“

Frau Knudsen beaufsichtigte das Zusammensetzen der langen Tische, ihre Stirn war in tiefe Falten gezogen, ihr Mund schmal und böse.

„Ich hatte früher immer gedacht, von einer Tochter Hilfe zu haben. Stattdessen muss man doch alles allein machen. Wo bist du nur so lange gewesen? Ihr könnt doch unmöglich noch bei dieser Dunkelheit die Kirche geschmückt haben?“

Annemarie schlang der Mutter beide Arme um den Hals.

„Ja, ich bin auch ein grässliches Mädchen, Mutter, ich sehe es ein. Aber es war noch so wundervoll draußen, da gingen Klaus und ich noch ein wenig am Strand entlang. Aber nun will ich dir tüchtig helfen. Die Körbe mit Pfeffernüssen und Äpfeln sind wohl noch in der Vorratskammer?“

Und ohne weiter eine Antwort abzuwarten, war sie schon aus der Tür.

Frau Knudsen war verstimmt. Sie zog ihr Häkeltuch fester um die Schultern, denn es war noch nicht sehr warm hier in dem großen Saal. Während sie hier und da etwas an den Tischen ordnete, flogen die Gedanken mürrisch und zornig hinter der gefurchten Stirn. Ach, wozu war nun eigentlich dies ganze Abrackern und Abhetzen vor dem Fest gut. Jedes Jahr dasselbe, und kaum einer dankte es einem. Aber so war schließlich das ganze Leben, ein Abrackern für andere, ohne Dank.

Frau Knudsen hatte es nie anders gesehen. Ihre säuerliche Seele witterte überall nur Trübes, Dunkles und verschloss sich vor jedem Sonnenstrahl. So vertrocknete sie allmählich, innerlich und äußerlich. So wie ihre Wangen einschrumpften und sie älter erscheinen ließen, als sie tatsächlich war, so verschrumpfte auch mehr und mehr ihre sonnenscheue Seele.

Frau Knudsen war es zu gut gegangen in ihrem Leben. Sie hatte sehr früh geheiratet, und die Sorge um das tägliche Brot oder die Not um einen geliebten Menschen war ihr nie nahe getreten. Sie kannte das alles gar nicht. Dass es ihr gut ging, fand sie einfach selbstverständlich. Sie war fleißig von früh bis spät und tat ihre Pflicht. Und meinte, das sei genug. Dass sich Mann und Kinder oft nach mehr sehnten, nach ein wenig Liebe und Sonnenschein, das konnte sie nicht begreifen. Auch nicht, dass es ihre Schuld war, dass ein jeder im Haus sein Leben für sich lebte. Sie gingen alle nebeneinander her wie Fremde. Weil der Familienkitt fehlte, die belebende Liebeswärme und Sonnenkraft der Mutter. Vater Knudsen hatte die ersten Jahre seiner Ehe sehr darunter gelitten. Denn er war ein gutmütiger, warmherziger Mensch, wenn auch oft rau und polternd. Nun hatte er sich allmählich seufzend an die Ungemütlichkeit seines Hauses gewöhnt, das warme Herz war immer mehr in den Hintergrund getreten, und das raue Poltern war Tagesordnung. Wenn er in der Stadt zu tun hatte, so blieb er länger, als nötig war, und in den Wirtshäusern war er bald ein ständiger Gast. Die Kinder hatten schon von früh auf ein feines Empfinden gehabt für diese traurige Atmosphäre daheim. In jedem freien Augenblick schlüpften sie durch das Gitterpförtchen hinüber in den schattigen Pfarrgarten zu Mutter Sören. Denn da war immer Sonne und Frieden und Freude. Auch wenn's draußen wetterte und stürmte und die Gärten voll tiefem Schnee lagen. Dann saßen sie drinnen im Pfarrhaus in der großen Wohnstube um die Hängelampe und besahen sich uralte Bilderbücher aus der Jugendzeit von Tante Sörens Großmutter. Sie konnten sich auch noch deutlich an Pastor Sören erinnern. Das war ein großer, schlanker Mann gewesen mit einem feinen, ernsten Gesicht. Und man hatte ein Gefühl von großer Ruhe und Sicherheit gehabt, wenn man neben ihm sitzen durfte. Tante Sören war damals noch viel flinker und munterer gewesen als jetzt. In jener Zeit, da sang und lachte sie von früh bis spät. Und huschte ab und zu ganz leise von ihrer Arbeit fort, hinein in das Studierzimmer ihres Mannes, und holte sich „zur Stärkung", wie sie sagte, schnell einen Kuss von ihm. Wenn Annemarie und Erich dann wieder zurückkamen in ihr liebesleeres Haus, so merkten sie oft, was ihnen fehlte. Wie wenn helles Sonnenlicht durch ein verhängtes Zimmer flutet, und man nun erst gewahr wird, wie viel Staubatömchen die Luft füllen. So ließ das Sonnenlicht vom Pfarrhaus doppelt die ungesunde Luft bei Knudsens erkennen.

Es war am späten Abend. Am Fenster ihrer Giebelstube stand Annemarie. Sie hatte eben erst die Weihnachtsarbeit für ihre Mutter beendet, an der sie heimlich hier oben nähte, darüber war es spät geworden.

Der dunkle Kachelofen im kleinen Zimmer hatte es zu gut gemeint. Sie konnte die Wärme nicht mehr ertragen und öffnete weit das Fenster. Unübersehbar flimmerten in eifrig klarer Pracht die Sterne am dunklen Winterhimmel. Ein leichter Wind hatte sich aufgemacht, und die See rauschte stärker. Annemarie hob beide Arme und atmete tief. Wie war das schön! Wie unsagbar schön und feierlich! Ein großes Sehnen überkam sie. Ein Lebenshunger nach der Welt und ihrem Treiben. Hinaus aus dem Dorf und seiner erdrückenden Enge und Alltäglichkeit! Hinaus aus dem düsteren Haus ohne Frohsinn und Lachen! War sie nicht jung und lag das Leben nicht vor ihr? So voll, reich und schön, wie Klaus Sören es heute geschildert hatte? Oh, sie wollte auch teilhaben daran! Auch mitjubeln, mitkämpfen, mitleiden. Nicht so mit leeren Händen daneben stehen und es an sich vorüberfluten lassen weit, weit hinten in blauer Ferne. Der leidenden Menschheit sollte ihre Kraft gehören, all denen, die sie am meisten brauchten. „Übers Jahr, will's Gott, stehe ich schon mitten drin im Leben", dachte sie tief atmend und schloss das Fenster.

* * *

Heiligabend. Über den Erdball tönte Glockenläuten und das leise Rauschen wie von Engelfittichen. Meister Güldenwang stand am großen Fenster seines Ateliers und sah in stiller Anbetung hinaus auf die mondbeschienene See. Er mochte wohl eben vom Rauschen der Engelsfittiche gesprochen haben, denn aus dem Hintergrund des Zimmers tönte die müde Stimme eines jungen Mannes.

„Bist du immer noch solch ein Phantast, Vater? Sei versichert, dass es nur die See ist, die so rauscht, aber kein Engelsfittich. Und dann, weshalb hast du für uns beiden Männer eigentlich ein Tannenbäumchen geschmückt? Der Lichterglanz ist doch wohl nur für Kinder und alte Frauen."

Der Greis wandte sich vom Fenster ab und sah mit liebevollem Blick auf den flackernden Kerzenschein am grünen Tannenbäumchen. Mit der schmalen, zitternden Rechten strich er sich durch den langen, weißen Bart.

„Es ist mir ein lieber Brauch, Rolf, den ich an keinem Weihnachtsabend missen möchte. Man fühlt sich durch ihn so dem ganzen deutschen Volk verbunden, denn überall in Dorf und Stadt brennen heute die lieben frohen Bäumchen."

Der alte Meister legte dem jungen Mann, der tief gebückt in einem der Sessel saß, die Hand schwer auf die Schulter. Sein Gesicht war ernst und traurig.

„Du solltest auch mehr von dem Weihnachtsglanz in deine Seele aufnehmen, dass sie heller und froher wird. Du gefällst mir so gar nicht, Rolf."

Der andere schüttelte fast unwillig die Greisenhand ab und stand auf. Mit langen Schritten durchmaß er rastlos das Zimmer.

„Wovon in aller Welt soll meine Seele hell und froh werden, Vater? Wenn einem alle Hoffnungen und Wünsche fehlschlagen und man mit der Menge feilschen muss um sein täglich Brot. Was ist das Leben? Ein Tasten im Dunklen, ein Plagen und Schinden ohne Lohn und Dank, ein toteneinsames

Irren nach Hirngespinsten, nach einer wesenlosen Fata Morgana, ein Zufallsspiel in der Hand eines düsteren, seelenlosen Schicksals."

Meister Güldenwang legte die Hände ineinander und sah in die Flammen der Weihnachtskerzen.

„Was das Leben ist, mein Kind? Eine große, heilige Aufgabe aus Gottes Hand. Ein Sichbeugen unter Gottes Willen. Ein Wandern durch Lust und Leiden an der Hand des Vaters. Ein jubelndes Dankgebet für die grenzenlose Gnade unseres Menschentums. In dem er uns ausgestattet hat mit Kräften, die unser Leben hell und schön gestalten."

Er mochte wohl an seine Bilder denken und die reiche Fülle von Glück, die seine Augen schon von der Schönheit der Erde trinken durften.

Rolf Güldenwang hatte mit dem Kopf genickt, langsam und nachdenklich.

„Du bist ein Idealist, Vater. Ich war es auch einmal. Aber man kommt nicht weit damit. Meine Werke, die noch aus jener hellen Zeit meines Lebens stammten, haben sie verlacht und ausgepfiffen. Beugen musste ich mich ihrem Zwang und hinter Hohn und Spott verbergen, was meiner Seele heilig war. Da habe ich das Lachen verlernt, Vater. Im brausenden Getriebe der Großstadt, im dumpfen Redaktionsbüro – da will man klare, kühle Köpfe, die die Welt und die Menschen verachten. Da wurde ich, wie ich bin. Voll Bitterkeit und Spott. Ich kann's nicht ändern, Vater."

Meister Güldenwang hatte den Kopf in die Hand gestützt und sah schweigend auf seinen Sohn. Es war ein feiner, kluger Kopf mit dichtem, dunklem Haar. In den großen, schwarzen Augen lag es wie Schwermut, und das schmale, bartlose Gesicht sah bleich und abgearbeitet aus.

„Mein armes Kind", sagte der Alte leise – „mein liebes, armes Kind! Du solltest einmal ganz aus alledem heraus. Dich ganz ausruhen und erholen bei mir. Hier ist es so still und ruhig, hier müssen alle Nerven wieder gesund werden."

Rolf Güldenwang lächelte müde.

„Ich danke dir, Vater, du meinst es gut. Aber ein Nichtstun würde mich völlig zerbrechen. Ich brauche Arbeit, viel angestrengte, geistige Arbeit. Das hilft am ehesten über alles hinweg."

„Ich weiß noch ein besseres Mittel", sagte der alte Meister und lächelte. „Du solltest heiraten."

Der andere lachte bitter auf.

„Als ob ich vergessen könnte, was jenes Mädchen mir angetan hat, die mich feige im Stich ließ, als meine Bühnenwerke keinen Erfolg hatten. Nein, Vater, für Frauenliebe ist mein Herz tot."

Der Alte wiegte den Kopf.

„Niemand kennt sein eigenes Herz. Und du kennst das alte Wort: Gegen die Männerkrankheit der Selbstverachtung hilft es am besten, von einer klugen Frau geliebt zu werden."

Der Junge zuckte die Achseln.

„Lassen wir das Thema ruhen, Vater. Doch da fällt mir ein, dass ich dich noch fragen wollte, wer denn hier im Dorf eine so schöne Altstimme hat? Als ich gestern Abend von der Bahn kam und an der Kirche vorüberging, stand die Tür offen, und drinnen sang eine Frauenstimme zur Orgel. Das hat mich seltsam ergriffen. Ich blieb lange stehen und lauschte."

Meister Güldenwang dachte einen Augenblick nach. Dann nickte er.

„Das wird Annemarie Knudsen gewesen sein. Sie haben gestern die Kirche geschmückt, und sie hat solch eine Stimme."

Da steckte die alte Haushälterin den Kopf zur Tür herein.

„Wollen die Herren zu Tisch kommen? Der Karpfen ist angerichtet."

* * *

Mutter Sören hatte all ihren Lieben in ihrer großen Wohnstube die Geschenke aufgebaut . Da stand auch der flimmernde Lichterbaum. So war es schon zu Lebzeiten von Pastor Sören gewesen. Seit gestern hatte niemand mehr ins Zimmer gedurft. Und als ihr großer Junge sie deshalb auslachte und meinte, sie seien doch alle keine Kinder mehr, hatte sie geheimnisvoll lächelnd gesagt: „Zu Weihnachten sind wir alle wieder Kinder, Klaus, auch Pastor Mümmlein und ich mit unseren weißen Haaren. Das ist ja gerade das Schöne an diesem Fest."

Und sie hatte niemanden hereingelassen und still zwischen Tannen- und Pfefferkuchenduft hinter verschlossener Tür den ganzen Tag herumgewirtschaftet und geraschelt. Bis dann am Abend nach der Kirche die Tür sich auftat und sie alle hereindurften. Pastor Mümmlein mit seiner blassen, scheuen Nichte und der große, blonde Klaus mit der alten, treuen Katrin. Jeder hatte seinen Tisch und seine Gaben in der gewohnten Ecke wie alle Jahre.

Aber am sprachlosesten war doch Pastor Mümmlein. Er wollte seinen alten Augen gar nicht trauen und rieb sie immer wieder. Denn das war ja wirklich zu, zu wunderschön! Da standen drei Bilder nebeneinander von seinem geliebten, alten Pfarrhaus zu Plichten. Das größte davon war gerade so, wie er es sich immer geträumt hatte. In weichen, bunten Farben gemalt lag das sonnenbeschienene Haus unter den herbstgelben Kastanien. Sogar die leuchtenden Asternbeete auf dem Rasen waren nicht vergessen worden. Pastor Mümmlein konnte sich gar nicht satt sehen an dem Bild. Das hatte Mutter Sören ganz heimlich bei Meister Güldenwang bestellt, und der hatte immer am Sonntagmorgen malen müssen, wenn Mümmlein auf der Kanzel stand. Das zweite Bild war von Annemarie, die von Mutter Sörens Überraschung nichts gewusst hatte.

Es war eine Kreidezeichnung und stellte das alte Pfarrhaus im Schnee dar. Das dritte und letzte Bild endlich war eine große Fotografie, die Klaus noch vor seiner Abreise in den letzten Herbstferien aufgenommen hatte, um dem alten Mann seinen Herzenswunsch zu erfüllen, ein Bild vom Pfarrhaus zu haben. Nun stand Pastor Mümmlein mit gefalteten Händen vor seinen Schätzen, und große, dicke Tränen der Rührung liefen ihm über die runzligen Wangen. Darüber hätte er fast ganz vergessen, ein wohlverschnürtes Päckchen zu öffnen, das vor den Bildern lag. Als er es endlich mit zitternden Fingern tat und die Seidenpapierhüllen löste, hielt er plötzlich seinen geliebten Bernsteinpfeifenkopf in der Hand. Das war wirklich zu viel! Der gute Meister Güldenwang.

Der alte Pastor sah sich nach einem Stuhl um, so zitterten ihm die Knie vor Freude und Aufregung. Da schob Klaus ihm schon den gemütlichen Sessel an seinen Tisch, in den sich der Alte tief atmend niederfallen ließ. Den Bernsteinpfeifenkopf ließ er aber den ganzen Abend nicht mehr aus den Händen.

* * *

Rolf Güldenwang konnte noch immer keine Ruhe finden, als der alte Meister schon lange schlafen gegangen war. Auf und ab wanderte er in seinem

Giebelzimmer, dessen einziges Fenster hinausging zur See. Der Wind hatte sich gelegt, und ein stiller, bleicher Mond trat hinter den Wolken hervor. Der junge Güldenwang hatte das Fenster weit geöffnet und ließ den Nachtwind um sein dichtes, dunkles Haar spielen. Ein Band von Lenaus Werken lag aufgeschlagen auf dem Tisch. Er hatte eben darin geblättert beim trüben Schein der kleinen Lampe. Er fühlte sich dem schwermütigen Ungarn so geistesverwandt. Vor allem in seinen irren, wehen Liebesliedern, die um verlorenes Glück klagen, und in den letzten Worten des armen Umnachteten: „Der arme Nimbsch ist sehr unglücklich."

In der stillen, heiligen Nacht heute war ihm aber mit einem Mal ein anderes Lied Lenaus in die Hände gekommen, das er sonst wenig beachtet hatte. Es war der Sang von Savonarola. Und er konnte nicht darüber fortkommen. Immer wieder musste er die Worte jenes himmelstürmenden Mönches lesen.

„O Nacht des Mitleids und der Güte,
die auf Judäa niedersank,
als einst der Menschheit sieche Blüte
den frischen Tau des Himmels trank.
O Weihnacht, Weihnacht! Höchste Feier!
Wir fassen ihre Wonne nicht,
sie hüllt in ihre heil'gen Schleier
das seligste Geheimnis dicht."

Und es zwang ihn, dass er weiterlesen musste, bis zu der großen Bußpredigt des Priors von San Marco.

„Nein, nein! Wem je der Menschheit Klagen
bis auf den Grund das Herz durchbebt,
kann den Gedanken nicht ertragen,
der allen Trost ihm untergräbt.
Ist Christus Traum, dann ist das Leben
ein Gang durch Wüsten in der Nacht,
wo niemand, Antwort uns zu geben,
als eine Horde Bestien wacht.
Die feindlichen Naturgewalten
umdrohn den Wandrer ohne Bahn,
aus tausend dunklen Hinterhalten
lieblos und rastlos springend an.
Und wenn er mit geschärften Sinnen
der Feinde Machen auch bezwang,
kann er den andern nicht entrinnen
auf seinem heimatlosen Gang."

Rolf Güldenwang stützte den Kopf in beide Hände.

„Heimatlosen Gang", murmelte er – „das ist wahr. Oh, das ist ein Wort, für mich geprägt. Heimatlosen Gang! Den gehe ich auch. Denn wo ist die Heimat? Wer zeigt mir die Heimat?"

* * *

In des Meisters Atelier saß sein Sohn am Schreibtisch und arbeitete. Helles Sonnenlicht fiel durch das große, breite Fenster, und weit schweifte der Blick hinaus auf die flimmernde Schneelandschaft. Rolf Güldenwang war so in seine Arbeit vertieft, dass er ein Pochen an der Tür ganz überhört hatte. So sah er erstaunt und ärgerlich auf, als plötzlich eine hohe Mädchengestalt auf der Schwelle stand. Es war Annemarie Knudsen. Ihre Wangen waren rot von der frischen Winterluft, auf den blonden Haaren saß eine weiße Wollmütze. Der feste Lodenrock ließ die Füße bis zu den Knöcheln frei, in der Linken trug sie ein paar Schlittschuhe. Sie sah sich suchend um in dem großen, hellen Raum.

„Verzeihen Sie, ich dachte, Meister Güldenwang sei hier. Ich sollte ihm etwas bestellen."

Der junge Mensch war aufgestanden und verneigte sich steif.

„Mein Name ist Rolf Güldenwang. Mein Vater ist vor einer halben Stunde spazieren gegangen."

Da trat sie rasch auf ihn zu und streckte ihm herzlich die Hand hin.

„Und ich bin Annemarie Knudsen. Vielleicht sind Sie so gut und bestellen Ihrem Vater, ob er nicht morgen zum Essen zu uns kommen möchte. Aber Sie kommen doch gewiss auch mit? Meine Eltern wussten nicht, dass Sie hier sind. Es wäre so nett. Mein Bruder Erich und Klaus Sören sind auch da."

Er schüttelte den dunklen Kopf.

„Ich danke Ihnen, Fräulein Knudsen. Aber ich gehe nicht gerne unter Menschen."

Sie sah ihm mit ihren tiefen, blauen Augen forschend in das blasse, müde Gesicht.

„Und doch täte es Ihnen gewiss gut, Herr Güldenwang. Sie sehen so abgearbeitet aus. Da ist Abwechslung und Ausspannung oft gerade so heilsam."

Er fühlte, wie ein Strom von Kraft und Gesundheit ausging von diesem schönen, starken Mädchen. Es war, als hätte sie einen Hauch reiner, glitzernder Winterluft mit hereingebracht in die graue Einsamkeit des warmen Ateliers.

Er schob ihr einen Stuhl hin und bat sie, sich zu setzen.

„Mein Vater muss jeden Augenblick wiederkommen."

Aber sie schüttelte den Kopf.

„Ich habe keine Zeit, Herr Güldenwang, denn die anderen warten draußen auf mich. Wir wollen versuchen, ob das Eis heute hält zum Schlittschuhlaufen. Auf Wiedersehen."

Ein kräftiger Händedruck, der frei war von aller Zimperlichkeit, und sie hatte ihn wieder verlassen.

Vor der Haustür sah sie sich suchend nach allen Seiten um. Klaus Sören und Resi Kammrer hatten sie doch herbegleitet, wo waren die beiden nur geblieben? Sicher hatte ihnen das Warten zu lange gedauert, und sie waren vorausgegangen. Richtig, da ganz in der Ferne sah sie die beiden am Strand. Sie legte die hohlen Hände an den Mund und rief: „Ahoi!“ Die beiden waren wohl zu sehr ins Gespräch vertieft, sie hörten sie nicht. Aber von der anderen Seite kam eine Antwort. Ihr Bruder Erich eilte in großen Sprüngen vom Pachthof herunter, die Schlittschuhe schwenkend.

„Schön, dass ich dich noch treffe, Annmieken. Nun wollen wir schnell den beiden Ausreißern nachgehen. Das Wetter ist so prachtvoll zum Laufen. Kommt der Malerhäuptling morgen?“

Sie ging neben ihm die Dünen herunter zum Strand.

„Er war nicht zu Hause, nur sein Sohn.“

„Ach, ist der jetzt hier? Das soll ein eigner Mensch sein.“

„Er sieht krank und nervös aus. Ich habe ihm gesagt, er solle doch morgen auch mitkommen.“

„Wird er sicher nicht tun. Er soll ein Sonderling und Einzelgänger sein. Aber warum rast du denn so?“

„Wir müssen doch die beiden endlich einholen, Erich. Es wird schon so spät.“

Er lachte.

„Sachte, sachte, Schwesterchen, ich will auch noch mit. Im Übrigen glaube ich, dass die beiden sehr gern mal ein bisschen allein sind.“

Ihre Augen wurden groß. Sie wandte langsam den Kopf.

„Wieso?“

Erich pfiff durch die Zähne.

„Bist doch sonst so helle und merkst das nicht? Klaus ist eben auch nicht blind und kein Kind mehr. Die kleine Resi ist auch wirklich sehr niedlich mit ihren großen, schwarzen Augen in dem schmalen, blassen Gesichtchen. Und dann diese rührend zarten, feinen Glieder! Wie eine Puppe. Klaus ist nicht so dumm. Ich merkte es ja schon diese ganzen vierzehn Tage jetzt, als er um sie herum war."

Annemarie wusste nicht, weshalb ihr die Füße plötzlich so schwer wie Blei waren. Und woher das dumpfe Sausen und Brausen in den Ohren kam. Sie warf den Kopf ein wenig in den Nacken und lachte gezwungen.

„Ich glaube, das hast du dir alles nur eingebildet, mein guter Junge. Unser Klaus denkt an so etwas gar nicht. Ich bitte dich, dieses große Kind!"

Erich lachte.

„Mach die Augen auf, kleine Schwester. Aber ich kann mich ja auch täuschen."

Dann pfiff er einen Marsch und stampfte pustend neben ihr her. Denn er hatte im letzten Semester etwas Fett angesetzt. Annemarie sagte kein Wort. Nur blasser war sie geworden, und den Kopf trug sie noch ein wenig stolzer als sonst.

Endlich hatten sie die beiden erreicht. Die hatten frohe, harmlose Gesichter und schienen gerade von Spickgans und Kartoffelklößen gesprochen zu haben. Da lachte auch Annemarie wieder und atmete tief ein. Nein, nein, Klaus war doch ihr guter Kamerad, den durfte ihr keiner wegnehmen, auch die zierliche, kleine Resi Kammrer nicht. Niedlich war das kleine Wesen wirklich und so scheu und hilfsbedürftig. Dass sie das früher nie gesehen hatte. Aber Erich hatte natürlich wieder dummes Zeug geschwatzt. Sie war doch die Freundin und der Kamerad von Klaus Sören, solange sie nur denken konnte. Und nicht diese fremde Resi. Immer wieder musste sie Klaus heimlich von der Seite ansehen. Wie groß und schlank und sehnig er war! Und immer ohne Mütze. Das blonde, dichte Haar von der Wintersonne durchschienen.

Erich warf seine Schlittschuhe in die Luft, dass es klirrte.

„Kinder, ich habe heute meinen Alten überredet, uns morgen seine beiden Schlitten zu borgen und die nötigen Pferde dazu. Den letzten Tag in der Heimat wollen wir doch noch eine tüchtige Schlittenpartie machen."

„Das ist fein", sagte Klaus und sah mit strahlenden Augen auf Resi Kammrer.

„Dann wollen wir beiden aber zusammen fahren, ja?"

Resi hob die großen, schwarzen Augen.

„Ach nein, das würde doch wohl zu langweilig für die beiden Geschwister sein. Wir müssen doch bunte Reihe machen."

Aber Annemarie sah sehr kühl aus.

„Du brauchst dich um uns wirklich nicht zu sorgen, Resi. Wir werden noch den jungen Güldenwang in unseren Schlitten nehmen. Der kommt morgen auch."

Und sie setzte sich resolut auf den hart gefrorenen Strand und schnallte sich die Schlittschuhe an.

* * *

Annemarie Knudsen lag mit großen, wachen Augen im Bett und konnte keinen Schlaf finden. Es tat ihr etwas weh im Herzen, und sie wusste selbst nicht, weshalb. Es war plötzlich etwas anders geworden in ihrem Leben, und sie verstand sich selber nicht. Wo war das Starke, Frohgemute geblieben, das sie die letzte Zeit so beseelt hatte, wenn sie an ihre neue, große Aufgabe dachte? Sollte das nun mit einem Mal alles vorbei und aus sein? Sie setzte sich aufrecht hin im Bett und starrte in das Dunkel.

Sie hasste plötzlich diese Resi, die ihr nehmen wollte, was sie doch schon besessen hatte, solange sie denken konnte. Aber das war ja ganz unmöglich. Das Band, das sie mit Klaus Sören verknüpfte, war so fest und unlöslich, dass die Hand einer Fremden es nie zerreißen konnte. Annemaries Atem ging schwer. Hatte sie denn nie an diese Möglichkeit gedacht, dass Klaus Sören sich verlieben und heiraten könnte? War ihre Freundschaft so egoistisch, dass sie ihn nur absolut für sich allein begehrte? Sie schüttelte traurig den Kopf. Ach, darüber hatte sie ja eigentlich noch nie nachgedacht. So sonderbar es war, aber es war ihr noch nie der Gedanke gekommen, ein Dritter könne sich zwischen ihre Freundschaft drängen. Sie hatte gemeint, sie würden Kameraden bleiben ihr Leben lang. Ja, war das denn nicht trotzdem möglich? Denn Kameradschaft und Liebe haben doch eigentlich nichts miteinander zu tun? Oder doch? O nein, nein, gewiss nicht! Denn sie wusste doch genau, dass sie nur Kameradschaft für Klaus Sören empfand, aber keine Liebe. Wie sollte man wohl einen so großen Jungen lieben, mit dem man schon als Kind immer gespielt und sich herumgebalgt hatte! Das war doch einfach lächerlich. Aber dann konnte man doch auch unbeschadet mehr Kameraden dulden und durfte nicht so einseitig und eifersüchtig sein, wie sie jetzt war. Ja, eifersüchtig; das war das richtige Wort. Warum gönnte sie denn der armen, kleinen Resi nicht auch ein Teilchen seiner kameradschaftlichen Freundschaft? Sie presste die Hände gegen die Stirn und starrte müde in das Dunkel. Ach, sie begriff sich ja selber gar nicht – so ganz und gar nicht. Sie schalt sich albern und herzlos und konnte nicht ins Reine kommen mit ihren Gefühlen. Alles Blut schoss ihr zum Herzen, wenn sie an die Blicke dachte, die Klaus gestern bei der Schlittenfahrt auf Resi geworfen hatte. Das war mehr als Freundschaft – oh, das fühlte sie. Sonderbar, dass die kleine Resi so unbefangen geblieben war dabei.

Sie schien das alles gar nicht zu merken. Nur lebhafter und munterer war sie geworden in der letzten Zeit. Und die Ausdrücke in ihrer bayrischen Mundart klangen oft so komisch, dass man laut lachen musste. Annemarie verstand es gut, dass jeder die kleine, dunkle Resi gern hatte. Ach, das konnten sie ja auch alle, alle gerne tun. Nur Klaus sollte ihr Freund bleiben, ihr alter, treuer Kamerad, mit dem sie alles teilte, wie in der Kinderzeit.

Sie grub ihr heißes Gesicht in das Kopfkissen und weinte bitterlich.

* * *

Über Nacht war Tauwetter eingetreten. Und der Wind war zum Sturm geworden, der um Giebel und Schornstein pfiff, als wollte er alles herunterreißen. Annemarie war früh auf. Sie hatte Wäsche zugeschnitten und saß nun an der Nähmaschine, über ihre Arbeit gebeugt. Da streckte Erich den Kopf zur Tür herein.

„Ich gehe schnell mal ins Pfarrhaus rüber, Annmieken, um Adieu zu sagen. Kommst du mit?"

Sie schüttelte den Kopf.

„Ich habe keine Zeit. Du kannst von mir grüßen. Wann kommt der Wagen?"

„Um elf Uhr, wie immer."

Er warf die Tür ins Schloss und ging pfeifend den Flur entlang.

Annemarie ließ die Hände in den Schoß sinken und biss sich auf die Unterlippe.

Warum war sie eigentlich nicht mitgegangen? Sie hatte doch sonst immer, wenn die Jungens zur Stadt zurückfuhren, Klaus Sören Lebewohl gesagt. Ihre Lippen waren schmal und fest zusammengepresst. Mochte er doch herüberkommen, wenn er ihr etwas zu sagen hatte. Sie beugte sich über ihre Nähmaschine und ließ das Rad sausen wie noch nie. Plötzlich schrak sie zusammen. Sie hatte über dem Geräusch nicht gehört, dass die Tür geöffnet wurde. Und jetzt stand Klaus vor ihr in seiner ganzen Länge.

„Also hier hast du dich verkrochen, Annmieken? Ich habe dich schon überall gesucht. Hast du denn ganz vergessen, dass wir heute fortmüssen?"

Er streckte ihr lachend die Hand hin, und seine grauen Augen sahen ihr so freundlich ins Gesicht.

„Ich möchte dich so gerne noch einmal allein sprechen, Annmieken. Hast du wohl einen Augenblick Zeit für mich?"

Sie blickte auf. Und sah mitten hinein in sein männlich schönes, offenes Gesicht, in dem ihr jeder Zug bekannt und lieb war. Und ein großes Glücksgefühl überkam sie plötzlich. Sie war ja doch noch sein guter Kamerad. Kam er nicht wieder zu ihr wie in alten Zeiten und vertraute ihr alles an?

Sie schob die Nähmaschine beiseite und sprang auf.

„Hier bin ich, Klaus, was willst du von mir?“

„Ich muss dir etwas sagen, Annemarie. Heute noch vor meiner Abreise. Aber nicht hier drinnen in der dumpfen Stube. Hast du die See heute gesehen? Es ist Windstärke neun. Lass uns doch an den Strand gehen.“

Sie war schon auf dem Flur und hatte ein wollenes Tuch vom Ständer gerissen.

„Willst du nicht die Mütze aufsetzen?“

Sie lachte ihn an.

„Du hast ja auch nichts auf dem Kopf, Klaus. Und meiner heißen Stirn tut der Sturmwind gut, ich habe die Nacht schlecht geschlafen.“

Sie hatten tüchtig gegen den Wind anzukämpfen, als sie die Dünen hinuntergingen. Die See war eine einzige donnernde Brandung, und die weißen Gischtflocken blieben in ihren blonden Haaren hängen, mit denen der Wind spielte. Tief, tief holte Annemarie Atem. Wie war ihr mit einem Mal so leicht und wohl geworden! Alle trüben Gedanken und Gespenster der Nacht ergriffen die Flucht vor dieser brausenden Schönheit des jungen Tages und vor der Nähe des Mannes, den sie liebte. Ja, sie wusste es mit einem Mal, wie eine jähe, blendende Offenbarung, dass sie Klaus Sören liebte. Und dass alles, alles gut war, wenn er nur bei ihr war. Wenn er ihr wieder sein altes Vertrauen schenkte. Ihre Brust weitete sich, und in ihren Augen war Sonne.

„Was wolltest du mir sagen, Klaus?“

Da blieb er direkt vor ihr stehen und fasste ihre beiden Hände. Ganz tief musste er sich herabbeugen zu ihr, so dass sein Mund fast ihr Ohr berührte, denn der Sturm verschlang sonst jedes Wort.

„Niemandem kann ich es sagen, Annmieken, nur dir! Denn du hast mich immer verstanden. Dir habe ich schon anvertrauen dürfen, was mich als kleiner Junge bedrückte und quälte. Und in deinem treuen Frauenherzen ruht mein Geheimnis gut."

Der Sturm presste ihr das Kleid gegen die Knie, dass sie sich fest anstemmen musste gegen ihn. Sie hatte den Kopf tief gesenkt, und die blonden Haare umflogen ihre Stirn. In großen, schweren Schlägen ging ihr Herz, dass sie meinte, er müsse es hören.

„Ich habe es nicht gewusst, dass es so ist, wenn man liebt, Annmieken. Und ich habe sie doch so unsagbar lieb. Sie ist so klein und zart und hilfsbedürftig. Nicht wahr, du wirst meiner Resi beistehen, wenn ich nicht mehr hier bin? Und du wirst mir auch immer schreiben von ihr. Bitte, bitte. Ich konnte natürlich noch nicht mir ihr darüber sprechen. Sie ist selbst noch so unbefangen wie ein Kind. Aber du schreibst mir ab und zu von ihr, nicht wahr? Ich wäre dir so sehr dankbar dafür."

Er drückte ihre Hand, dass es sie schmerzte, und suchte ihre Augen. Aber ihr Blick war in weiter, weiter Ferne. Da, wo die See brüllend schäumte und mit weißen Armen zum grauen Himmel griff. Ihr Schweigen bedrückte ihn. Er drehte mit seiner Linken langsam ihren Kopf herum und zwang sie, ihn anzusehen.

„Annmieken, deine Augen sind so starr und fremd; ist es dir nicht recht, was ich da eben sagte?"

Da zwang sie ihr Herz mit eisernem Willen, damit es sie nicht verriete. Und sah ihm voll in die treuen, blauen Augen.

„Ich will auf sie aufpassen, Klaus. Und dir immer berichten von ihr. Gott gebe dir viel Glück."

Er sah sie strahlend an und reckte sich empor.

„Ich danke dir, Annmieken. Ich wusste es ja, dass mein Geheimnis am besten bei dir aufgehoben ist. Du bist ja immer mein guter Kamerad gewesen."

Um ihre Lippen irrte ein Lächeln. Er sah es nicht, sonst hätte es ihm wehgetan.

„Dein guter Kamerad", murmelte sie und sah an ihm vorüber aufs Wasser.

* * *

„Ich weiß gar nicht, was mit unserer Annmieken los ist", sagte Mutter Sören zu Resi, als sie beide mit einer Näharbeit beschäftigt am Fenster des Wohnzimmers saßen, während drinnen der Kanarienvogel schmetterte und draußen große Schneeflocken vom Himmel tanzten, als wollten sie den lieben alten Pfarrgarten ganz und gar zudecken.

„Sie sieht jetzt immer so sehr blass aus, und ich vermisse ihre alte Fröhlichkeit und Frische. Sie rackert sich aber auch zu sehr ab mit all den Vorbereitungen für ihren neuen Beruf. Am 1. April will sie ja schon nach Hamburg. Aber ich glaube, der Abschied wird ihr doch schwerer, als sie zugeben mag."

Mutter Sören hielt das Küchenhandtuch, an dem sie stopfte, prüfend gegen das Licht.

Resi saß ihr gegenüber, den Kopf tief über ihre Arbeit gebeugt. Die feinen Finger, die die Nadel hielten, flogen unermüdlich auf und nieder. Jetzt sah sie auf. Das schmale Gesichtchen hatte die letzte Zeit eine rosige Farbe bekommen, und die großen, dunklen Augen blickten nicht mehr so schwermütig und traurig in die Welt. Jetzt hatte sie den Kopf ein klein wenig auf die Seite gelegt, als dächte sie nach. Es war ein ungemein liebreizender Ausdruck in ihrem kindlichen Gesicht. Auf den schwarzen Flechten, die im Kranz um den Kopf gelegt waren, spielte ein Sonnenstrahl, der sich übermütig Bahn gebrochen hatte zwischen den hastenden Schneewolken.

„Ich glaube, Tante Sören, sie leidet so sehr unter der steten Grämlichkeit und Verdrießlichkeit ihrer Mutter. Sie spricht ja nie darüber, aber man merkt es ihr an."

Mutter Sören putzte mit dem Taschentuch ihre Brillengläser blank.

„Meinst du, Kind? Aber das ist doch früher immer schon so gewesen. Aber da war Annemarie anders. Sie hat jetzt etwas so Müdes, was mir Sorge macht. Ich habe das Mädchen zu lieb, so wie mein eigenes Kind. Und es will mir gar nicht in den Sinn, dass sie nun fortgeht. Für dich ist es auch schade. Ihr beide habt euch so gut miteinander vertragen. Aber ich will ja nicht dagegenreden, weil sie es sich so sehr wünscht.“

Es war eine Weile ganz still im Zimmer, nur die alte Wanduhr tickte und der Kanarienvogel piepte im Bauer. Mutter Sören setzte die Brille wieder auf und seufzte dann ein wenig.

„Es wird überhaupt nun vieles so anders hier. Ostern kommt Erich ja ganz nach Hause zurück, um beim Vater noch praktisch Landwirtschaft zu lernen und ihm zu helfen. Und Klaus hat dann auch sein letztes Examen hinter sich und wird nicht mehr so oft nach Hause kommen können wie in der fröhlichen Studentenzeit. Er will erst noch einige Jahre als Assistenzarzt an einer großen Klinik arbeiten, ehe er sich hier in Plichten niederlässt und Doktor Mertens ablöst. Aber da kommt der Briefträger. Lauf doch mal schnell, Resi, und sieh, ob er Post für uns hat.“

Resi sprang auf und lief aus der Tür. Der Postbote stand schon im Hausflur und stampfte sich den Schnee von den Füßen.

„Ein Brief vom jungen Herrn Doktor“, lachte er und streckte Resi ein großes Kuvert entgegen. Die trug es eilends zu Mutter Sören, die schon voll Sehnsucht wartete.

„Ach, der liebe, alte Junge! Ich hatte so lange keine Nachricht von ihm“, und sie schnitt den Umschlag sorgfältig mit der Stickschere auseinander. Ein zweiter kleiner Brief fiel heraus. „Für Annemarie“ stand darauf.

„Ach, trag das doch mal schnell rüber zum Pachthof, Resi“, sagte Mutter Sören. Dann vertiefte sie sich selig und umständlich in das lange Schreiben ihres Jungen.

Resi warf schnell ein Tüchlein um die Schultern und sprang durch den Garten, dem Donnerhüsing zu. Sie lief gleich nach oben in Annemaries Zimmer. Und fand sie hier beim Zuschneiden großer weißer Schürzen.

„Ein Brief von Herrn Sören“, rief Resi und hielt das Schreiben hoch. Annemarie sah flüchtig auf.

„Bitte lege ihn auf die Nähmaschine, ich habe noch zu tun.“

Resi tat, wie ihr geheißen wurde, und trat dann zu Annemarie.

„Kann ich dir nicht helfen?“

Annemarie schüttelte den Kopf.

„Ich danke dir. Aber setz’ dich ein bisschen her zu mir und erzähle mir etwas. Was machen Tante Sören und Onkel Mümmlein?“

Resi zwängte sich wieder in das Kinderstühlchen und legte die Arme um die Knie.

„Du warst so lange nicht drüben, Annmieken. Und wir sprachen so oft von dir. Tante Sören meint, du sähst elend aus.“

Annemarie beugte sich tiefer über ihre Arbeit.

„Ich fühle mich aber sehr gut, Resi, was sollte mir auch fehlen? Tante Sören ist jetzt wohl gerade in der Küche?"

„Nein, sie liest einen Brief von Herrn Sören."

„Ach, Klaus hat wohl ganz Plichten beglückt? Hast du auch einen bekommen?"

Sie warf einen prüfenden Blick auf Resi, in der Erwartung, dass diese rot würde.

Aber Resi lächelte nur und sah sie aus ihren großen, schwarzen Augen ehrlich und voll an.

„Wie sollte ich wohl dazu kommen, Annmieken? Ich stehe ihm doch lange nicht so nahe wie ihr."

Da legte Annemarie die Schere hin und ging auf die andere zu. Tief beugte sie sich herunter und nahm den feinen, dunklen Kopf weich in ihre beiden Hände. Dann küsste sie sie mitten auf die Stirn. Sagen konnte sie nichts. Aber sie wusste es nun, dass Resi ganz ahnungslos war und kein heimliches Spiel trieb. Denn diese schwarzen Kinderaugen konnten nicht lügen.

Resi, die wenig Zärtlichkeiten gewohnt war bei Annemarie, sah sie erstaunt an und schlang dann schnell beide Arme um ihren Hals.

„Ach, Annmieken, es ist so schrecklich, dass du fortgehen willst. Es wird sehr einsam hier werden ohne dich."

Dann sprang sie auf.

„Aber ich vergesse ja ganz meine Näherei und Tante

Sören dazu. Leb wohl, Annmieken, und komme bald mal herüber!"

Ein fröhliches Zunicken, ein Winken mit der Hand, und sie war aus der Tür gewirbelt.

Als Annemarie allein war, nahm sie den Brief, aber sie öffnete ihn nicht. Vorne in ihre Bluse steckte sie ihn und zog dann ihre dicke Lodenjacke über. Draußen am Strand musste sie den Brief lesen, wo Klaus zuletzt mit ihr gesprochen hatte.

Sie ging den Weg zwischen den Dünen hinunter. Es hatte aufgehört zu schneien, und eine fahle Wintersonne stahl sich durch Wolkenfetzen. Als sie an der kleinen Kirche vorüberkam, hörte sie leises Orgelspiel. Der alte Küster übte wohl für Sonntag. Sie musste an jenen Dezemberabend vor Weihnachten denken, als Klaus sie gebeten hatte, oben von der Empore zu singen. Und als er dann sagte, er könne ihr stundenlang so zuhören. Sie strich sich über die Stirn. War das wirklich erst wenige Wochen her?

Langsam ging sie am Strand entlang, in tiefen, schweren Gedanken. Bis sie an den großen Stein kam, der immer ihr Ziel war. Der Wind hatte den Schnee fortgeweht, so dass sie sich darauf setzen konnte. Eine ganze Weile saß sie so sinnend da, die Hände im Schoß gefaltet, den Blick weit über den rauschenden, grauen Wassern. Dann griff sie nach dem Brief in ihrer Bluse. Langsam und ohne Hast. Oh, sie hatte in ihrem Leben schon viele Briefe von

Klaus Sören bekommen. Von all seinen Nöten, von all seinen Freuden hatte er ihr immer berichtet. Alles, alles hatte sie mit ihm teilen dürfen. Und es wurde ihr jetzt allmählich immer klarer, immer bewusster, dass er schon viel früher, als sie es ahnte, der Inhalt ihres Lebens gewesen war.

Nun sollte er ihr langsam entrückt – genommen werden. Von einer anderen. Von einer, die noch fast ein Kind war. Die sich seiner großen Liebe noch gar nicht bewusst war. Denn das war Annemarie klar, dass Klaus' Gefühl für dieses Mädchen nicht vorübergehender, flüchtiger Natur war. Dazu war er zu tief und ernst veranlagt. Aber konnte einem Mann wie Klaus Sören die kleine, zierliche Resi auf die Dauer genügen? Würde sie seinen stolzen Plänen, seinen kühnen Gedankenflügen folgen können?

Annemarie öffnete den Umschlag und begann zu lesen:

„Liebes Annmieken!
Obgleich ich tief in der Arbeit stecke, denn das letzte Examen winkt, sollst du und Mutter doch noch schnell einen Gruß haben. Deine Tage in Plichten sind wohl auch schon bald gezählt? Schade, dass wir uns zu Ostern nicht mehr sehen werden! Ach, Annmieken, ich bin dir ja so dankbar, dass du mein guter Kamerad sein und bleiben willst. Dem man zu allen Zeiten sein Herz ausschütten kann. Denn Mutter ist doch schon alt, und man

mag ihr nicht immer mit allem kommen. Auch wird Jugend von Jugend besser verstanden. – Wie ein süßes Madonnenbild schwebt mir in all dem Lärm und Getriebe der Großstadt das zarte Gesichtchen meiner Resi vor Augen. Hoffentlich ist sie gesund und fröhlich und sieht nicht mehr so blass aus. Spricht sie manchmal noch von mir? Ach, schreibe mir doch mal genau alles! Ich denke so viel an euch. Wenn ich hier fertig bin und es Frühling ist und ich wieder nach Plichten komme, will ich ihr alles, alles sagen. Oh, wird das schön sein! Und dann arbeite und schaffe ich für zwei, damit ich ihr bald ein Nest einrichten kann. O Annmieken, kannst du dir das vorstellen, mit dem Menschen, den man am meisten liebt, immer, immer zusammenleben zu dürfen? Ist das nicht Seligkeit schon hier auf Erden? Muss man da nicht gut und rein werden und stark und froh?

Aber nun lebe wohl! Es ist schon spät, und ich bin todmüde.

Dein glückseliger Kamerad Klaus Sören."

Sie faltete den Brief zusammen und steckte ihn wieder in ihre Bluse. Ihr Blick, der über die grauen Wasser ging, war groß und ernst. Voll tiefer, unerfüllter Sehnsucht.

„Ja, Klaus, da müsste man gut und rein werden und stark und froh."

Sie hatte es leise gesagt und fuhr zusammen beim

Klang ihrer eigenen Stimme. Eine leichte Brise hatte sich aufgemacht und trieb die Wolken auseinander. Matt silbern glänzten die Wasser unter dem stärkeren Licht. Den Strand entlang kam ein Mann gegangen. Annemarie hatte sein Kommen nicht bemerkt, denn ihr Blick war draußen auf der See. Jetzt schrak sie zusammen, als eine Stimme an ihr Ohr schlug.

„Guten Tag, Fräulein Knudsen. So allein und in tiefen Gedanken?"

Sie sah den andern groß und erstaunt an. So, als käme ihr Geist aus weiten Fernen zurück und könne sich nicht gleich in der Gegenwart zurechtfinden.

Dann stand sie langsam auf.

„Ach, Sie sind es, Herr Güldenwang. Ich dachte, Sie wären gar nicht mehr hier. Wie geht es Ihrem Vater?"

„Nicht gut, er klagt über seine Augen. Und was das bei ihm sagen will, werden Sie wissen."

Sie sah ihn erschrocken an.

„Aber da müsste er doch einen tüchtigen Augenarzt konsultieren. Das darf doch nicht einfach so weitergehen! Denken Sie doch, was für ihn das Augenlicht bedeutet! Noch viel, viel mehr als für uns andere alle. Ist Ihr Vater zu Hause? Dann komme ich schnell mal mit. Ich habe ihn so lange nicht gesehen."

Sie sah nicht das Aufleuchten in den dunklen

Augen des jungen Güldenwang, als sie jetzt eilig neben ihm herschritt. Sie dachte jetzt einzig und allein an den alten Mann, der ihr lieb und wert war. Und dessen Leben sie sich nicht vorstellen konnte ohne seine Bilder und seine Malerei.

Er saß in seinem Atelier am Fenster im großen Lehnstuhl, den Blick auf das Meer gerichtet, das er so liebte.

Sie war schnell zu ihm getreten und legte ihm warm und herzlich die Hand auf die Schulter.

„Wie geht es Ihnen, lieber Meister? Ihr Sohn sagte mir gerade, dass Sie über Ihre Augen klagen. Wäre es nicht gut, wenn Sie einmal einen Spezialisten fragten?"

Sie hatte sich einen Stuhl herangezogen und sich neben ihn gesetzt.

Der alte Mann nahm ihre beiden Hände und sah ihr freundlich ins Gesicht.

„Ich danke Ihnen für Ihre Fürsorge, Fräulein Knudsen. Das tut meinem alten Herzen gut. Aber ich glaube, bei mir ist nichts mehr zu machen, und für eine Operation bin ich doch wohl schon zu alt. Ich habe nie sehr starke Augen gehabt, und nun nimmt die Schwäche rapide zu."

Er lehnte sich ein wenig zurück und sagte leise, wie zu sich selbst:

„Wenn sie nur noch so lange aushalten wollten, bis ich mein großes Bild fertig gemalt habe. Wissen Sie, das von der Zeder.

Ich wachse langsam. Meine Zeit
ist eine lange Geduldigkeit.“

Er machte eine Pause und sah wieder hinaus auf die See.

„Ich wuchs an allem, was mir ward – wer das auch einmal von sich sagen könnte! Es ist wohl das Größte, was es gibt.“

Dann wandte er wieder langsam seinen Kopf zu Annemarie herum.

„Erinnern Sie sich noch an das Lied von der Zeder, das ich Ihnen und Klaus Sören damals sagte? Es sollte das Motiv werden zu meinem neuen Bild. Und das Bild sollte mein Lebenswerk sein. Von dem ich träume, solange ich denken kann.“

Er fuhr sich mit der Hand über die Stirn.

„Ach, nein, doch nicht so lange. Erst seitdem Gott mir meine Frau nahm. Das Liebste, was ich hatte auf dieser Welt. Damals lernte ich das Lied kennen und die Worte verstehen: ‚Ich wuchs an allem, was mir ward.‘

Es ist ein schweres Wort, Fräulein Knudsen. Seitdem träume ich von dem großen Bild.“

Er senkte den schönen Greisenkopf mit dem langen, weißen Bart. Und seine Stimme zitterte.

„Und nun, wo mein Leben zur Neige gehen will, nimmt Gott mir selbst den Pinsel aus der Hand. Vor der Zeit. Das heißt, wir meinen, vor der Zeit.

Denn seine Zeit ist eine andere als unsere. Und lässt mich erblinden, ehe mein Werk vollendet ist."

In Annemaries Augen standen große Tränen.

„O nein, nein, Meister Güldenwang, das ist ja ganz undenkbar! Das darf nicht sein. Ich fahre mit Ihnen nach Hamburg zum Spezialisten."

Der alte Meister strich ihr über den Arm und lächelte.

„Sie gutes Kind! Aber wenn Gott nicht will, dann nützt auch kein Spezialist mehr etwas. Man kann es ja noch einmal versuchen, um nichts ungeschehen zu lassen. Aber ich glaube nicht recht daran. Lieber nütze ich die kurze Frist, die mir noch vergönnt ist, zum Malen von früh bis spät. Vielleicht, dass ich sie doch noch vorher schaffe, meine stolze, einsame Zeder."

Annemarie stand auf und knöpfte ihre Jacke zu.

„Ich muss jetzt wieder gehen, Meister Güldenwang, aber ich komme bald wieder. Und wenn Sie mich irgendwie brauchen, so lassen Sie mich rufen."

Sie hatte ganz und gar die Gegenwart seines Sohnes vergessen, der schweigend im Hintergrund des Ateliers gestanden hatte. Jetzt erinnerte sie sich wieder an ihn und wandte rasch den Kopf.

„Ah, Sie sind ja auch noch da, Herr Güldenwang. Hoffentlich bleiben Sie noch recht lange bei Ihrem Vater? Es ist sonst so sehr einsam für ihn."

„Ich muss leider morgen schon wieder nach Hamburg zurück. Dringende Geschäfte, die sich nicht aufschieben lassen, erwarten mich dort. Aber ich darf Sie wohl jetzt nach Hause begleiten, Fräulein Knudsen, es ist allmählich dämmrig geworden."

Sie lächelte.

„Als ob ich nicht in finsterer Nacht in meinem lieben Plichten Weg und Steg kennte. Nein, Herr Güldenwang, bleiben Sie lieber jetzt den letzten Abend bei Ihrem alten Vater. Er ist schon so lange allein gewesen, denn Sie kamen ja auch eben erst von draußen. Auf Wiedersehen!"

Sie streichelte dem alten Meister die welke Hand und schritt dann eilig mit kurzem Gruß aus der Tür. Im Dämmer draußen und dem Rauschen der See hörte sie nur immer das eine Wort: „Ich wuchs an allem, was mir ward!"

* * *

Wie die Frühlingssonne heute vom Himmel brannte, dass es einem ordentlich wohl tat nach der langen, langen Winterzeit. Die kahlen Kastanienbäume im Pfarrgarten hatten schon dicke, braune, klebrige Knospen. Und in den obersten Zweigen zwitscherten die heimgekehrten Stare, dass es eine Lust war. Überall auf dem Rasen war der Schnee fortgeschmolzen, und blaue und weiße Krokusse sahen verstohlen aus dem feuchten Erdreich.

Ja, Mutter Sören, die hoch geschürzt auf Entdeckungsreisen durch den erwachenden Pfarrgarten wanderte, hatte sogar schon an einer sonnigen, geschützten Stelle die ersten Veilchen entdeckt und kniete nun behutsam nieder, um sie in ihr Körbchen zu sammeln. Denn sie schickte heute ein Paket an Annemarie nach Hamburg, da sollten die Veilchen mit hinein, als schönen Frühlingsgruß aus der Heimat.

„Denn Annmieken hat sie mir sonst immer jedes Jahr selbst voll Freude gebracht. Sie liebt ja Blumen so sehr. Und nun hat sie in der ollen Großstadt doch nichts von alldem."

Auf dem Rasenplatz am Giebel nahm Resi mit der alten Line die Wäsche von der Leine. In ihren schwarzen Augen war auch ein Frühlingsleuchten, und sie musste immer wieder hinaufblicken zu den schwatzenden Staren, deren Singen sich mischte mit dem kräftigen Pfeifen, das so lustig vom Pachthof herüberklang. Das war Erich Knudsen, der in Joppe und hohen Stiefeln emsig auf dem Hof mithalf, glückselig darüber, dass er nun endlich den dumpfen Hörsälen entflohen war. Mutter Sören hatte auch die weißen Bänke wieder in den Garten stellen lassen. Und auf der größten, die mitten in der Sonne vor der Haustür stand, saßen in stillem Behagen, in dicke Mäntel gehüllt, die beiden Alten: Pastor Mümmlein und Meister Güldenwang.

Pastor Mümmlein qualmte große, blaue Wolken aus seiner langen Tabakspfeife und blinzelte vergnüglich in die warme Frühlingssonne, die seinen alten

Knochen so gut tat. Meister Güldenwang hatte eine blaue Brille vor den Augen, und sein Bart schien noch länger und weißer geworden zu sein. Er saß ganz still, die Hände auf den Knien gefaltet und sah in den blauen Frühlingshimmel hinauf.

Jetzt kam Mutter Sören zu den beiden getrippelt und setzte sich zu ihnen auf die Bank.

„Wie der liebe Herrgott das nur alles wieder so schön werden lässt! Gar nicht zu sagen ist es! Man kommt sich mit einem Mal wieder so jung vor wie die Resi da drüben. Hat sich seine kleine Nichte nicht schön herausgemacht, Mümmlein? Gar nicht wieder zu erkennen ist sie. Rote Wangen hat sie bekommen und singt den ganzen Tag. Aber das muss ja auch so werden hier im lieben, alten Pfarrhaus. Da kann einer nicht blass und traurig bleiben. Aber Sie sind ja so still, Meister Güldenwang. Wie geht es denn Ihren Augen?"

Der alte Meister zog die Hutkrempe tiefer übers Gesicht, denn die Sonne blendete ihn.

„Jeden Tag ein wenig schlechter, Frau Pastor. Es ist, als wanderte ich immer im Dämmerlicht."

Sie schüttelte den Kopf.

„Waren Sie denn nicht bei dem Arzt in Hamburg? Annmieken hat mir doch davon erzählt."

Er nickte.

„Auf das Drängen von Fräulein Knudsen und meinem Sohn bin ich noch einmal hingefahren. Er sagte dasselbe, was ich schon vorher wusste. Da ist nichts mehr zu machen. In kurzer Zeit völlige Erblindung."

Mutter Sören und Pastor Mümmlein sahen sich erschrocken an. Sie wussten beide nicht recht, was sie sagen sollten, denn sie fühlten, jedes überflüssige Wort war im Angesicht dieser großen Tragik nicht am Platze.

So streichelte Mutter Sören nur ganz leise und mitfühlend die gefalteten Hände des alten Malers. Und Pastor Mümmlein schnäuzte sich umständlich in sein rot kariertes Taschentuch.

„Der Herr hat's gegeben, der Herr hat's genommen, der Name des Herrn sei gelobt", sagte sie leise.

„Wenn wir alt werden, müssen wir das wohl alle zu sagen lernen. Dann fällt so vieles von uns ab, von dem wir einst glaubten, dass wir ohne das nicht leben könnten. Das Alter fragt nicht nach unseren Wünschen. Es fordert nur und entblättert uns wie einen kahlen Baum im Herbst. Aber auch das Alter kommt von Gott."

Pastor Mümmlein hatte halblaut und sinnend gesprochen, wie zu sich selbst, als hätte er vergessen, dass die beiden anderen Alten noch neben ihm saßen.

Meister Güldenwang nickte. Es war ein großer, stiller Frieden in seinem Gesicht.

„Und doch ist es schön, alt zu werden. Es reift da so viel in uns und kommt zur Entfaltung, was früher im Arbeitszwang des lauten Lebens nur schüchterne Knospen ansetzen konnte. Es wird uns so vieles klar jetzt. Und so viele Rätsel, die in der Jugend unentwirrbar und dunkel vor uns lagen, lösen sich jetzt dem tiefer schauenden Blick wie von selbst. Es ist, als stünde man auf einem großen Berg, wie Mose damals, und sei Gott viel näher als einst. Als läge die Welt mit ihrem Hasten und Treiben so tief unter einem, dass man alles nur noch wie aus weiter Ferne sieht und empfindet. Und dann kommt einem all ihr Tun und Treiben so wie Kinderspiel und Tand vor, im Angesicht der großen, nahen Ewigkeit. Und man ist so ruhig geworden. Es kann einen nichts mehr aufregen oder verletzen. In unserer Seele ist dann vorherrschend geworden jenes große Ja, das zu allem Geschehen gläubig und vertrauend mitklingt, auch wenn es der Natur so bitter hart ankommt. Unsere Seele sieht dann hinter allen Dingen und Ereignissen – sei es im persönlichen Leben oder im Weltenuhrwerk da draußen – die stille, weise Hand des Einen, die allem Sein und Geschehen auf Erden tiefen Sinn und Ewigkeitswert verleiht. Auch wenn wir mit unseren erdgebundenen Augen im Dunkeln tappen und uns die Köpfe blutig stoßen an dem ‚Warum'. Unsere Seele mit ihrem jubelnden, großen Ja soll darüber schweben wie ein Adler im endlosen Sonnenblau über allen Spalten und Abgründen der Felsengebirge."

Ganz still saßen die drei in der Sonne auf der Gartenbank, indes der Frühlingswind leise mit ihren weißen Haaren spielte und ein süßer Duft der ersten Veilchen aus Mutter Sörens Körbchen strömte.

* * *

Es war einige Wochen später. Überall hatte der Frühling seinen Einzug gehalten. Im Pfarrgarten war ein Blühen und Duften, dass es einem fast die Sinne berauschte. In schweren Dolden hing der blaue und weiße Flieder über die schmalen, lauschigen Wege. Dazwischen leuchteten Goldregen und Schneeball in wundersamster Blütenpracht. Der Rasen war übersät mit Veilchen, deren Duft den ganzen Garten erfüllte. Auf den Rabatten vor den Fenstern, wo im Herbst die Astern gestanden hatten, reckten sich gelbweiße Narzissen und purpurrote Tulpen auf ihren schlanken, weichen Stielen. Unter dem alten, überhängenden Strohdach hatten die Schwalben ihre Nester gebaut wie jedes Jahr, und von der Scheune vom Pachthof herüber klapperte unermüdlich der Storch.

Die Sonne war untergegangen. Ein blasses Rot verschwamm über der schlummernden See. Mädchen zogen untergehakt in langen Reihen singend die Dorfstraße entlang. Im Studierzimmer des Pfarrhauses brannte Licht, von grünem Schirm gedämpft. Pastor Mümmlein saß tief gebückt und arbeitete an seiner Pfingstpredigt. Das Fenster war nur angelehnt, um die linde Frühlingsluft hereinzulassen. Auf der Bank vorm Haus saßen Mutter Sören und Resi und machten Feierabend. Erich Knudsen hatte sich zu ihnen gesellt, und die Spitze seiner Zigarre leuchtete im Dunkel.

Ganz in der Ferne hörten sie den Eisenbahnzug durch das stille Land brausen und dann an der kleine Station Halt machen.

Hätte Mutter Sören geahnt, wen jener Zug ihr brachte, sie hätte sicher nicht so tatenlos hier gesessen und in den Abend hineingelauscht.

Verschlafen lag die kleine Station im Frühlingsdämmer. Ein einziger Reisender nur war dem Zug entstiegen, das war Klaus Sören. Eine unendliche Heimatsehnsucht nach Meeresrauschen und Pfarrgartenflieder hatte ihn gepackt, so dass er es in seinem großen Krankenhaus einfach nicht mehr aushielt und seinen Chefarzt um Pfingsturlaub bat. Nun wollte er die Seinen überraschen und freute sich wie ein Kind darauf. Auf dem kleinen Bahnsteig sah er sich nach alter Gewohnheit suchend um. Ach so, sie wussten ja nichts von seiner Ankunft heute. Und Annemarie, die ihn sonst fast immer selbst abgeholt hatte mit ihrem leichten Jagdwagen, war ja weit fort in Hamburg. Das kam ihm ganz sonderbar vor – so – als fehlte ihm irgendetwas. Aber ein anderer Gedanke war jetzt stärker in ihm. Was wohl Resi über sein plötzliches Kommen sagen würde? Im Stationsgebäude gab er seinen Überzieher und den kleinen Handkoffer ab. Die konnten morgen früh vom Milchmann abgeholt werden. Heute wollte er ohne Bürde und Gepäck wandern. Denn der Frühlingsabend war zu schön dazu, sich mit irgendetwas zu belasten. Er hatte sich schon die ganze Bahnfahrt auf diesen Gang durch die schlafende Heide gefreut. Er sah auf die Uhr. Es waren fast zwei Stunden zu Fuß von hier nach Plichten, da würde wohl im Pfarrhaus schon alles schlafen, wenn er ankäme. Nun, das schadete nichts, dann klopfte er Erich Knudsen heraus und schlief die Nacht bei dem alten Studienfreund.

Er schritt kräftig aus, den Knotenstock in der Linken, die Mütze in der Rechten, denn er liebte es, den Wind durch sein dichtes, blondes Haar streichen zu lassen.

Aber jetzt war es ganz windstill. Nicht ein Lüftchen regte sich. Aber die Nacht war voll von einem Duften und Blühen, dass es ihm die Seele schwellte. Als er am Wiesenmoor vorüberkam, wo die durchsichtigen, zitternden Birken standen, stieg still und groß hinter der Tannenschonung der Vollmond auf. Klaus Sören blieb stehen und atmete tief ein.

Oh, du heilige, grenzenlose schöne Heimaterde! O du reine, seelenstärkende Natur! Was ahnt ihr armen, abgehetzten Menschen da drinnen in den großen Städten von der namenlosen Schönheit der uralten heiligen Mutter Erde! Die nie geahnte Kräfte weckt und entfaltet in der Seele dessen, der lauschend sein Ohr an ihr Herz legt und sein Auge trinken lässt all die stillen, tiefen, herben Bilder ihrer ewig wechselnden Schönheit. Sie allein ist es, die die kranken Seelen heilt und die kranken Leiber. Nur wer wieder zurückkehrt zur großen Mutter Natur, kann Genesung finden für alles, was die sinnverwirrende Hetzjagd des Mammondienstes, die wilde Zügellosigkeit entfesselter Leidenschaft – die verstaubte, atembeklemmende Aktenkritzelei versauerter Büromännlein – ihm sein ganzes Leben lang angetan hat, von der harten, steifen Schulbank der untersten Klasse an. Nur fern von den Menschen, allein in der unendlichen Weite von Feld und Wald, findet der Mensch Frieden und Ruhe.

So sang Klaus Sörens Seele im Wandern.

Und eine stolze Kraft schwellte seine Muskeln und machte seine Sehnen stählern. Ein Jauchzen war in ihm, denn er dachte an das Mädchen, das er liebte.

In diesen Pfingsttagen wollte er ihr alles sagen. In diesen blühenden Pfingsttagen wollten sie zusammen Zukunftspläne schmieden und Luftschlösser bauen. Wie musste es wundervoll sein, Hand in Hand mit ihr unter den blühenden Fliederdolden des alten Pfarrgartens zu gehen, indes irgendwo in den Büschen eine Nachtigall sang und der Vollmond über den Dünen stand! Eine sturmgewaltige Freude füllte sein Herz und ließ es höher schlagen. War die Erde nicht unsagbar schön? Brauchte man nicht nur die Hand auszustrecken, und sie wurde einem gefüllt mit wunderschönen Gaben? War man nicht im Glanz und in der Kraft seiner Jugend ein König von Gottes Gnaden? Stand einem nicht die Welt offen mit allem, allem, was sie bot?

Er streckte die Arme aus zum mondklaren Frühlingsnachthimmel.

„Herrgott, ich danke dir, dass ich ein Mensch werden durfte! Eines deiner höchsten und edelsten Geschöpfe!"

Es war ihm noch nie in seinem Leben die Seligkeit seines Menschentums so voll und ganz und tief zum Bewusstsein gekommen wie in dieser Nacht.

Als er auf die Höhe kam, von wo aus man das Meer sehen konnte, blieb er stehen. Unter blühenden Obstbäumen, die im Vollmondlicht wie Schnee glänzten, schliefen die Strohdächer seines Heimatdorfes. Und dahinter dehnte sich in zitternder, silberner Weite das Meer.

Und das alte Lied von Greif ging ihm durch den Sinn:

„Stille ruht die weite Welt,
Schlummer füllt des Mondes Horn,
das der Herr in Händen hält.
Nur am Berge rauscht der Born –
zu der Ernte Hut bestellt
wallen Engel durch das Korn."

* * *

Im alten Pfarrhaus waren alle zur Ruhe gegangen. Nur unten in Mutter Sörens Wohnzimmer links von der Haustür schimmerte noch Licht. Da saß die alte Frau im Lehnstuhl am Ofen, die Bibel aufgeschlagen vor sich auf dem Tisch. Sie hatte eben ihr Kapitel daraus gelesen wie jeden Abend und saß nun, ein wenig zurückgelehnt, die alten, fleißigen Hände im Schoß gefaltet, und dachte über das Gelesene nach.

Die tiefe Stille der Frühlingsnacht war um sie her. Im Garten lag das Mondlicht und fiel durch einen Spalt der Fensterläden auch in die große Stube. Schwer und langsam tickte die alte Standuhr im Flur, und von Zeit zu Zeit knackte es in den uralten Schränken und Truhen, oder ein Holzwurm bohrte in den Dielen.

Und Mutter Sörens Gedanken wanderten zurück in die Vergangenheit, als hier noch kleine Kinderfüße getrappelt und Kinderjubel das Haus erfüllt hatte. Ach, war das eine glückliche Zeit gewesen! Und nur einer war ihr geblieben von all den vielen. Aber sie klagte nicht. Sie wusste, dass die andern dahin gegangen waren, woher sie kamen – von Gott – zu Gott. Sie wusste, dass alles Licht in den Menschenseelen zurückflutet zum großen Urlicht – zu der Quelle alles Seins und Lebens. Für sie gab es keinen Tod noch Vergehen. Denn alles ist ewig, was vom Ewigen ausgeht. Und was auf dem Grabkreuz ihres Mannes in goldnen Lettern leuchtete, stand auch tief eingegraben in ihrer Seele: „In meines Vaters Haus sind viele Wohnungen."

Jetzt hob die alte Pastorin plötzlich den Kopf. Klangen da nicht Schritte draußen auf dem Gartenweg? Wer mochte jetzt noch in so später Stunde zu ihr wollen? Vielleicht jemand vom Pachthof? Aber ehe sie aufstehen und zur Tür gehen konnte, klopfte es leise ans Fenster, und ihres Jungen gedämpfte Stimme sagte fröhlich: „Bitte erschrick nicht, liebe Mutter. Ich bin es, Klaus!"

Da strömte ein so großer Jubel in ihr Herz, dass sie zuerst gar nicht aufstehen konnte, so zitterten ihr die Knie vor Freude. Nun war er also doch noch zu Pfingsten gekommen! Und sie trippelte eilig zur Tür und auf den Flur und schloss die große Haustür auf. Da lag sie auch schon in seinen starken Armen und ließ sich von ihm zurückführen in die helle Stube.

Dann schob sie ihn ein wenig von sich und sah ihm mit zärtlichen Blicken ins Gesicht. Wie frisch und gesund er aussah nach dem Marsch durch die Frühlingsnacht. Sein lockiges, blondes Haar war noch feucht von den Nebeln, die von der See stiegen. Alles an ihm atmete Gesundheit und Kraft.

Er setzte sich neben sie auf das Sofa und legte den Arm um ihre Schultern.

„Wie kommt es denn, dass meine Mutter heute so spät zu Bett geht? Es ist ja gleich Mitternacht."

Sie lächelte.

„Ich weiß selbst nicht, Klaus, es war so eine Unruhe in mir. Als ob ich ahnte, dass du heute kämst. In deinem Zimmer oben habe ich auch schon die ganzen Tage gelüftet, und das Bett ist frisch bezogen."

Er streichelte ihre Hände.

„Du gute Mutter, du! Aber nun sollst du schnell zu Bett gehen, damit du morgen auch gut ausgeruht bist."

Sie schüttelte den Kopf.

„Noch ein Weilchen, Klaus. Jetzt habe ich dich so ganz und gar für mich allein, das muss ich in vollen Zügen genießen. Und dann sollst du doch auch noch einen Happen essen."

Sie stand schnell auf und kramte den Speisekammerschlüssel aus ihrem Körbchen.

Mit einem Teller voll belegtem Brot und einem Glas Milch kam sie nach einem Weilchen zu ihrem Jungen zurück. Und während er behaglich schmauste, denn der Nachtmarsch hatte ihm Appetit gemacht, erzählte er ihr von seinem neuen Leben und Arbeiten als Assistenzarzt des berühmten Professors an der großen Klinik. Sie hörte aufmerksam zu und nickte von Zeit zu Zeit still fröhlich mit dem Kopf.

„Und nach ein paar Jahren komme ich her nach Plichten, Mutter. Dann ziehen wir zusammen und trennen uns nie mehr."

„Mein guter Junge! Ja, das wird schön! Obgleich es mir schwer werden wird, aus diesem Hause auszuziehen, an das ich mit Leib und Seele so festgewachsen bin."

Er nickte.

„Das kann ich verstehen. Aber weißt du, Mutter, vielleicht kann ich fürs Erste mit dir zusammen hier drin wohnen bleiben, wenn Pastor Mümmlein und die Gemeinde damit einverstanden sind. Platz genug ist ja hier für uns alle."

Er machte eine kleine Pause und sah dann fast etwas verlegen aus.

„Wenigstens so lange, bis ich mal heirate."

Mutter Sören sah ihm aufmerksam ins Gesicht. Dann hob sie lächelnd den Finger.

„Junge, Junge, denkst du schon an so etwas? Na, du brauchst nicht rot zu werden, altes Kind. Keiner würde sich mehr darüber freuen als deine Mutter. Kommt Zeit, kommt Rat! Darüber wollen wir uns noch nicht den Kopf zerbrechen. Aber nun schnell zu Bett. Draußen im Gang schlägt's schon zwölf Uhr."

* * *

Ein sonniger Pfingstmorgen lag über Meer und Land. Im Pfarrhaus standen alle Fenster weit offen. Im blühenden Garten war ein Zwitschern und Jubilieren von tausend Vogelstimmen. In der großen Wohnstube deckte Resi den Frühstückstisch. Sie hatte heute ein weißes Kleid an, und nur der schwarze

Gürtel mahnte noch an ihre Trauer. Die dicken, dunklen Zöpfe lagen im Kranz um den feinen, zierlichen Kopf, und in den großen Augen war ein starkes, süßes Leuchten. Wie ein Elfchen oder eine duftige Wolke schwebte sie über den Teppich, eine schneeweiße Decke mit gestickten Rosenranken über den Tisch breitend. In die Mitte kam eine hohe Vase mit blühenden Narzissen und daneben der frische, duftende Kranzkuchen, ganz mit Zuckerguss und Mandeln bedeckt. Als Resi gerade die feinen, geblümten Porzellantassen hinstellen wollte, kam Mutter Sören hastig ins Zimmer getrippelt, vor dem schwarzen Sonntagskleid die große, weiße Schürze, in der Hand den Schlüsselkorb.

„Du musst noch eine vierte Tasse hinstellen, Resi. Wir haben Besuch bekommen über Nacht. Ja, ja, sieh mich nur nicht so neugierig an. Deshalb habe ich heute Morgen auch etwas die Zeit verschlafen."

Sie streichelte Resi die Wange und musterte mit zufriedenen Blicken den Frühstückstisch.

Resi sah ihr froh in die Augen.

„Wie schön, Tante Sören, dass dein Sohn gekommen ist. Erich Knudsen meinte auch, er würde sich's wohl nicht nehmen lassen, sich über Pfingsten ein paar Tage freizumachen."

„Erich Knudsen? Hast du den denn heute schon gesprochen?"

Resi machte sich mit den Tellern zu schaffen.

„Er sah hier bloß vorhin einen Augenblick durchs

Fenster, als er vorüberging. Er will nach der Kirche noch mal vorbeikommen. Er hätte einen Brief von Annemarie für dich."

Mutter Sören nickte.

„Schön, schön. Aber hast du mir auch die Kränze, die wir gestern zusammen flochten, aus dem Wasser genommen? Ich möchte nachher erst mal zum Friedhof hinüber, noch vor der Kirche."

„Ja, Tante Sören, die Kränze sind noch wundervoll frisch und liegen im Schatten auf der großen Gartenbank. Soll ich dir tragen helfen?"

Mutter Sören schüttelte den Kopf.

„Danke, Kind. Da muss ich ganz allein sein mit meinen Gedanken und Erinnerungen."

Und sie stellte den Schlüsselkorb auf den Schreibtisch, band die weiße Schürze ab und ging mit stillem, ernstem Gesicht in den Garten, wo die frischen Blütenkränze für ihre Gräber lagen.

Inzwischen hatte Resi leise singend den Tisch fertig gedeckt.

Da klang es fröhlich von der Tür her: „Guten Morgen, Fräulein Resi! Was sagen Sie zu der Überraschung?"

Und Klaus Sören kam auf sie zu und streckte ihr herzlich beide Hände entgegen.

„Oh, Ihre Mutter hat sich zu sehr darüber gefreut, und Erich Knudsen wird auch froh sein. Er spricht halt immer so viel von Ihnen."

„Und Sie?" Er beugte sich ein wenig tiefer herab,

um ihr in die Augen sehen zu können. Sie sah ihm voll und harmlos ins Gesicht und lachte.

„Natürlich wird i nit als Spielverderber in der Ecke stehen, wenn alles sich freut. Denn gab es je einen schöneren Pfingstmorgen als heute?“

Sie wies mit der Hand aus dem Fenster.

Da trat Pastor Mümmlein in die Tür, mit feierlichem, frohen Gesicht, denn sein Geist war noch ganz bei seiner Pfingstpredigt. Er wunderte sich auch gar nicht, dass Klaus Sören da war, sondern nahm es als ganz selbstverständlich hin. Resi lief aus der Tür, um den duftenden, dampfenden Kaffee zu holen.

„Denn wir sollen ruhig schon anfangen, hat Tante Sören gesagt. Sie wäre nur noch zum Kirchhof nübergegangen.“

* * *

Klaus Sören konnte sich nicht erinnern, jemals eine so schöne Pfingstzeit verlebt zu haben wie in diesem Jahr. All sein Denken und Sinnen ging um die feine, kleine Resi Kammrer. Wo sie war, war eitel Licht und Sonnenschein. Aber er hatte immer noch nicht den Mut gefunden, ihr alles zu sagen, was sein junges, heißes Herz bewegte. Sie war so kindlich harmlos und reagierte nie auf seine kleinen Aufmerksamkeiten. Aber gerade das machte sie ihm doppelt anziehend und ließ ihn in ihr das reizendste Geschöpf sehen, das ihm je begegnet war.

Es war am letzten Abend seines Urlaubs. Morgen in aller Frühe hieß es wieder Abschied nehmen von der Heimat. Sie hatten eben Abendbrot gegessen und gingen nun noch ein wenig plaudernd durch den blütenduftenden Garten. In schweren Dolden hing der Flieder über die schmalen Wege. Hinterm Pachthof in den niedrigen Büschen sang eine Nachtigall. Pastor Mümmlein und Mutter Sören waren ins Haus zurückgegangen, denn es wurde ihnen zu kühl.

Klaus Sören und Resi gingen, still versunken in die Maienpracht, durch den mondhellen Garten. Von der Dorfstraße her tönte das Singen der Burschen und Mädchen. Resi hatte sich einen weichen, weißen Schal um ihre Schultern gewickelt, denn ihr Kleid war nur dünn und leicht. Klaus Sören sah sie von der Seite an, wie sich aus dem Wollgeriesel des Schals der feine Nacken hob, der das Köpfchen mit der schwarzen Flechtenkrone trug. Wie eine Märchenprinzessin aus fernen Landen erschien sie ihm. Und er war so in ihren Anblick versunken, dass er kaum auf das liebliche Geplauder in ihrem bayrischen Dialekt hörte, in den sie immer verfiel, wenn sie lebhaft wurde.

„Ach, Herr Sören, gehen Sie her und tun mir den Gefallen und schauen S' amal nach, wo der Erich Knudsen bleibt. Er hatte uns doch versprochen, noch amal nüberzukommen."

Er krauste die Stirn.

„Was geht mich jetzt Erich Knudsen an? Morgen, wenn ich fort bin, kann er kommen, so viel er will. Heute gehören Sie mir. Und so dick ist Erich geworden, das steht ihm gar nicht."

Sie lachte.

„Das steht ihm grad. Die Bayern bei uns daheim sein auch so dick, vom vielen Biertrinken halt."

Er blieb stehen.

„Nun lassen Sie doch einmal Ihre dicken Bayern sein und genießen Sie den Mondschein und den Fliederduft um Sie her. Ist das nicht unsagbar schön?"

„Freilich ist's schön. Das hab' i a schon lang g'merkt, eh dass Sie mir's sagen. Aber Sie sein heut so seltsam, so ernst, Herr Sören. I kenn Sie gar nit wieder."

Sie stand dicht vor ihm und sah fast ängstlich mit ihren großen, schwarzen Augen zu ihm auf.

Da konnte er's nicht länger verschweigen. Ihre beiden Hände fasste er und sah ihr in die Augen.

„Ja, mir ist auch seltsam heute zumute, kleine Resi, denn mein Herz drängt mich, dir alles zu sagen. Wie unendlich lieb ich dich habe. Wie ich von dir träume Tag und Nacht. Wie ich keinen größeren Wunsch auf dieser Erde habe, als dass du einmal meine Frau wirst."

Noch tiefer beugte er sich, dass seine Wange ihr schwarzes Haar streifte.

„Hast du mich denn auch ein bisschen lieb, kleine Resi?"

Er fühlte in seiner Erregung nicht, wie sie zitterte, wie ihre schwarzen Augen immer größer, immer angstvoller wurden. Ihr immer stärker werdendes Bestreben, die Hände freizubekommen, hielt er für selbstverständliche, mädchenhafte Scheu.

„Süße Resi, sag mir nur ein Wörtchen. Sieh, ich bitte dich so sehr darum."

Und der starke Mann war blass bis in die Lippen vor Erregung und stand in bebendem Warten. Ihre Hände ließ er los und wollte den Arm um sie legen.

Aber jäh sprang Resi zurück. Sie hatte es die ganze Zeit versucht, aber seine Hände hatten sie zu fest gehalten.

„Aber, Herr Sören, reden Sie nit so sonderbar. Schaun's, das hab i ja nie geahnt – nein, ganz gewiss nit!"

Sie streckte wie abwehrend beide Hände aus, und in ihren Augen standen große Tränen.

Er war stehen geblieben, wo er stand, sein Atem ging schwer.

„Verzeihen Sie, dass ich Sie so erschreckt habe, Fräulein Resi. Das wollte ich nicht. Bin ich Ihnen denn so unangenehm? Können Sie mich denn gar nicht ein bisschen gern haben?"

Es lag eine so große Traurigkeit und Herzlichkeit in seiner Stimme, dass sie vorsichtig einen Schritt näher trat und ihn treuherzig ansah. Beide Hände legte sie bittend ineinander.

„Sein's mir nit bös, Herr Sören. Ach, Sie sind so

gut immer und so freundlich zu mir armen Waise gewesen. Und ich möchte Ihnen ja alles zu Gefallen tun. Aber schaun's, 's geht doch diesmal wirklich nit, denn ich hab' halt einen anderen schon so sehr lieb."

Ganz leise war ihre Stimme geworden, und es flog eine süße Röte über ihr feines Gesichtchen.

Da nahm Klaus Sören ihre Hand und streichelte sie. Und sie fühlte, wie eiskalt seine Finger waren.

„Verzeihen Sie mir alles, Fräulein Resi. Davon hatte ich ja natürlich keine Ahnung. Und nicht wahr, Sie vergessen, was ich eben gesagt habe? Lassen Sie bitte alles bleiben wie vorher zwischen uns."

Sie nickte froh.

„Aber freilich, Herr Sören. Und nun muss ich hinein, Ihre Mutter wird warten."

Und sie lief, so schnell ihre Füße sie tragen konnten, zurück ins Haus.

Ganz still stand Klaus Sören. Regungslos auf derselben Stelle. In seiner Seele war ein Schmerz, wie er ihn nie für möglich gehalten hätte. Und er wusste, den würde er nun mit sich herumtragen sein Leben lang. Er spürte nichts mehr von dem Vollmondzauber und Fliederblütenduft.

Nun galt es, den ersten, großen Kampf auszufechten in seinem Leben. Zum Kampf aber braucht es Waffen.

Hast du sie geschmiedet aus bleibendem Stahl, Klaus Sören?

* * *

In tiefer Ruhe lagen die weiten Korridore und Hallen des großen Krankenhauses. Die weiß gestrichenen Dielen und Wände strahlten wider vom Schein der elektrischen Lampen. In den großen Sälen waren die Vorhänge herabgelassen, dass der raue Herbststurm, der um die Giebel heulte und wirbelte, gelbe Blätter auf die graue Alster warf, nicht hineinschauen konnte mit seinen großen, kalten Augen in diese Stätte des Elends und der Schmerzen. In ihrer dunklen Tracht, mit dem kleinen weißen Häubchen auf dem blonden Scheitel, ging Annemarie Knudsen rasch den einen langen Gang entlang. Es war auf der Privatstation. Leise öffnete sie die letzte Tür und trat ein. Hier war die Lampe mit einem grünen Schirm verhängt. Ein Greis lag still in seinem weißen Bett. Sie beugte sich über ihn.

„Wie geht es heute, Meister Güldenwang? Blendet das Licht auch nicht?"

Er hatte auch über den Augen einen grünen Schirm. Nun tastete er nach ihrer Hand, und ein Lächeln flog über sein Gesicht.

„Ich danke, Schwester Annemarie, es geht wohl besser. Ich weiß es selbst nicht. Die Zukunft wird es ja erst zeigen, ob die Operation genützt hat. Hättet Ihr mich nicht alle so dazu überredet, so hätte ich es wohl ruhig gelassen. Nun, wie Gott will."

Er ließ Annemaries Hand los.

„Kommt Rolf immer noch nicht? Er sollte mir noch einmal das Lied von Weber vorlesen. Das Lied von der Winternacht. Wo unter dem Schnee das Wort wächst, gerade unter dem harten, kalten Schnee.“

Sie griff nach einem Band Gedichte, der auf dem Tisch lag.

„Soll ich es Ihnen vorlesen, Meister Güldenwang?“

„Ach Schwester, Sie haben gewiss keine Zeit, es gibt ja so viel zu tun hier.“

Sie sah auf die Uhr.

„Doch, gerade zehn Minuten habe ich noch, bis ich überall messen muss. Hier ist das Lied, ich habe es schon.“

Und sie las im Stehen mit tiefer, weicher Stimme:

„Es wächst viel Brot in der Winternacht,
weil unter dem Schnee frisch grünet die Saat;
erst wenn im Lenze die Sonne lacht,
spürst du, was Gutes der Winter tat.
Und deucht die Welt dir öd' und leer,
und sind die Tage dir rau und schwer,
sei still und habe des Wandels Acht:
Es wächst viel Brot in der Winternacht!“

„Es ist sehr schön“, sagte sie leise.

„Wir vergessen das so oft, dass gerade unter dem Schnee die Keime werden und wachsen.“

Wieder beugte sie sich über ihn und fasste nach seiner Hand.

„Aber solche Falten auf der Stirn, Meister Güldenwang? Das kenne ich ja gar nicht bei Ihnen? Sie gefallen mir überhaupt heute nicht recht."

Sie fühlte seinen Puls.

„Ich gräme mich", sagte er da ganz leise, und es klang so rührend und hilflos.

Sie setzte sich an sein Bett, und es war etwas unendlich Mütterliches in ihrem Ton.

„Das dürfen Sie aber jetzt nicht tun, lieber Meister. Weil das Ihren Augen schaden könnte. Und Sie sind doch sonst immer so tapfer gewesen?"

Er fuhr sich mit der zitternden Hand über die Stirn, wie um die Falten fortzuwischen.

„Ach, Sie meinen, Schwester Annemarie, ich gräme mich wegen meiner Blindheit? Nein, nein – gewiss nicht, das will ich gerne tragen, denn es kommt von Gott. Ich gräme mich um meinen Jungen, den Rolf."

Er hielt einen Augenblick inne und fuhr dann leise fort: „Er gefällt mir so gar nicht. Es ist etwas so Unstetes, Zerfahrenes an ihm. Er hat keine Befriedigung in seinem Beruf gefunden, und das hat ihn bitter und hart gemacht. Verzeihen Sie mir, Schwester Annemarie, dass ich Ihnen mein altes Herz ausschütte. Aber ich habe so großes Vertrauen zu Ihnen. Ich hatte mich etwas geängstigt vor der Operation und dem Liegen nachher unter fremden Menschen in der großen fremden Stadt. Als Sie mir dann plötzlich gegenüberstanden und ich hörte, dass Ihnen meine Pflege übertragen sei, war es mir wie ein Himmelsgeschenk."

Annemarie lächelte und streichelte seine Hand.

„Nicht wahr, nun können wir doch einmal wieder zusammen von der lieben, alten Heimat schwatzen. Danach habe ich mich auch schon so lange gesehnt. Es ist doch schon über ein halbes Jahr, dass ich von Plichten fort bin."

Sie stand auf.

„Aber nun muss ich weiter. Die anderen Kranken warten auf mich. Und da kommt ja auch schon Ihr Sohn zur Ablösung."

Sie begrüßte flüchtig den Eintretenden und ging leise zur Tür hinaus.

Rolf Güldenwang legte Hut und Mantel ab und rieb sich die Hände.

„Es ist kalt heute Abend, und der Weg abscheulich weit zu dir heraus. Hatte eigentlich kaum Zeit herzukommen. Heute Abend ist Kritikerversammlung. Dein Befinden ist doch nicht schlechter, wie?"

„Danke, mein Junge. Aber du sollst dich nicht aufhalten bei mir, wenn es deine Zeit nicht erlaubt."

„Lass nur, Vater. Nun bin ich mal hier. Übrigens ein eigenartiger Zufall, dass gerade Fräulein Knudsen dich hier pflegen muss."

„Es gibt keinen Zufall, mein Kind."

„Na, denn nicht."

„Findest du nicht auch, dass die Tracht ihr ausgezeichnet steht? Zu diesen schlichten, weichen, blonden Haaren?“

„Ach so, ja, verzeih. Sie hat überhaupt etwas so Königliches an sich. Das fand ich schon damals in Plichten, als sie mit der weißen Wollmütze und den Schlittschuhen vor mir stand. Aber sie ist so ernst geworden, Vater, so war sie früher nicht.“

„Das macht wohl der Beruf, Kind, all das Schwere, das sie täglich zu sehen bekommt.“

„Kann sein. Schade aber, dass sie immer so schnell wieder aus der Tür ist. Würde sie gerne näher kennen lernen. Also du fühlst dich nicht schlechter, lieber Vater? Dann kann ich wohl wieder gehen. Morgen komme ich wieder. Gute Besserung.“

Er berührte flüchtig die Hand des alten Mannes, die auf der Bettdecke lag, nahm Hut und Mantel und ging rasch zur Tür hinaus.

Krankenzimmer waren ihm stets etwas Ungemütliches, er wusste sich nie darin zu benehmen. Er hatte eben den Korridor durchschritten und wollte gerade die breite Treppe hinabsteigen, als Annemarie ihm in den Weg trat.

„Das ist gut, dass ich Sie hier noch treffe, Herr Güldenwang. Kann ich Sie wohl noch einen Augenblick sprechen? Es betrifft Ihren Vater.“

„Selbstverständlich, Fräulein Knudsen. Ach so, Verzeihung, jetzt heißt es ja Schwester Annemarie. Klingt auch viel hübscher.“

Sie sah sehr ernst aus.

„Ich habe nämlich eine große Bitte an Sie. Dass Sie, wenn Sie jetzt Ihren alten Vater besuchen, in Ihren Gesprächen möglichst alles Trübe, Niederdrückende vermeiden. Er braucht jetzt Sonne – viel Sonne. Das müssen Sie sich klarmachen. Seien Sie Ihrem Vater zuliebe fröhlich und sprechen Sie von gleichgültigen Dingen, wenn Sie bei ihm sind. Es ist so notwendig für seine Genesung."

Er lachte rau auf.

„Das ist leichter gesagt als getan, Schwester. Wer wie ich mitten im Kampf ums Dasein steht, wer von allen Seiten gerieben und angegriffen wird, der wird hart und bitter."

Sie legte ihre Hand auf seinen Arm, und in ihrer Stimme war eine große Herzlichkeit.

„Lieber Herr Güldenwang, meinen Sie wirklich, Sie seien der Einzige, der zu kämpfen hat? Wir alle, die wir über diese Erde gehen, sind Kämpfer. Aber trotzdem sollen wir immer noch Sonne genug übrig haben, um sie anderen zu bringen, die ärmer sind als wir. Sehen Sie, Ihr alter Vater tut mir so unendlich Leid. Denn ich glaube nicht, dass er sein Augenlicht wiedererhalten wird. Und seit gestern glaubt es der Professor auch nicht mehr. Aber Sie dürfen sich auf keinen Fall etwas anmerken lassen. Einmal wird es der Arme ja doch selbst spüren, dass es so weit ist. Und nicht wahr, wir alle wollen dazu beitragen, ihm den Rest seines Lebens noch schön und hell zu gestalten, und ihm alles Unangenehme fernhalten."

Er nahm hastig ihre Hand und drückte sie.

„Helfen Sie mir dabei, Schwester Annemarie. Ich bin ein schlechter, egoistischer Kerl. Allein bringe ich das nicht fertig."

In ihrer Stimme war wieder das Mütterliche.

„Das will ich gerne tun, Herr Güldenwang. Wir wollen uns schon etwas recht Schönes für Ihren lieben Vater ausdenken. Er muss auf andere Gedanken gebracht werden."

Damit nickte sie ihm zu und ging rasch wieder ihrer Arbeit nach.

Meister Güldenwang wunderte sich die nächsten Tage, wie viel warmherziger und zugänglicher sein Sohn war. Er kam jetzt viel öfter als früher und blieb auch viel länger bei dem Vater. Und heute hatte er sogar ein paar Veilchen mitgebracht für Schwester Annemarie.

„Ja, Vater, und nächsten Sonntag wollen wir zusammen an der Alster spazieren gehen, wenn sie ihren freien Nachmittag hat. Dann wollen wir Pläne schmieden, wie wir es dir nachher in Plichten so recht gemütlich und behaglich einrichten können."

Der Alte lächelte.

„Mein guter Junge!"

Mehr konnte er nicht sagen. Aber die Nacht schlief Meister Güldenwang sehr wenig. Er sah etwas kommen, was er nicht abwenden konnte. Und er hätte es seinem Sohn doch so gerne erspart. Denn der hatte schon genug Enttäuschungen erlebt in seinem Leben. Sollte er mit ihm reden? Sollte er ihn warnen? Ach, die ganze Sache war ja noch viel zu zart, als dass sie schon mit Worten beredet werden durfte. Aber er kannte seinen Sohn. Besser, als Rolf Güldenwang es ahnte. Ohne Augen sah er es, wie Rolfs Liebe zu Annemarie täglich wuchs. Wie er ein ganz anderer wurde in ihrer Gegenwart. Wie alles in ihm sich aufschloss und entfaltete wie eine verkümmerte Pflanze, die zu lange im Schatten gestanden hat, beim plötzlichen, unerwarteten Strahl der nie gesehenen Sonne.

Aber Annemarie schien von alledem nichts zu bemerken. Sie tat ihre Arbeit von früh bis spät und war immer voll Kraft und Mut. Konnte sie wohl einen Mann lieben, der so wie sein Sohn war?

Sie, die reiche Pachthoftochter, den armen Redakteur? Früher hatte Meister Güldenwang immer geglaubt, Klaus Sören und Annemarie würden einmal ein Paar werden. Ob er sich geirrt hatte?

Ganz still lag der alte Mann auf seinem Bett und hörte die Uhren schlagen in der lautlosen Nacht. Ihm war das Herz so schwer. Dann faltete er die Hände.

„Vergib mir, mein Gott, dass ich so kleingläubig und voll Sorge war. Ich will nun auch alles auf dich werfen. Meine Seele ist stille zu dir, der uns hilft!“

Da schlief er ruhig ein.

* * *

Dieselbe Nacht hatte Annemarie die Wache und saß draußen auf dem Korridor bei ihrer kleinen Lampe. Sie hatte sich in ein warmes Tuch gewickelt, denn es war kühl. An den Fenstern rüttelte der Herbststurm, der von der See her die Elbe heruntergebraust kam.

Annemarie hatte einen Brief aus der Tasche gezogen und glättete ihn langsam. Er war von Klaus Sören.

„Mein guter Kamerad!
Nun pflegst du deine Kranken da oben in Hamburg und ich hier in Berlin. Ich habe glücklicherweise so viel zu tun, dass ich nicht weiß, wo mir der Kopf steht. Ich werde auch zu Weihnachten nicht nach Plichten kommen können. Das erste Fest, das ich nicht zu Hause verlebe. Hoffentlich ist Mutter nicht zu traurig darüber. Aber du wirst mich verstehen, Annmieken. Nach allem, was damals im Frühling zwischen Resi und mir vorgefallen ist. Es wäre mir unmöglich, gleichgültig neben Resi herzugehen, als sei nichts geschehen. Während doch mein ganzes Herz nach ihr schreit. Immer noch. Ich kann diese Liebe nicht verwinden, Annemarie. Sie wird mit mir gehen mein Leben lang. Ich bin nicht wie andere, die ihre Liebe schon früh verzetteln und verausgaben mit kleinen Liebeleien. Du kennst mich. Und ich habe es immer

gewusst, wenn es einmal über mich kommen würde, dann würde es tief gehen. Es war die erste, große Enttäuschung in meinem Leben, Annemarie. Es war mir bis dahin zu gut gegangen. Ich kannte das Leben nur von der Sonnenseite. Und vertraute ihm so voll und ganz. Ich will nun auch nicht feige zusammenknicken und hart oder bitter werden. Dann würde ich mir meiner alten Mutter nicht mehr würdig vorkommen. Ihr will ich Ehre machen. Das reißt mich hoch. Wie hieß doch noch jenes Wort, das uns der alte Meister Güldenwang jenen Sommertag sagte?

‚Ich wuchs an allem, was mir ward.'

Ja, Annmieken – an allem. Und unter seinem Bild sollte stehen: ‚Das große Ja!' Aber das ist bitterschwer. Was du mir von dem alten Meister schreibst, tut mir so herzlich Leid. Und dass er es so großartig trägt! Ich glaube wohl, dass du ihm alles Schwere lindern möchtest. Du hast ja immer solch ein gutes Herz gehabt. Nun geht er wohl bald wieder nach Plichten zurück?

Mutter schreibt mir oft. Ihre Briefe sind mir das Liebste in der Welt. Und dass Resi und dein Bruder so glücklich wären. Sie wollten gleich nach Weihnachten heiraten. Es kommt mir alles wie ein Traum vor.

Leb wohl, Annmieken!

Bleib gut deinem alten Kameraden Klaus Sören."

Es klingelte. Annemarie stand leise auf und sah nach den Nummern. Dann schüttelte sie traurig den Kopf. Schon wieder Nummer sieben! Ob man dort immer noch keinen Schlaf finden konnte? Sie öffnete behutsam eine Tür und trat ein. Eine wunderschöne, junge Frau lag hier mit großen Augen und fieberheißen Wangen.

„Wie gut, Schwester Annemarie, dass Sie heute die Nachtwache haben. Ich kann nicht schlafen – o – ich liege schon so lange wach."

Annemarie legte ihr die Hand auf die Stirn.

„Haben Sie Schmerzen? Sitzt der Verband nicht gut?"

Die junge Frau schloss die Augen unter der leisen Berührung der Schwester.

„Ihre Hand ist so schön kühl, Schwester, und in mir brennt alles. Schmerzen habe ich nicht – nein – und der Verband sitzt auch gut."

Annemarie schüttelte den Kopf.

„Sie dürfen sich jetzt nicht mit Sorgen und Gedanken plagen, Frau Hansen. Der Professor zerbricht sich schon den Kopf, weshalb das Fieber nicht fällt. Aber Sie sind innerlich zu sehr voll Unruhe. Wie soll es da besser werden?"

Die kleine Frau nickte und hielt Annemaries Hände.

„Haben Sie ein bisschen Zeit für mich, Schwester? Ach, die Nacht ist so lang, und die Gedanken so voll Not und Qual! Ein einziges Mal nur möchte man sich aussprechen, und hat doch niemand dazu. Zu Ihnen habe ich Vertrauen. Nun schon die ganze Zeit, wo Sie mich pflegen, dachte ich immer, Ihnen könnte ich wohl mein armes, volles Herz ausschütten. Denn ich habe niemanden, der mir raten kann – niemanden!“

Annemarie umschloss die zitternden, heißen Hände der anderen fest und beruhigend mit ihren schlanken, kühlen Fingern und setzte sich auf den Stuhl neben das Bett.

„Jetzt in der Nacht habe ich Zeit“, sagte sie – „sprechen Sie ruhig, wenn es Ihnen Erleichterung verschafft.“

Die andere schloss die Augen und lag ein Weilchen ganz still. Dann begann sie leise:

„Ich habe sehr früh geheiratet. Einen Mann, den meine Eltern für mich ausgesucht hatten und der mir auch gut gefiel. Mein Mann ist Amtsrichter, und wir lebten mehrere Jahre so weit ganz glücklich miteinander, wenn man Vergnügungen, Feste, Theater Glück nennen will. Denn da wir es nicht tief drinnen in unseren Herzen und in unserer Häuslichkeit fühlten, suchten wir es außerhalb. Kinder haben wir nie gehabt, und wir wünschten uns auch keine. Sie hätten uns nur in unserer Geselligkeit gestört. Da trat plötzlich etwas in mein Leben, das alles mit einem Schlag änderte. Ich lernte einen Schauspieler kennen. Und ich merkte bald, dass ich ihm alles das war, was ich so oft vergeblich bei meinem Mann gesucht hatte. Wir gestanden uns unsere Liebe und jetzt fühlte ich, was Leben heißt."

Sie legte die Hand über die Augen und schwieg eine Weile.

„Als ich dann so krank wurde und hierhergebracht werden musste, merkte ich doch, wie viel ich meinem Mann noch wert war, wie er sich um mich sorgte, um mich grämte. Und gestern, als er bei mir war, hat er sogar geweint. Das hat er noch nie getan. Und er sagte: ‚Betty, wenn du von mir gehst, ist mein Leben leer und kalt.' Sehen Sie, darüber muss ich nun immerzu nachdenken, denn ich will mich doch eigentlich scheiden lassen von ihm."

Sie schwieg wieder und sah düster grübelnd vor sich hin.

„Ach, Schwester, Sie sind doch auch eine Frau mit einem warmen Herzen. Raten Sie mir doch, was ich tun soll!"

Annemarie sah sehr ernst aus.

„Da kann kein anderer raten, Frau Hansen. Das müssen Sie ganz allein mit ihrem eigenen Herzen und Gewissen abmachen."

Die andere warf sich seufzend herum.

„Ja, da komme ich eben nicht ins Reine."

„Haben Sie denn das Gefühl, dass Ihr Mann Sie noch liebt, dass er Sie noch braucht?"

Die andere nickte.

„Er sagt, er kann nicht leben ohne mich. Aber das sagt der andere auch."

„Und Sie?"

„Ich achte meinen Mann. Aber ich liebe den anderen glühend. Mit Leib und Seele liebe ich ihn. Und es ist doch nichts größer als die Liebe."

„Doch", sagte Annemarie und sah der anderen fest ins Auge – „die Treue."

Es war ganz still zwischen ihnen. Da beugte sich Annemarie über die Kranke, und ihr Blick war weich und tief und voll großer Mütterlichkeit.

„Sie arme, kleine Frau. Das ist ein hartes Kämpfen. Allein können wir es auch nicht schaffen. Aber es ist Einer da, der uns helfen will. Wenn Sie erst wieder gesund sind, müssen Sie Ihrem Mann das Heim so sonnig und behaglich machen wie nur möglich. Und an seiner Liebe müssen Sie wachsen und auch wieder warm und froh werden. Dann wird die fremde Leidenschaft allmählich immer mehr in den Hintergrund gedrängt und schließlich ganz überwunden, wie hoffentlich auch Ihre Krankheit jetzt in kürzester Zeit. Aber es klingelt wieder. Und nun müssen Sie wirklich versuchen, noch ein wenig zu schlafen."

Und Annemarie stand auf und ging leise wieder hinaus.

* * *

War man denn wirklich Monate fort gewesen von zu Hause? War es möglich, dass ein ganzer Frühling und Sommer kommen und gehen durfte im lieben, alten Pfarrgarten, ohne dass man daran teilgehabt hatte? Veilchen, Rosen und Astern hatten geduftet und gewuchert auf ihren alten Plätzen und hatten hinausgelauscht in schweigende Sommernächte und zitternd ihre Blättlein hergegeben in tosenden Herbststürmen – und man selbst war so weit, weit fort gewesen und hatte nichts von alledem gespürt.

Am Donnerhüsing war angebaut worden, ein schöner, stattlicher, feuerroter Neubau, denn sie brauchten jetzt viel Platz da drüben, Erich und Resi wollten ja schon gleich nach Weihnachten heiraten.

Annemarie fand, dass Mutter Sören und Pastor Mümmlein alt geworden waren. Ihr war das früher nie so aufgefallen. Und es wollte ihr gar nicht so recht in den Kopf, dass die beiden Alten nun so allein bleiben sollten, wenn Resi heiratete. Sie mussten doch wieder eine junge Hilfe im Haus haben. Als sie mit Tante Sören darüber sprach, lachte die sie fröhlich aus.

„O Annmieken, wo denkst du hin? Solche alten Mummelgreise sind wir nun doch noch nicht. Und eine Fremde ins Haus nehmen? Schrecklicher Gedanke! Ehe Resi zu uns kam, waren wir doch auch allein."

„Ja, da wart ihr aber auch jünger, Tante Sören."

Mutter Sören legte ihren Arm um das Mädchen.

„Ja, Annmieken, wenn du bei uns bleiben könntest, das wäre so etwas! Es ist mir überhaupt immer so, als gehörtest du eigentlich gar nicht da drüben hin in den Pachthof, sondern hierher zu uns ins alte Pfarrhaus."

Annemarie sah an der alten Frau vorüber aus dem breiten Fenster des Wohnzimmers.

„Es ist wohl so, wie du sagst, Tante Sören. Und ich wundere mich oft, dass Blutsverwandtschaft so wenig bindet. Wenn ich in der fremden, großen Stadt an die Heimat dachte, dann war es immer das Pfarrhaus hier."

Mutter Sören nickte.

„Häuser haben auch ihre Seelen. Von diesem weiß ich es ganz bestimmt. Das kommt von den vielen Wiegen und Särgen, die hier gestanden haben. Von den Füßen, die hier aus- und eingegangen sind und den heißen Menschenherzen, die hier hinausgelauscht und gebetet haben in stillen, schlaflosen Nächten. Aber du solltest dich setzen, Annmieken. Du bist wirklich schmal und blass geworden in der großen Stadt. Komm hier dicht neben mich in die Sofaekke und erzähle mir von deinem Leben dort. Es ist doch Dämmerstunde jetzt, wo man eh nichts tun kann."

„Die Arbeit macht mir Freude, Tante Sören. Wenn sie auch bitterernst ist. Und wenn man sich auch an so vieles, vieles gewöhnen muss, das einem zuerst fremd ist. Und wenn einem auch unzählige Ideale schwinden, die man früher hegte für Schwestern und

Ärzte. Es ist da oft so viel Härte und Kälte, Abgestumpftheit und Gleichgültigkeit. Es ist schwer zuerst, sich daran zu gewöhnen. Aber dann findet man doch hier und da einen Menschen – eine Seele – einen Mitkämpfer. Und das tut gut."

„Wie lange hast du Urlaub?"

„Nur zehn Tage, Tante Sören. Und ich habe ihn hauptsächlich wegen meines alten Meisters Güldenwang genommen. Damit der zu Weihnachten nicht so allein ist."

„Ach ja, der arme, alte Meister! Nun ist er ja wohl ganz erblindet. Ich war gestern bei ihm. Aber er ist so freundlich und geduldig. Sieh mal, der hätte viel eher Grund, sich noch eine junge Kraft ins Haus zu nehmen als wir."

„Das habe ich ihm auch gesagt. Aber er meint, er habe sich nun schon allmählich so an seinen Zustand gewöhnen können, dass er sich gut überall allein zurechtfindet. Und dann sorgt Trina Klaas, seine alte Haushälterin, auch rührend für ihn. Aber ich habe ihm versprochen, ihn täglich zu besuchen, wenn ich hier bin."

„Ist denn sein Sohn nicht bei ihm?"

„Nein, der meinte, er sei jetzt unabkömmlich in Hamburg. Das ist auch ganz gut so. Seine Gegenwart hat etwas Bedrückendes für den Vater. Er ist so ganz anders als mein alter Meister."

„Aber zu uns kommst du doch auch täglich, Annmieken? Es wird diese Weihnachten ohnehin sehr einsam hier für uns sein. Denn Klaus hat geschrieben, er könne nicht kommen."

„Ja, das schrieb er mir auch. Und das tut mir so Leid für dich, Tante Sören. Aber nun lass mich fort, damit sie zu Hause nicht auf mich warten. Ich komme heute Abend noch einmal vorbei."

Da stand Mutter Sören mit auf und gab ihr noch das Geleit bis zur Tür.

* * *

Zum Silvesterabend waren sie alle im Pachthof eingeladen. Erich und Annemarie hatten es sich so sehr gewünscht, da hatte Mutter Knudsen, wenn auch etwas knurrend, nachgegeben. Sie saßen in Vater Knudsens großer, dunkel getäfelter Stube, deren Wände bedeckt waren mit Geweihen und Gehörnen aller Art. Denn Vater Knudsen war ein großer Jäger. Der riesige Kachelofen in der Ecke strömte eine behagliche Wärme aus, und ein süßer Duft von Punsch und Pfannkuchen zog durch den Raum. Annemarie hatte den alten Meister Güldenwang selbst abgeholt aus seiner Wohnung und ihn sorgsam hierher geführt, zusammen mit seinem Sohn, der zum Fest schließlich doch noch herübergekommen war aus Hamburg. Nun saß der alte Meister behaglich in einer Ecke des großen, tiefen Ledersofas und sah so vergnügt aus wie lange nicht seit seiner vollständigen Erblindung. Er freute sich an dem Geplauder um ihn herum, denn er liebte die Geselligkeit und hatte sie lange entbehrt. Neben ihm in der anderen Ecke des Sofas saß Mutter Sören, im feierlichen, schwarzen Seidenkleid, den geliebten Strickstrumpf aber in der Hand. Ihr gutes Gesicht sah ein ganz klein wenig bekümmert aus. Das merkte aber nur Annemarie, und die wusste, wen sie beide heute am meisten hier vermissten. Denn Klaus Sören hatte ja sonst noch nie bei solchen Anlässen in ihrem Kreise gefehlt. Annemarie saß auf der anderen Seite von Meister Güldenwang in einem schönen, geschnitzten Stuhl mit hoher Lehne, von derem dunklen Hintergrund sich ihr feines, blasses Profil und der schwere, blonde Haarknoten im Nacken wunderbar stimmungsvoll abhob. Sie hatte ein weiches, blaues Tuchkleid an mit alten, echten Spitzen um den schmalen Halsausschnitt. Neben ihr stand ein kleiner Anrichtetisch mit den Punschgläsern und dem silbernen Kessel mit dampfendem Wasser, den sie bediente. Rolf Güldenwang saß ihr gegenüber am anderen Ende des Tisches und wandte den ganzen Abend kaum einen Blick von ihr. Sein Künstlerauge, das er vom Vater geerbt hatte, konnte sich nicht satt sehen an ihrer herben, mädchenhaften Erscheinung.

Nahe beim Ofen, im tiefen Lehnstuhl saß Pastor Mümmlein, denn er fror jetzt immer so viel. Er hatte die Hände gefaltet und sah mit seinen guten, freundlichen Kinderaugen um sich, denn er war ein wenig verstört, da er so viele Menschen und so lautes Sprechen nicht mehr gewohnt war. Auch war er müde von der Silvesterandacht, die er vor einer Stunde in dem alten Kirchlein gehalten hatte.

Vater Knudsen, der sehr gerne Gäste bei sich sah, was ihm aber von seiner Frau so selten erlaubt wurde, war äußerst vergnügt und redselig. Er sprach dem Punschglas fleißig zu, und sein Gesicht hatte schon eine bedenkliche Röte. Er debattierte eifrig mit Doktor Mertens, einem wohl beleibten, gemütlichen Sechziger, über Politik und Gemeindestreitigkeiten. Frau Knudsen, in einem knisternden, kaffeebraunen Seidenkleid, hatte ihren Stuhl neben Mutter Sörens Sofaplatz geschoben und sprach nun halblaut, ein wenig vornübergebeugt, auf sie ein.

„Ich war ja gar nicht mit dieser Verlobung einverstanden, liebe Frau Pastor. Und Sie werden mich gewiss auch begreifen. Wo Erich doch später mal den Pachthof bekommt und ein gutes Stück Geld dazu. Und nun so ein armes Mädchen, das nichts hat und nichts kann und nichts versteht. Bloß weil sie ein niedliches Gesicht hat. Ich will ja gewiss nichts gegen die Familie von unserem Pastor Mümmlein sagen. Aber die Knudsens sind schon viele hundert Jahre sesshaft in Plichten. Und dann aus Bayern! Schon die Sprache ist ganz anders als unsere. Und ich hatte meinen Sohn immer so sehr gemahnt, er solle nur unter den Töchtern des Landes wählen. Da muss dies Unglück kommen!"

Und sie warf einen Blick voll Zorn und Kummer in die dämmrige Ofenecke, wo das Brautpaar eng zusammengedrängt in leisem Flüstern saß.

Mutter Sören lächelte und legte der anderen beruhigend ihre alte, runzlige Hand auf den Arm.

„Versündigen Sie sich nicht, Frau Knudsen. Ein Unglück kann ich das wirklich nicht nennen. Resi ist ein liebes, fleißiges, geschicktes Mädchen. Ich habe sie ja jetzt über ein Jahr zur Genüge kennen gelernt. Sie wird einmal eine prächtige, bescheidene, kleine Landfrau abgeben, das glaube ich sicher. Und was ihr an Geld mangelt, wird sie durch Fleiß und Frohsinn ersetzen."

Frau Knudsen hob die Schultern.

„Als ob sich das jemals ersetzen ließe! Aber mein Mann wird wieder so laut und aufgeregt, er darf jetzt keinen Punsch mehr trinken."

Da erhob sich Pastor Mümmlein etwas schwerfällig aus seinem Lehnstuhl am Ofen und sagte mit ein wenig zitternder Stimme:

„Ich bitte die Hausfrau, dass ich schon vor Mitternacht nach Hause gehen darf. Denn ich habe morgen früh noch eine Predigt zu halten."

Da tastete Meister Güldenwang nach Annemaries Hand.

„Dann möchte ich bitte auch gehen. Es hat mich doch etwas angegriffen."

Da brachen sie alle auf, und es gab ein Verabschieden und „auf Wiedersehen im Neuen Jahr." Nur

Doktor Mertens blieb noch in emsigem Gespräch mit Vater Knudsen sitzen und tat, als sähe er die ärgerlichen Blicke der Hausfrau gar nicht. Erich gab den dreien aus dem Pfarrhaus das Geleit, um den Abschied von seiner kleinen Braut noch etwas aufzuschieben. Annemarie hatte sich auch die Pelzjacke übergeworfen und führte den alten Meister, ihn sorglich auf der einen Seite stützend, durch den Schnee seiner Wohnung zu. Sie fühlte sich jetzt so mitverantwortlich für den Greis, seitdem sie ihn damals in Hamburg gepflegt hatte. Und Rolf Güldenwang war ihr in dieser Beziehung nicht zuverlässig genug. Als sie sich von den Pfarrhausbewohnern vor deren Haustür verabschiedet hatten, gingen die drei langsam die stille Dorfstraße entlang.

Ein klarer Sternenhimmel wölbte sich über ihnen, unter ihren Füßen knirschte der Schnee. Ganz leise rauschte das Meer hinter den Dünen. Meister Güldenwang atmete tief die reine Nachtluft ein.

„Das tut gut nach dem Tabaksrauch in der warmen Stube. Wenn ich auch gerne einmal unter Menschen sein mag, so sehne ich mich dann doch immer wieder zurück in meine Einsamkeit. Und den Anbruch des Neuen Jahres vor allem muss ich in Sammlung und Stille erwarten. Denn es ist ein so ernster Augenblick. Ich habe es nie verstanden, wie die Menschheit ihn stets so im Weintaumel und Narrenrausch durchlebt. Als ob sie ihn betäuben wollten, den stillen, mahnenden Schritt der Zeit."

Sie waren vor des Meisters Wohnung angekommen, Annemarie führte ihn noch in sein Zimmer und zog ihm den Mantel aus.

„Gute Nacht, mein lieber, lieber Meister. Und nicht wahr, Herr Güldenwang, Sie sorgen mir jetzt recht schön für Ihren Vater. Die alte Rieke wird wohl schon zu Bett sein, da müssen Sie ihm helfen. Gute Nacht."

Die Tür fiel ins Schloss. Vater und Sohn waren allein.

Rolf hatte Licht angezündet, und der Alte setzte sich in seinen Lehnstuhl am Fenster. Zu Bett mochte er noch nicht.

Mit brennenden Augen stand Rolf Güldenwang am Fenster, als wollten seine Blicke die Dunkelheit durchdringen, in die Annemarie soeben eingetaucht war. Sein Herz klopfte in wilden, heißen Schlägen. Er wandte sich langsam um.

„Vater, habe ich dir eigentlich schon erzählt, dass ich ein neues, großes Werk begonnen habe? Eine neue Arbeit, wie ich sie mir schon lange, lange wünschte. Oh, und diesmal wird es etwas. Ganz gewiss! Weil ich ein anderer geworden bin, Vater. Ein ganz anderer als früher. Wenn du noch sehen könntest, du würdest es auch finden."

Der alte Mann lächelte.

„Ich habe es schon lange gemerkt, mein Junge, auch ohne dass ich sehen kann. Aber ich fühlte es am Klang deiner Stimme, an der stolzen Festigkeit deines Schrittes. Und das hat mich glücklich gemacht, mein Kind. Es wäre auch nicht mehr so weitergegangen mit dir, dazu warst du noch zu jung."

Rolf Güldenwang hob beide Arme, seine dunklen Augen leuchteten.

„Ja, Vater, ich bin noch jung! Ich fühle es, wie jung ich noch bin. Und ich bin glücklich darüber. Denn sieh, das Leben soll ja erst beginnen für mich. Ganz neu von vorne beginnen. Alles Alte ist ausgelöscht und vergessen. Oh, ich war noch nie so voll Kraft und Mut und Zuversicht!"

Er trat jetzt dicht heran zu dem Alten und kniete vor ihm nieder. Seine zitternden Finger bargen sich in den Händen des Vaters. Und seinen Mund legte er an das Ohr des Greises, der sein Haupt tief gebeugt hielt.

„Du weißt, was es ist, Vater, was mich so von Grund aus verändert und beglückt. Es ist die tiefe, große Liebe zu diesem schönen, stolzen, herrlichen Mädchen – zu Annemarie Knudsen!"

Der Alte legte ihm die Hände auf den Kopf und sagte leise:

„Ich wusste es lange, mein Kind. Gott helfe dir!"

„O Vater, glaubst du, dass sie mich wiederliebt, dass sie meine Frau werden könnte?"

„Das musst du selbst am besten fühlen, Rolf. Das kann kein anderer wissen."

„Ach, Vater, manchmal denke ich, sie ist mir gut. Und dann wieder glaube ich, dass alle ihre Güte nur allein dir gehört. Dass, weil sie solch eine große Zuneigung zu dir hegt, auch ab und zu ein schwacher Strahl davon für mich abfällt. Ach, wer kann ein Frauenherz ergründen? Aber ich muss Gewissheit haben, Vater. So halte ich das nicht länger aus. In ihren Händen liegt mein Schicksal. Wenn sie mich verwirft, dann bin ich vom Leben, von der Sonne verworfen. Hilf du mir zu meinem Glück, Vater. Du allein kannst es. Denn dir tut sie alles zuliebe."

Er sprang auf. Es war ein ruheloses Flackern in seinen Augen. Sein Atem flog.

„Still, still, mein Kind. Du darfst dich nicht so aufregen. Du musst mehr Mut haben und Vertrauen zu dir selbst. Was kann dir dein alter Vater helfen? Selber musst du werben um die Frau, die du liebst. So wie ich Annemarie kenne, wäre das auch mehr nach ihrem Sinn. Freiwerber passen nicht mehr recht in unsere Zeit."

Rolf Güldenwang ging auf und ab und hielt sich die Stirn mit beiden Händen.

„Wenn ich nur den Mut fände, Vater! Aber vor ihr bin ich arm und klein und feige. Denn sie steht so hoch über mir. Aber ich will es versuchen. Ich will meine ganze Kraft zusammennehmen und es versuchen. Denn es geht um Leben oder Tod für mich."

Da schlug es vom Kaminsims langsam und hell zwölf Uhr. Und vom alten Kirchlein begannen die Silvesterglocken zu läuten.

Meister Güldenwang war aufgestanden und hatte die Hände gefaltet.

„Herr, segne uns allen dieses neue, dunkle, unbekannte Jahr, das mein letztes sein wird."

Über der verschneiten Meeresküste verzitterten die letzten Glockenklänge.

* * *

Am Neujahrsmorgen ging Annemarie zum alten Meister Güldenwang herüber, um ihm ein gutes neues Jahr zu wünschen. Sie trug in einem Körbchen selbst gebackene Kuchen für ihn, die er so gerne aß, und eine blühende Hyazinthe, deren Duft er so liebte. Sie fand ihn allein in seinem schön durchwärmten Atelier am großen Fenster sitzend, durch das die blasse Wintersonne schien. Es war ihr wehmütig, ihn so inmitten all seiner Bilder zu sehen, die er einst mit so viel Liebe und Begeisterung gemalt hatte. Vor ihm auf der großen Staffelei stand noch die Leinwand mit der begonnenen einsamen Zeder. „Das große Ja" sollte das Bild heißen von der wachsenden, reinigenden Kraft der Stürme und Lebensnöte. Nun war der eigene Lebensabend des alten, erblindeten Malers ein großes, stilles Ja geworden. Kein trotziges, aufbegehrendes Nein gegen die ewige Macht, die ihm das Augenlicht nahm vor der Zeit. In diesem Greis war keine Bitterkeit – kein Murren. Nun er jenes große Ja nicht mehr malen konnte, lebte er es den anderen vor – still und selbstverständlich, um die schmalen, alten Lippen immer das gütige Lächeln. Annemarie hatte abgelegt und trat zu ihm. Liebevoll beugte sie sich über ihn und sah forschend in sein Gesicht.

„Mein alter Meister hat doch heute an diesem schönen Festtag keine Sorgen? Es ist da etwas in Ihrem Gesicht, Meister Güldenwang, was mir nicht so recht gefällt. Ein Fältlein, das die große Harmonie Ihrer lieben, alten Züge stört."

Er versuchte zu lächeln.

„So genau kennen Sie mich schon, mein Kind? Ach ja, vor Ihnen kann ich wohl nichts mehr verheimlichen."

Er atmete tief und legte den Kopf müde zurück an die Lehne seines Sessels. Annemarie setzte sich neben ihn.

„Sie sind müde? Haben Sie die Nacht nicht gut geschlafen?"

„Nein, sehr wenig. Die Gedanken ließen mich nicht zur Ruhe kommen."

„Können Sie mir Ihre Gedanken nicht anvertrauen? Vielleicht kann ich Ihnen helfen?"

Er schwieg lange. Endlich legte er die Hand über die Augen, und sie sah, wie zwei große Tränen langsam über die gefurchten Wangen in den weißen Bart rannen.

Annemarie war aufs Tiefste erschüttert. So hatte sie ihren alten Meister ja noch nie gesehen. Sie kniete vor ihm nieder, wie gestern sein Sohn, und streichelte seine Hände.

„Oh, vertrauen Sie mir alles an, lieber, lieber Meister! Ich will still sein wie das Grab. Aber ich kann Sie nicht so leiden sehen!"

Er wandte sein Gesicht zum Fenster und seine Lippen zitterten.

„Ich bin ein schwacher, erbärmlicher Greis! Niemand sollte merken, was in meiner Seele vorgeht, und nun verrate ich mich gleich dem ersten Menschen, der mir heute begegnet. Das muss wohl das Alter sein, dass man nicht mehr so Herr ist über sein Wollen. Vergessen Sie alles, Annemarie, es soll nicht wieder vorkommen. Sie sollen mich nicht wieder so schwach erleben."

Sie blieb noch immer kniend vor ihm, und ihre Stimme war ernst und traurig.

„Ich dachte, Sie hätten mehr Vertrauen zu mir, Meister Güldenwang. Wo mein Herz doch so voll ist, Ihnen zu helfen. Und Aussprache hat immer gut getan. Seien Sie doch nicht so eigensinnig. Sie machen sich gewiss Sorgen um Ihren Sohn."

Da wandte er langsam seinen Kopf zu ihr herum und fuhr sich mit der Rechten durch den langen, weißen Bart.

„Ach ja – mein Rolf – mein Kind – das ist es – das ist es, was mich nicht zur Ruhe kommen lässt im Leben und im Sterben. Nun werde ich alles sagen müssen, und ich hatte es doch nicht gewollt."

Sie sah lächelnd zu ihm auf.

„Das ist recht, Meister Güldenwang. Und nachher wird gewiss alles nicht so schlimm sein, wenn Sie sich erst ausgesprochen haben."

Er seufzte tief und schwer. Dann straffte er sich und setzte sich aufrecht hin.

„Sie sollen entscheiden, Annemarie. Das wird vielleicht doch das Beste sein und am schnellsten Klärung schaffen. Aber es ist bitterschwer für mich. Denn es geht um mein einziges Kind."

Er hielt einen Augenblick inne. Dann fuhr er fort: „Finden Sie nicht auch, dass Rolf in der letzten Zeit besser aussieht? Dass mehr Kraft und Frische in ihm ist als früher? Ich meine, es ist die große Unentschiedenheit und Schlaffheit von ihm gewichen. Er ist auch lange nicht mehr so verbittert und viel zugänglicher geworden."

Annemarie nickte lebhaft.

„Gewiss, das habe ich auch schon zu meiner Freude festgestellt. Schon in Hamburg. Ich habe ihm da aber auch öfters tüchtig den Kopf gewaschen. Es scheint ein bisschen geholfen zu haben. Er hat sogar wieder Freude an seiner Arbeit, wie er mir erzählte. Ein großes, neues Werk hat er angefangen, von dem er sich viel verspricht. Aber das ist doch alles nichts Trauriges, Meister Güldenwang? Darüber müsste man sich doch viel eher freuen?"

„Ja, mein Kind, ja. Aber Sie kennen eben nicht den Grund für diese Veränderung. – Es ist die Liebe. Er liebt mit der ganzen Inbrunst seines scheuen, heißen Herzens."

Annemarie hob überrascht den Kopf. Dann lachte sie.

„Und das sagen Sie mit solcher Trauerstimme? Das ist ja doch das Allervernünftigste, was dieser junge, zerfahrene Mensch tun kann! Ein ordentliches, tüchtiges Mädchen lieben und heiraten – das wird die beste Medizin für alle seine Seelenleiden sein."

Meister Güldenwangs Gesicht war ernst, und seine Stimme zitterte.

„Ja, wenn sie ihn wiederliebt. Aber wenn sie ihn von sich stößt, so geht er zu Grunde."

Er stöhnte und biss die Zähne zusammen.

„Und er ist doch das Einzige, was ich noch habe – mein Kind."

Mit weichem Blick sah Annemarie auf den alten Mann. Er tat ihr so unendlich Leid.

„Aber warum sollte sie ihn denn von sich stoßen? Kann ich nicht bitten gehen für ihn? Wer ist es denn?"

Da fasste der alte Mann nach ihren beiden Händen und umklammerte sie fest.

„Er liebt Sie, Schwester Annemarie", sagte er tonlos.

Er hätte jetzt viel darum gegeben, wenn er in Annemaries Gesicht hätte forschen können, in ihren Zügen lesen. So aber war die Stille, die jetzt eintrat, bedrückend. Und doch wagte er nicht, sie zu unterbrechen. Endlich stand Annemarie auf. Schwer und langsam. Steif stand sie vor dem alten Mann, und die Arme hingen ihr schlaff herunter.

„Das wusste ich nicht, Meister Güldenwang. Bei Gott, das wusste ich wirklich nicht!"

Der alte Meister atmete schwer.

„Gehen Sie jetzt nach Hause, Annemarie. Sie müssen jetzt allein sein – ganz allein."

Und leise setzte er hinzu:

„Denn in Ihren Händen liegt nun das Schicksal meines Kindes."

* * *

Auf dem großen Stein am Strand saß Annemarie. Sie hatte den Kopf in beide Hände gestützt und achtete der rieselnden Flocken nicht, die rings um sie niedertaumelten. Es war eine stille, weiche Luft, und das Meer lag regungslos und grau.

So wie die Schneeflocken hier draußen in wirrem Durcheinander, so jagten in des Mädchens Kopf die aufgeschreckten Gedanken. Und sie konnte nicht zur Ruhe kommen und zur Klarheit. Schon die ganzen Tage nicht, seit Meister Güldenwang ihr das gesagt hatte.

Was sollte sie nur tun – ach – was sollte sie tun? Sollte sie wirklich den jungen Güldenwang heiraten? Vielleicht war das ihre Aufgabe, ihre Mission hier auf Erden. Vielleicht wollte Gott gerade das von ihr haben. War er ihr denn so unangenehm? Sie hatte noch nie so recht darüber nachgedacht und versuchte es nun. Er war ein genialer Künstler, der – einst tief gekränkt in seinem Stolz und Ehrgeiz, da ihm das Publikum nicht den Ruhm zollte, den er begehrte – sich scheu und bitter zurückgezogen hatte von der Welt und an allem verzweifelt war. So war er, als sie ihn kennen lernte. Und um des alten Vaters willen hatte sie versucht, auf seine verdüsterte Seele einzuwirken. Und sie hatte sich gefreut, dass er mitteilsamer, freundlicher geworden war. Dass er wieder Mut zum Leben, zur Arbeit bekam. Und sie hatte schon oft gedacht, dass er völlig gesunden würde, wenn er eine kluge, feinfühlige, energische Frau fände, die ihn liebte. Die ihn liebte. Das war das Entscheidende. Denn nur mit einer solchen konnte er auch wirklich glücklich werden. Annemarie wusste genau, dass sie Rolf Güldenwang nicht liebte, nie lieben würde. Dass sie höchstens ein freundschaftliches, mütterliches Gefühl für ihn hegte – als sei sie seine Hüterin oder Beschützerin, an Vater Güldenwangs statt. Aber seine Braut – seine Frau? Das kam ihr so sonderbar vor, dass sie lächeln musste. Sie stand auf und ging noch weiter hinein in das Schneetreiben, immer den flachen, weißen Strand entlang. Sie hatte die Hände ineinander gepresst. Ihre Wangen brannten.

„Nein, Rolf Güldenwang, das kann ich nicht tun. Auch um deines lieben alten Vaters willen kann ich doch meine Seele nicht verkaufen. Denn meine Seele gehört Klaus Sören. Bis an den Tod."

Aber eine andere Stimme sprach dagegen.

„Willst du wie eine mittelalterliche Nonne dein Leben lang einer unglücklichen Liebe nachhängen? Um dich dadurch immer tiefer in sie einzuspinnen, was weder dir noch anderen Nutzen bringen kann? Machst du dich nicht lächerlich vor dir selbst? Will er denn etwas wissen von deiner Liebe? Hat er dir nicht selber geschrieben, dass er nie aufhören wird, die kleine Resi zu lieben? Und der alte Meister? Denke nur an den armen, alten, blinden Mann! Der so bangt und zittert um die Zukunft und das Wohl seines Kindes. Du würdest ihm den Lebensabend hell und sonnig gestalten, wenn du seine Tochter würdest. Ganz anders könntest du dann noch für ihn sorgen. Du weißt nicht, was sein Sohn tun wird, wenn du ihn von dir weist. Vielleicht den tiefsten, bittersten Schmerz, den ein Kind seinem Vater antun kann. Denn er ist unberechenbar und leidenschaftlich. Und das würde dann zeit deines Lebens haften bleiben auf deiner Seele als schwere, schwere Schuld."

Annemarie blieb stehen und presste die Hände auf die Brust. Es war ein tiefes, weiches Licht in ihren Augen.

„Du großer, lieber, stolzer Junge! Mein Klaus Sören! Sieh, mein ganzes, heißes Frauenherz schreit nach dir. Aber du hörst es nicht. Weil deine Seele von einer anderen träumt. Die Liebe zu dir war meines Herzens stillstes Heiligtum. Nun soll ich das hergeben. Nun darf ich so nicht mehr an dich denken, wenn ich Meister Güldenwang noch einmal Licht bringen will in seine Nacht. Herrgott, warum sind deine Wege oft so dunkel, dass man nicht weiß, welchen man gehen soll! Dass man nicht weiß, welchen du von uns verlangst!"

Sie hatte den Kopf tief gesenkt und schritt langsam zum Dorf zurück.

Plötzlich schrak sie auf. Dicht vor ihr stand ein Mann, dessen Kommen sie im leisen Schneegeriesel nicht gesehen hatte.

Es war Rolf Güldenwang. Er zog den Hut, und seine Hand zitterte dabei.

Dann sagte er mühsam, stockend:

„Fräulein Annemarie, warum sind Sie heute den ganzen Tag nicht zu meinem Vater gekommen? Er verlangte so sehr nach Ihnen."

Sie war mit einem Mal ganz ruhig geworden.

„Ich hatte nicht die Zeit, Herr Güldenwang. Ich komme aber heute Abend noch."

Seine dunklen Augen leuchteten froh. Er atmete tief.

„Gott sei Dank! Ich dachte schon, Sie hätten uns etwas übel genommen."

Und dann dicht neben ihr, mit heißer, zitternder Stimme:

„Lassen Sie uns offen sein. Ich weiß, dass Ihnen

mein Vater alles gesagt hat. Aber alles konnte er Ihnen doch nicht sagen. Nicht, wie unsagbar ich Sie verehre und liebe! Wie Sie das Zentrum und die Göttin meines Daseins geworden sind. Dass meine Seele verbluten muss, wenn Sie sich von ihr abwenden."

Er suchte ihre Hand. Aber sie entzog sie ihm und sagte ernst:

„Lassen Sie mir noch ein wenig Bedenkzeit, Herr Güldenwang, es kam zu plötzlich für mich."

Und sie ging rasch an ihm vorüber, den Dünenweg hinauf, zum Pachthof zurück. Als sie an den tiefen, strohgedeckten Bauernhäusern vorüberkam, sah sie hinter den Scheiben still und freundlich die Lichter brennen in den Stuben. Da saßen die Väter und Mütter mit ihren Kindern bei der Lampe und freuten sich ihrer Zusammengehörigkeit. Wem gehörte sie? Vater und Mutter? O ja, gewiss, aber man hatte sie nie sehr vermisst, wenn sie fort war. Und Erich? Der brauchte sie ja auch nicht mehr, der hatte ja seine Resi jetzt. Und einmal, wenn Vater und Mutter die Augen geschlossen hätten, dann war da niemand mehr auf der weiten Welt, der sie brauchte. Nur drüben im Atelier, da saß ein alter Mann mit zitternden Händen. Der lauschte hinauf, ob ihre Schritte nicht kämen, die ihm Trost bringen sollten in seiner Dunkelheit und Sorge. Der wollte sie als seine Tochter an sein Herz nehmen, dass sie endlich Ruhe fände. Und in den Augen seines Sohnes brannte ein neues, reines, heiliges Feuer. Und seine Lippen baten sie, dass sie es weiter schüren solle als seines Lebens Weggenossin und Frau. Sie sollte ja nicht mehr allein gehen. Die Hand eines Mannes streckte sich nach ihr aus, der einsam war wie sie. In diesem Augenblick wusste Annemarie, was sie zu tun hatte – und was Gott von ihr wollte. Es war nicht der Weg lachender, sonniger Liebe. Es war der steile Weg kämpfender Pflicht. Und sie meinte, dass sie ihn gehen müsse.

Im Hausflur kam ihr die Mutter entgegen, ein Tuch um die schmalen Schultern, aufgespeicherten Ärger im Gesicht.

„Wo bist du nur wieder so lange geblieben, Annemarie? Es ist ja schon fast dunkel. Nielsens waren mit dem Schlitten hier und hätten dich gerne gesehen. Natürlich warst du wohl wieder im Pfarrhaus drüben? Du solltest klüger sein und den Leuten nicht so viel Anlass zum Geschwätz und Gespött geben. Fräulein Nielsen kicherte vorhin schon ganz laut und meinte, du wärst wohl unsichtbar, weil Klaus Sören wieder drüben sei."

In Annemaries Gesicht schlug eine helle Röte. Aber sie bezwang sich und sagte laut mit fester, eisiger Stimme:

„Dann sage ihr nur wieder, Mutter, dass sie sich geirrt hätte. Denn ich werde mich morgen mit Rolf Güldenwang verloben."

* * *

In seinem Lehnstuhl am Fenster saß der alte Meister Güldenwang. Er hatte den Kopf tief gebeugt und lauschte auf einen Schritt, der nicht kam. Drei Tage wartete er nun schon darauf und mochte weder essen noch trinken. Ach, hätte er sich doch mehr beherrschen können und Annemarie nicht alles gesagt. Nun machte ihm Rolf Vorwürfe darüber, und er selbst grämte sich darum. Ach, wie er sich grämte!

Ein stiller Winterabend hatte sich niedergesenkt. Es hatte aufgehört zu schneien. Ein fahler, gelbroter Streifen zitterte im Westen hinter dunkler Wolkenwand. Rolf war schon seit Stunden fort. Er machte jetzt immer so weite, einsame Spaziergänge. Der Alte saß allein mit seiner großen Not und wusste sich nicht mehr zu helfen. Seine erblindeten Augen merkten nicht, dass es dunkler und dunkler geworden war. Er war aufgestanden und hatte sich hinübergetastet zu seiner Staffelei. Er wusste, dass seine angefangene Zeder dort noch stand. Ach, wenn er noch daran malen könnte. Dass er sich wieder hineinvertiefen könnte in sein Werk. Das würde seine Gedanken ablenken und seine Seele wieder stark machen und still. Seine zitternden Finger suchten nach dem Pinsel und der Palette. Und sein Geist sah das Bild vor sich. Groß und schön und makellos vollendet. Darüber überhörte er ganz die Schritte vor der Tür und das leise Klopfen. Auf der Schwelle stand Annemarie. Sie konnte sich erst nicht zurechtfinden in der starken Dämmerung. Dann erkannte sie die Umrisse des alten Meisters. Er hatte sich herumgewandt und fragte:

„Bist du es, Rolf?"

„Nein, ich bin es nur", sagte Annemarie ruhig. „Ich werde aber erst die Lampe anzünden, es ist dunkel geworden."

Er konnte kein Wort sagen vor Erregung. Ganz still stand er, Pinsel und Palette immer noch in der Hand.

So fand sie ihn, als sie Licht gemacht hatte und sich wieder nach ihm umwandte.

Sie war sehr blass. Aber eine unendliche Weichheit und Güte strahlte über ihr Gesicht, als sie ihn da so stehen sah.

Sie ging auf ihn zu und legte ihren Arm um seine Schultern.

„Du sollst dich jetzt nicht mehr quälen um das Fertigwerden deines Bildes, Vater. Du sollst jetzt an deine Kinder denken und dich recht frisch und froh für sie erhalten."

Sie nahm ihm behutsam Pinsel und Palette aus der Hand und führte ihn zu seinem Lehnstuhl zurück.

Dann kniete sie vor ihm nieder.

„Vergib mir, Vater, dass ich so lange nicht bei dir war. Aber ich musste erst mit mir selbst ins Reine kommen. Ich glaube jetzt, Gott will es, dass ich deinem Rolf eine starke, treue Lebensgefährtin werde."

Da nahm der alte Mann ihr Gesicht in seine beiden Hände und küsste sie wortlos auf die Stirn.

Solange Annemarie lebte, hat sie den Ausdruck nicht vergessen können, der in dieser Stunde auf dem Antlitz des Greises lag. Als sei es nun für ewig eine Stätte des Friedens und des Glücks geworden.

* * *

Als sie zurückging, traf sie in der Höhe der Kirche mit Rolf Güldenwang zusammen. Der Mond war aufgegangen und stand groß und hell über dem verschneiten Dorf. Sonst hätten sie sich wohl auch kaum erkannt in dieser Abendstunde. Er sah, dass sie von seinem Vater kam, und das fachte den Funken Hoffnung in seiner Seele zur Flamme an. Aber er wagte es nicht, sie zu fragen. Er stand vor ihr und hatte den Hut in der Hand. Und rang nach Worten. Sie sah, wie blass er war und dass dunkle Ränder unter seinen Augen lagen. Sein schöner Kopf mit dem schwarzen, weichen Haar war gesenkt. Seine Hände zitterten wie im Fieber.

Sie ging auf ihn zu und legte ihre Hand auf seinen Arm. Ihre Stimme war ruhig und fest.

„Ich war gerade bei Ihrem Vater, Herr Güldenwang. Ich will ihm eine treue Tochter sein. Und Sie müssen Geduld mit mir haben."

Sie atmete schwer, ihre Stimme war leise geworden. Da griff er wie ein Trunkener nach ihren Händen und presste seine Lippen inbrünstig auf diese kalten, weißen Frauenhände.

„Annemarie", stammelte er nur – „Annemarie!"

Sie war sehr ernst.

„Vorher muss ich Ihnen aber noch etwas sagen. Denn es soll immer Wahrheit und Offenheit zwischen uns sein. Ich will Sie nicht belügen, Herr Güldenwang. Ich kann Ihnen nicht mehr geben, als ich habe. Ich habe nicht die Liebe für Sie, wie eine Braut sie haben müsste für ihren Verlobten. Ich habe nur Zuneigung, Freundschaft, Mitleid für Sie. Ich weiß nicht, ob Ihnen das genügt."

Er hatte ihre Hände nicht losgelassen. Seine brennenden Augen hingen an ihren Lippen, als wollten sie jedes Wort aufsaugen, ehe es hinausglitt in die kalte Winterluft.

„Alles, alles genügt mir, wenn du nur mein werden willst, du herrliches, stolzes Mädchen! Meine Liebe ist so groß und gewaltig, dass sie einmal, einmal doch die deine wecken muss. Dessen bin ich gewiss."

Sie lächelte. Es war ein müdes, verlorenes Lächeln.

„Nun lassen Sie mich nach Hause gehen, Herr Güldenwang. Ich komme morgen wieder zu Ihrem Vater."

Er ließ ihre Hände los und atmete schwer.

„In dieser Kirche sprachen Sie zuerst zu mir. Ohne

es zu wissen. Sie sangen drinnen ein Weihnachtslied, während ich hier draußen vor der Tür stand wie ein armer, fremder Bettler. Zu meiner Seele sprach deine wundersame Stimme."

Und eilig, in seligen Gedanken und Träumen, ging Rolf Güldenwang nach Hause.

Langsam schritt Annemarie durch den Schnee der anderen Seite zu.

Immer klarer und leuchtender stieg der Mond. Es war alles wie in fließendes Silber getaucht.

Als sie am Pfarrhaus vorüberkam, fasste sie eine unbezwingbare Sehnsucht, durch den verschneiten Garten zu gehen. Den Märchengarten ihrer Kinderzeit! Sie ging langsam wie in schwerem, schwerem Traum. Alle alten Wege ging sie, und tausend selige Erinnerungen strömten ohne Ende auf sie ein. Hier unter diesen hohen Bäumen hatte sie ihr hellstes, fröhliches Lachen gelacht. Hier ihre bittersten Kindertränen geweint. Oh, warum konnte man nicht immer ein Kind bleiben? Warum kam das Leben mit seiner erdrückenden Wucht und forderte – forderte unermüdlich von einem? Bis man mit leeren Händen stand und nichts mehr zu geben hatte.

Annemarie strich sich über die Stirn. Ihr Kopf tat so weh, so weh. Es war diese letzten Tage zu viel eingestürmt auf sie. Und in dieser Mattigkeit und Schwäche, die jetzt in ihr war, fürchtete sie sich vor dem Leben. Würde sie immer Kraft genug besitzen, alle Forderungen zu erfüllen, die das Leben an sie stellte? Oh, es forderte so viel. Ihre Liebe hatte es gefordert. Und nun auch sie selbst.

Sie lächelte wieder das müde Lächeln.

„Nun kannst du nichts mehr fordern, Leben. Nun gab ich dir alles, was ich hatte."

Die frostharten Zweige klirrten im Nachtwind, und ein feiner Schneestaub rieselte auf sie nieder, dass sie zusammenschauerte. Vom Friedhof drüben, der auf der Höhe um das Kirchlein lag, schimmerten die Kreuze im Mondlicht. Da begannen vom alten Holzturm die Glocken zu läuten. Erst leise und dann immer stärker. Sie läuteten den morgigen Sonntag ein.

Annemarie war stehen geblieben. Sie legte die Hände ineinander und musste an ein altes Lied denken:

„Von weitem da läuten
die Glocken wie einst.
Lass die Träume vergehen,
sonst kann es geschehen,
dass du bitterlich weinst."

Wie lange sie so dagestanden hatte, wusste sie nicht. Bis drüben im Pfarrhaus die Haustür ging und Resi hinausschlüpfte. Sie wollte wohl noch einmal hinüber zum Pachthof.

Da überkam Annemarie eine große Sehnsucht

nach Mutter Sören. Nach ihrer lieben Stimme und ihren treuen, festen Armen, die sie schon umfangen hatten, als sie noch ein ganz winziges Mädchen war. Sie trat leise ein und klinkte die Tür zum Wohnzimmer auf. Da saß die alte Frau an ihrem Ofenplatz, das Strickzeug in den Händen. Auf ihren Knien lag das lila Büchlein aus der Truhe, das sie eigentlich nur selten und zu feierlichen Gelegenheiten hervorholte.

Sie sah jetzt über die Brille hinweg auf die Eintretende und nickte freundlich.

„Das ist recht, Annmieken. Ich finde, ich komme jetzt immer etwas zu kurz mit deinen Besuchen. Da ist Meister Güldenwang wohl schuld daran."

„Er ist blind, Tante Sören", sagte Annemarie und kauerte sich neben die alte Frau auf einen Fußschemel am Ofen.

„Willst du nicht die Jacke ausziehen, Kind? Es ist warm hier."

„Aber mich friert, Tante Sören, lass nur."

„Du bist doch nicht krank, Annmieken? Soll ich dir eine Tasse heißen Tee holen?"

„Danke, Tante Sören. Du hast in deinem lila Buch gelesen?"

„Ach ja, Kind. Es ist so viel Schönes darin. Als Resi vorhin bei mir an ihrer Aussteuerwäsche nähte, sprachen wir vom Verlobtsein und dem großen Glück der Liebe. Sie ist solch eine strahlende, kleine Braut, unsere Resi. Ich glaube, dein Bruder wird glücklich mit ihr werden. Sie denkt tief und ernst über die Ehe, trotz ihrer Jugend. Ich musste ihr von meinem Mann erzählen und von meiner Brautzeit. Das interessierte sie alles so. Dann las ich ihr die lieben Worte von Storm vor, die ich mir einmal hier aufgeschrieben habe."

Sie nahm das Buch von den Knien und las, wo es aufgeschlagen war:

„So komme, was da kommen mag,
So lang du lebest, ist es Tag.
Und geht es in die Welt hinaus –
Wo du mir bist, bin ich zu Haus.
Ich sehe dein liebes Angesicht,
Ich sehe die Schatten der Zukunft nicht!"

Annemarie saß ganz still. Sie hatte die Arme um die Knie geschlungen und den Kopf darauf gelegt.

„Du warst sehr glücklich, nicht wahr, Tante Sören?"

„Sehr, Kind."

„Und hast nicht das Gefühl, dass das Leben dir etwas schuldig geblieben ist? Dass es nur gefordert, aber nicht gegeben hat?"

„Aber wie kommst du nur darauf, Kind? So schön und reich, wie mein Leben war, ist wohl kaum eines gewesen. So voll, so voll von Sonne und Liebe und Kinderlust."

„Aber sie mussten doch alle vor dir wieder fortgehen, bis auf einen."

„Ja, Kind, und das war besser, als wenn es umgekehrt gewesen wäre. Denn mein großer, ernster Mann und die kleinen Kinder hätten sich nie allein ohne mich zurechtfinden können im Leben."

„Ja, aber dass du überhaupt wieder hergeben musstest! Ihr hättet doch gut alle zusammenleben können bis ins Alter. Warum gibt das Leben nur, um wieder zu nehmen?"

„Da musst du schon unseren Herrgott fragen, Annmieken. Ich halte mich an das Lied:

‚Warum es so viel Leiden,
so kurzes Glück nur gibt?
Warum denn immer scheiden,
wo wir so sehr geliebt?
Dass nie vergessen werde,
was man so gern vergisst,
dass diese arme Erde
nicht unsere Heimat ist!'

Sieh, Annmieken, ich habe es so oft gefunden im Leben, dass Häuser und Herzen, in die Gott kein Kreuz stellte, kalt und verständnislos blieben. Es fehlte ihnen die Hauptsache – trotz allem Glück. Denke an deine eigenen Eltern."

Annemarie nickte.

„Es mag wohl so sein, Mutter Sören. Kreuze im Herzen – ja, das gibt es auch. Das ist dann immer, wo man etwas begraben hat. Etwas – an das man seine Seele hing. Aber nicht wahr, Tante Sören, man muss auch trotzdem danach wieder mutig werden? Und seine Hände hinhalten und sagen: So, ich möchte noch etwas leisten im Leben, mein Gott. Gib mir noch einen Platz, auf dem ich anderen nützen kann! Ich will auch alle meine Kraft zusammennehmen – alle meine Kraft."

Und sie barg ihr Gesicht in beiden Händen und fing bitterlich an zu weinen.

„Ich habe nicht gewusst, dass es so schwer ist, Tante Sören. Ich habe geprahlt mit meiner Kraft und kam mir noch wunder wie groß vor, dass ich dem lieben, alten Mann das Opfer brachte. Nun fühle ich, wie schwach und klein ich bin. Nun musst du mir helfen, Tante Sören, dass ich mein Wort halte. Dass ich nicht treulos werde."

Mutter Sören war aufgestanden mit zitternden Knien und schüttelte nur immerzu den Kopf. Tief beugte sie sich über das Mädchen und streichelte ihr das schneenasse Haar.

„Aber ich verstehe dich gar nicht, Annmieken. Ich weiß gar nicht, was du meinst, mein armes, liebes Kind."

Da nahm Annemarie die Hände der alten Frau und legte sie gegen ihre heiße Stirn.

„Ich habe mich eben mit Rolf Güldenwang verlobt, Tante Sören."

* * *

Es lag nicht in Annemaries Natur, sich der Schwäche hinzugeben und ihre Tage nutzlos zu vertrauern. Als sie sich durch die erste Zeit der Aufregung und inneren Konflikte durchgerungen und durchgekämpft hatte, kam auch allmählich ihr seelisches Gleichgewicht wieder zurück und die feste Ruhe, die über all ihrem Tun und Sinnen sonst waltete und ihrem Wesen jene große Harmonie verlieh, die sie für alle so frauenhaft und anziehend machte. Sie schämte sich ihres Kleinmuts und ihrer Schwäche und ging mit festem, sicherem Schritt an die große Aufgabe, die ihr gegeben war. Als sie merkte, dass Mutter Sörens Auge oft nachdenklich auf ihr ruhte, begegnete sie lächelnd dem sorgenden Blick der alten Frau.

„Du kannst ganz beruhigt sein, Tante Sören. Was ich tue, das tue ich aus eigenem, freiem Willen und ohne Zwang. Bitte vergiss meine Schwäche von neulich und meine törichten Worte. Und lass sie begraben sein zwischen dir und mir. Denn es wäre mir peinlich, wenn ein Dritter davon erführe. Ich fühlte mich neulich körperlich zu elend und matt nach dem langen, ungewohnten Pflegen. Da klappte ich zusammen und ließ mich so gehen. Es kommt nicht wieder vor."

Und es kam nicht wieder vor. Sie wurde der Sonnenschein von Haus Güldenwang.

Rolf war, nachdem ihre Verlobung bekannt gegeben worden war, wieder nach Hamburg zurückgekehrt, wo er an seinem neuen großen Werk arbeiten wollte. Er ging froh und zuversichtlich und voll Stolz und Glück.

„Du wirst sehen, Vater, dass ich dir noch Ehre mache und vielleicht bald berühmt werde. Aber das ist dann nicht mein Verdienst. Es kommt alles von Annemarie. All meine Kraft und mein neuer Mut."

Das waren seine Worte beim Abschied, und sie weckten ein Leuchten im Gesicht des alten, blinden Mannes.

Als Rolf fort war, siedelte Annemarie ganz zu Meister Güldenwang über. Denn ihren Pflegekursus hatte sie aufgegeben, um bis zur Hochzeit in Plichten zu bleiben. Als sich die Mutter erstaunt darüber äußerte, dass sie nun ganz bei ihrem Schwiegervater wohnen wollte, hatte Annemarie nur ruhig gemeint:

„Er braucht mich doch so sehr. Jede Stunde am Tag braucht er mich."

Und das tat er wirklich.

Sie bereitete ihm seine Mahlzeiten zu und ging in der Mittagssonne ein Stündchen mit ihm spazieren, am Strand entlang oder die stillen Feldwege durch die verschneite Heide. In der Dämmerung, wenn die Sonne hinter den Dünen versunken war und die roten Lichter am Himmel blasser und grauer geworden waren, sang sie ihm vor. Sie hatte ihren Flügel vom Pachthof ins Atelier herüberbringen lassen und musizierte hier oft stundenlang. Dann saß der Alte mit gefalteten Händen in seinem Lehnstuhl und lauschte traumverloren der tiefen, weichen Frauenstimme. Und immer wieder fragte er sich, womit er es denn verdient hätte, ein so wunderschönes Alter zu haben. Und abends, wenn die Lampe hinter dem grünen Schirm so traulich brannte, dann saßen sie beide an dem großen, runden Tisch am warmen Kamin, und sie las ihm aus seinen Lieblingsbüchern vor – aus dem Leben großer Männer oder den Werken stiller, ernster, nachdenklicher Leute. Ohne dass es ihr selbst bewusst wurde, sammelte Annemarie einen Schatz dadurch. Tiefe Worte prägten sich in ihrer Seele ein und wurden ihre Leitsterne in dunklen Stunden. Hier lernte sie nur Gutes kennen, und das hatte sie im Pachthof entbehrt, denn dort wurde nicht viel gelesen. Viel Schönes und Nachdenkliches sprach der alte Meister dann oft noch mit ihr über das Gelesene, und sie musste seine Worte noch lange in ihrem Herzen bewegen. Sie merkte, wie ihr Leben reicher wurde. Wie sie begann, vieles mit so ganz anderen Augen anzusehen als früher, und sie wuchs an diesem gegenseitigen Geben und Nehmen, das sie glücklich machte.

Manchmal erzählte ihr der alte Meister auch von seiner kurzen Ehe – seiner früh verstorbenen Frau. Er war sehr glücklich gewesen, und das Verhältnis zwischen den beiden Gatten war tiefste Liebe und reinste Harmonie.

„Aber wie unendlich musst du gelitten haben durch ihren Tod", sagte Annemarie und schüttelte nachdenklich den Kopf, als sei das etwas, was sie nicht verstand. Und sie musste an jenen Abend im dunklen Pfarrgarten denken, wo es ihr so schauernd zum Bewusstsein kam, dass das Leben nur nimmt.

Der Alte fuhr langsam mit zitternder Hand durch seinen langen, weißen Bart.

„Ihr Heimgang gab mir mehr, als er mir nahm. Er öffnete mir die Tür zu einem neuen Leben, dem ich bis dahin wenig Beachtung geschenkt hatte. Nun lenkte er meine Blicke und meines Herzens Sehnen dahin, wo unser alter Pol und Urgrund ist. Ich durfte das gewaltige, tiefe Wort erfahren an mir: ‚So ihr mich von ganzem Herzen suchen werdet, so will ich mich von euch finden lassen', spricht der Herr.

In jener Zeit ist mir klar geworden, worüber ich früher so oft gegrübelt habe: Warum Gott so verborgen ist. Und es ist doch so klar: damit wir ihn suchen. Und in meiner großen Dunkelheit und Not machte ich mich auch auf, ihn zu suchen. Bis ich ihn fand. Es hat viele Jahre gedauert."

Er faltete die Hände auf den Knien, und es war ein unendlicher Frieden in seinem Gesicht.

„Ich suchte ihn in den Schriften der Gelehrten und Weisen von Anbeginn der Welt an. Die großen indischen Lehrer studierte ich und las mit Entzücken die Worte aus der Bhagawadgita, die das hohe Lied von der Lehre der Unsterblichkeit ist!

‚Wer durch des Glaubens Kraft emporgehoben,
in mir den Herrn der Welt erkannt und liebt,
den ewigen, den alle Zungen loben,
der allen Wesen Licht und Leben gibt,
und wer mit Geistesaugen mich gesehen,
in meines Daseins Pracht und Herrlichkeit,
vor dessen Glanz die Täuschungen vergehen,
wie Sonnenschein das Wolkenheer zerstreut;
der hat das wahre Leben sich errungen;
im Tode selbst wird er unsterblich sein;
denn sieh, es hat sein Geist den Tod bezwungen;
er geht in mich, in meinen Frieden ein.
Dort findet statt des großen Werks Vollendung.
In meinem Himmel, wo die Weisen ruhn,
in der Vollkommenheit ist die Beendung;
das Ziel des Wissens und das Ziel vom Tun.‘

In die Werke der Chinesen vertiefte ich mich, in die Lehren des großen Konfuzius und die Dichterbände der ‚Acht Unsterblichen‘, um Li-Tai-Pe und die ‚Neun Greise vom Viang-Schan-Berge‘, um Pe-Chiü-y. Sie galten mir alle viel, sehr viel, aber was meine Seele suchte, fand ich nicht. Da suchte ich weiter. Ich versenkte mich in Goethe, in seine Gespräche mit Eckermann. Mein Geist fand unendliche Nahrung. Aber meine Seele blieb leer. Bis ich zur Bibel kam.

Ich hatte gedacht, ich kennte sie. Aber wer wird

sie je erschöpfen? Da nahm mich Jesus an die Hand und zeigte mir den Weg zum Vater. Zum Vater. Das war und ist und bleibt der Brennpunkt. Das Wörtchen ‚Vater'. Bei den anderen allen hieß es: Gott, Geist, All, Urmacht, ewige Weisheit. Hier stand nur das eine kleine Wörtchen: Vater. Denn der Vater hat euch lieb! Da merkte ich, dass es dies eine Wörtchen war, nach dem ich mein Leben lang gehungert hatte. Denn das ist es ja gerade, was wir brauchen. Den Vater. Weil wir alle Kinder sind, die nach Hause wollen. Nach Hause – zum Vater. Und den Vater konnte uns nur einer zeigen. Nicht die Klügsten und Besten und Weisesten unter den alten Ägyptern und Indern, Griechen und Römern. Den Vater konnte uns nur der zeigen, der ihn kannte, der selbst von ihm kam. Denn ‚niemand kommt zum Vater, denn durch mich'. Und als ich den Weg nach Hause gefunden hatte, da wurde ich endlich still."

Annemarie vergaß diese Worte nicht. Sie schlummerten wohl ein in ihrer Seele und wurden übertönt vom Lärm des Tages – aber in der Zeit ihrer höchsten Not tauchten sie wieder empor aus der Versunkenheit und kamen zu ihr wie treue starke Helfer, die der alte Meister ihr sandte aus weiter, weiter Ferne, als er nicht mehr bei ihr war.

* * *

So verging der Winter mit Tauwinden und Schneeschmelzen, und der Frühling zog ins Land. Ein wundervoller Frühling mit Blütenpracht und Blumenduft. Im Pfarrgarten blühten die Kastanien und überstreuten Bänke und Wege mit ihrem weißen Schnee. Pastor Mümmlein saß viel in der Sonne und hüstelte, und Mutter Sören ängstigte sich um ihn. Er sprach auch davon, sich nun bald in den Ruhestand versetzen zu lassen, denn das Alter fing allmählich an, ihn zu drücken. Aber den Sommer hoffte er noch durchhalten zu können, wenn nun die Sonne und die Wärme wiederkam. Im roten Neubau des Pachthofes war das junge Paar eingezogen, das im April geheiratet hatte. Es war eine große Hochzeit gewesen, denn die alten Knudsens hatten es sich nicht nehmen lassen, ihrem einzigen Jungen ein glänzendes Fest auszurichten. Denn da Resi Waise war und heimatlos, so fand die Hochzeit im Pachthof statt. Im letzten Augenblick hatte leider nur noch Klaus Sören abtelegraphiert. Da er wegen verschiedener schwerer Fälle unabkömmlich sei. Mutter Sören war natürlich sehr traurig darüber gewesen und Erich auch. Aber bei einem Arzt war ja so etwas nie vorauszusehen, und die armen Kranken gingen natürlich immer vor.

So kam der Sommer ins Land und mit ihm auf wenige Tage Klaus Sören, nach dem die Mutter sich schon vor Sehnsucht verzehrte. Sie fanden ihn alle schmal und blass geworden. Das käme wohl von der Überarbeitung und der schlechten Kost in der großen Stadt. Aber er lachte sie alle aus und machte weite Fußwanderungen im Sonnenschein durch seine geliebte Heide und am Strand entlang.

„Denn siehst du, Mutter, das hat mir am meisten gefehlt in der Großstadt. Wo einem graue, steinerne Häusermauern jeden Ausblick versperren und die Augen dürsten nach einem Stückchen blauen Himmel und einem grünen Baum. Nun muss ich zu meiner Erholung tüchtig herumtoben. Ein Wandervogel bin ich ja immer gewesen. Früher war Annmieken immer mein treuer Begleiter dabei. Glaubst du, dass sie jetzt mitkommen wird? Ich will mal hinübergehen nachher."

Mutter und Sohn saßen auf der weißen Bank unterm Kastanienbaum im Morgensonnenschein. Klaus trug einen leichten, graugrünen Sportanzug mit kurzen Kniehosen. Sein dichtes, blondes Kraushaar war unbedeckt. Mutter Sören hatte die ersten, grünen Stachelbeeren im Küchengarten gepflückt und war eben emsig dabei, sie von Stiel und Krönchen zu befreien, wobei ihr Resis flinke Finger fehlten. Denn sie wollte heute, Klaus zu Ehren, Stachelbeertörtchen backen. Jetzt sah sie ihrem Jungen lächelnd in das kluge, schmale Gesicht.

„Du kannst Annmieken ja fragen, mein Junge. Aber sie verlässt den alten Güldenwang nur noch sehr ungern. Er ist so an sie gewöhnt, dass er in seiner Blindheit gar nicht mehr zurechtkommt ohne sie."

Klaus zündete sich eine Zigarre an.

„Wie soll das aber werden, wenn sie erst verheiratet ist?"

„Ich denke mir, dass sie den alten Mann dann wohl zu sich nehmen werden."

„Aus seinem schönen Häuschen hier in die alte Großstadt? Übrigens, Mutter, wie kam eigentlich Annmieken darauf, sich mit diesem jungen Künstler zu verloben? Ich kann mir gar nicht vorstellen, dass die beiden zusammenpassen. Ist sie nicht eigentlich zu schade für ihn?"

Mutter Sören wiegte den grauen Kopf mit dem schneeweißen Häubchen.

„Sie muss ihn doch gern haben, mein Junge, sonst hätte sie ihn nicht genommen. Ich war ja damals auch erst sehr erstaunt. Aber sie macht ja einen zufriedenen Eindruck. Und das ist die Hauptsache. Sie wollen im August heiraten. Aber nun muss ich in die Küche, meine Stachelbeeren werden sonst nicht mehr weich."

„Und ich gehe in der Zeit baden. Die See lockt so sehr. Auf Wiedersehen, Mutter."

* * *

In Haus Güldenwang stehen alle Fenster weit offen, die warme Juniluft hereinzulassen. Düfte von blühenden Nelken dringen vom kleinen Garten her zur hölzernen Veranda herauf. Die Veranda ist nach der See hin offen, und wenige Stufen führen von ihr zum Strand hinab. Sie ist mit wildem Wein und Geißblatt umrankt, und in ihrer Mitte steht der tiefe Lehnstuhl des alten, blinden Meisters. Hier sitzt er immer an warmen Tagen und lauscht dem ewigen Rauschen des Meeres und dem schrillen Schrei der Silbermöwen, die in der Sonne baden.

Jetzt ist es Abend.

Eine kleine Lampe steht auf dem Holztisch neben ihm, ein dunkelroter, seidener Schirm dämpft das Licht. Mücken und Nachtschmetterlinge gaukeln um die Flamme und büßen ihre Neugier mit dem Leben. Der alte Meister hört sie summen und flattern und lehnt den Kopf an die Polsterung zurück.

„Es ist wunderbar", sagt er sinnend zu Annemarie, die neben ihm sitzt, „dass es im Tierleben so ist wie bei uns Menschen. Ich meine, dass alle die, die den hellen Tag und die Sonne scheuen und sich erst des Nachts hervorwagen, sich von jedem kleinen Nebenlicht anlocken lassen und sich die Flügel an ihm verbrennen. Auch in unserem Verhältnis mit Gott ist es so. Die ihn nicht sehen wollen, das wirkliche, einzige Urlicht – flattern allerhand künstlichem Leuchtwerk nach und gehen zugrunde dabei. Sie machen sich hie und da löchrige Brunnen, aber ihn, die lebendige Quelle, verlassen sie."

Annemarie hatte die Handarbeit in den Schoß sinken lassen und sah in den Juniabend hinaus. Es war so still, dass sich die Ranken und Blätter des wilden Weins kaum regten. Am fernen Horizont lag ein mattes Licht über dem Meer. Es war ja die Zeit der hellen Nächte, in denen es nie ganz dunkel wurde.

Da sagte der Alte bittend:

„Magst du mir noch etwas lesen, Annemarie?"

Sie sah ihn freundlich an.

„Was soll ich lesen, Vater?"

„Aus Ludwig Richter, wo wir stehen geblieben waren. Ich höre ihn so gern, denn ich fühle mich ihm geistesverwandt. Er war ein Maler wie ich, wenn ich auch gegen ihn nur ein Stümper bin. Aber ich liebe die große Kindlichkeit und Reinheit, die tiefe, Innigkeit seiner Bilder. Er ist mir nächst Dürer und Schwind der liebste deutsche Maler. Und nun lies mir, wo wir gestern Abend stehen blieben in seinem Tagebuch. Es war von Silvester 1873."

Annemarie hatte das Buch geholt und schlug die Seite auf, wo das Zeichen lag. Und las dann mit ihrer tiefen, weichen Stimme:

„Seit dem Herbst konnte ich nichts mehr arbeiten, die Augen waren zu schwach. Überhaupt fühle ich das Alter, und die Kräfte, Leibes- und Seelenkräfte, nehmen ab. Am meisten betrübt mich jetzt, dass das Leben vergangen ist, und ich habe die schöne Zeit nicht so ausgekauft, wie ich hätte tun sollen und können."

Hier unterbrach er sie.

„Nun noch die Worte vom 25. Oktober 1874."

Annemarie blätterte und las, wo mit Bleistift am Rand geschrieben war von des Alten Hand, denn er hatte früher viel und oft in seinem Richter gelesen.

„Das Christenleben ist doch eine Schleifanstalt, in welcher der Stein längere oder kürzere Zeit geschliffen werden muss, um die rechte Lichtempfindlichkeit zu gewinnen; und das Geschliffenwerden tut oft recht weh. Das, was man so für gewöhnlich böse Zeit nennt, ist doch immer diejenige, die den inneren Menschen am meisten fördert."

Der Alte faltete die Hände und nickte.

„Ich danke dir, mein Kind. Nun bitte noch die kurzen Worte, die der Maler selbst einst unter sein Bild vorne geschrieben hat."

Und sie las:

„Große Gedanken und ein reines Herz, das ist's, was wir uns von Gott erbitten sollten."

Es war eine Weile still zwischen ihnen.

Dann wandte Annemarie plötzlich den Kopf und sah scharf zu dem Alten herüber. Es war ihr mit einem Male so, als ging sein Atem schwer und kurz.

Sie stand leise auf und beugte sich über ihn.

„Ist dir nicht gut, Vater?"

Er tastete nach ihrer Hand und legte sie an seine Wange.

„Es ist nichts, Kind. Aber ich danke dir für dein Vorlesen. Oh, ich danke dir für alles, alles, was du für mich getan hast. Du hast so viel Licht in meine Dunkelheit gebracht. Du hast das Schicksal meines

Kindes in deine weiche Frauenhand genommen. Da weiß ich es sicher geborgen. Denn du bist treu. Du lässt ihn nicht im Stich, was auch kommen mag. Das gibt mir Frieden und Zuversicht. Er liebt dich unsagbar, du wirst ihn nicht enttäuschen. Das Beste hast du in ihm geweckt. O wache darüber, dass es nicht wieder erlischt. Es ist viel Gutes in ihm. Du wirst es pflegen und mehren. Das segne dir Gott."

Er drückte ihre Hand und lehnte sich dann erschöpft zurück.

„Ich bin müde, Annemarie. Ich will bald schlafen gehen. Aber vorher singe mir noch einmal das Lied von Schuberts Mönch."

Sie beugte sich über ihn und küsste seine Stirn. Dann ging sie leise durch die weit offene Tür ins Atelier und setzte sich an den Flügel.

Und von ihren Lippen klang es ernst und schwer in die dämmernde Juninacht. Bis es in schwingenden Tönen ausklang in wunderbarer Reinheit und Tiefe:

„Des Lebens Fahrt durch Wellen trug
und heißen Wüstensand,
es ist ja auch ein Kreuzeszug
in das gelobte Land!"

Als sie geendet hatte, stand sie leise auf, um den alten Meister ins Schlafzimmer zu geleiten. Er saß in seinem Lehnstuhl, wie sie ihn verlassen hatte. Die

Hände gefaltet, den Kopf hintenüber gelehnt in schweigendem Lauschen. Die müden Augenlider fest geschlossen. Ein seliges, großes Lächeln um die Lippen.

Da meinte sie, dass er schon schliefe, und wollte ihn nicht stören. Und trat leise an die Brüstung der Veranda und sah hinaus auf das schlafende Meer.

In grenzenloser Klarheit stiegen die Sterne aus dem Dunkel. Weit, weit auf dem Wasser tönten Ruderschläge ausziehender Fischer. Ein weicher Nachtwind hatte sich aufgemacht und rauschte in den Blätterranken des wilden Weines.

Da fürchtete sie, es könnte zu kühl hier für ihn werden, und wandte sich zu ihm. Und fühlte mit einem Mal, dass er nicht mehr bei ihr war. Dass seine Seele ihre Schwingen entfaltet hatte und hinausgeflogen war über das weite, weite Meer, der ewigen Heimat zu.

* * *

Sie hatten den alten Meister unter eine blühende Linde auf dem kleinen Friedhof gebettet.

Es war mehrere Tage nach der Beerdigung. Rolf Güldenwang war nach Hamburg zurückgekehrt, und Annemarie war wieder übergesiedelt in ihr Elternhaus. Es schien ihr alles wie ein Traum, und sie konnte es immer noch nicht fassen, dass sie die liebe, treue Stimme nie wieder hören sollte.

Es war Abend.

Das Summen der Bienen in den blühenden Linden war verstummt. Aber das wunderbare Duften, das in den Lüften lag, war fast noch stärker als am Tage. Mutter Sören hatte den Arm um Annemarie gelegt und ging mit ihr durch den stillen Garten.

„Und du willst nun wirklich im August heiraten, Annmieken? Ist das dein fester Entschluß?"

„Ja, Tante Sören. Aber es soll natürlich nur eine ganz kleine, stille Hochzeit werden."

Jetzt blieb Mutter Sören stehen und legte der anderen beide Hände auf die Schultern und sah ihr tief in die Augen.

„Annmieken, du bist mir wie mein eigenes Kind so lieb, und ich habe dich schon auf meinen Armen gehalten, als du wenige Tage alt warst. Sieh, Annmieken, und ich weiß sehr wohl, dass du diese Verlobung nur eingingst, um unserem alten Meister eine große Sorge von der Seele zu nehmen. Du darfst mir nicht böse sein, dass ich so offen spreche, Kind. Aber mein Herz treibt mich dazu. Denn du bist noch jung und kennst nicht die große Gefahr, die darin liegt, einem Mann zu folgen, den man nicht liebt."

Annemarie hatte die Augen gesenkt, sie war blass geworden.

„Wer sagt dir, dass ich ihn nicht liebe, Tante Sören?"

„Mein Herz und dein Gesicht, Annmieken. Sieh, und nun meine ich so, wenn ich auch nur eine einfältige, alte Frau bin: Du hast getan, was du konntest, und dem alten Meister einen hellen, frohen Lebensabend bereitet. Aber wir dürfen uns auch nichts zumuten, was über unsere Kraft geht, denn wir sind alle nur schwache Menschen. Ich meine, du solltest in aller Ruhe mit Rolf Güldenwang sprechen und die Verlobung wieder lösen."

Annemarie sah an der anderen vorüber in den dämmernden, duftenden Garten. Sie schien noch größer und schlanker in dem schwarzen Trauerkleid. Ihre Augen waren tief und voll Sinnen.

„Es ist nicht nur Wort und Handschlag, das mich an Rolf Güldenwang bindet, Tante Sören. Es ist viel mehr. Es ist etwas, das nichts mehr lösen oder zerreißen kann. Es ist des alten Meisters glaubendes, hoffendes Vertrauen auf meine helfende Kraft. Mit diesem Vertrauen schied er aus dem Leben. Das kann ich nicht enttäuschen, Tante Sören, und das wirst du auch selbst nicht von mir wollen. Denn das wäre schlimmer als Meineid. Was ich tat, war mein eigener, freier Wille. Ich habe Rolf gern, und er gibt meinem Leben Inhalt und Ziel."

Da küsste Mutter Sören sie auf die Stirn.

„Dann will ich nichts mehr sagen, mein Kind. Gott helfe dir."

Sie gingen Arm in Arm weiter durch den Garten. Sie sprachen nicht mehr, denn ihre Sinne tranken in stillem Entzücken die große Schönheit der Juninacht ringsum.

Da tönten Schritte vom Haus her. Klaus hatte seine Mutter gesucht und kam langsam auf sie zu.

„Hier finde ich dich endlich, Mutter, und Annmieken dazu, das ist schön. Lasst uns doch ein wenig draußen bleiben. Morgen muss ich ja doch in die dumpfe, enge Stadt zurück, wo der Sommer nur auf den Fußspitzen über die Mauer schauen kann und einem das Herz nur mit Sehnsucht und Heimweh füllt."

Annemarie hob ihr weißes Gesicht und strich sich ein blondes Haar über die Schläfe zurück.

„Morgen musst du wieder fort, Klaus? Das war keine lange Erholungszeit. Aber ich vergaß ganz, weshalb ich eigentlich herüberkam. Ich sollte ja fragen, wie es Pastor Mümmlein geht."

„Ach richtig", und Mutter Sören griff sich an die Stirn, „wie ich doch vergesslich bin! Ich sollte ihm ja seinen Tee bringen, auf den wird er nun schon warten."

Und sie trippelte eilig dem Haus zu und ließ die beiden allein.

„Es ist sonderbar", sagte Klaus und ging langsam neben Annemarie auf dem Weg vorm Hause auf und ab, „wirklich sonderbar, dass ich früher nie daran dachte, ja nie damit rechnete, dass Pastor Mümmlein sich einmal emeritieren lassen oder gar sterben könnte, ehe ich so weit wäre, mich hier niederzulassen und Mutter zu mir nehmen zu können. Ich hatte es mir alles viel einfacher gedacht. Das Leben lag vor mir wie ein Rechenexempel, wo eben alles richtig klappen musste. An hemmende Striche durch meine Rechnung habe ich nie gedacht. Nun kommt es mich so hart an, wenn ich daran denke, dass Mutter vielleicht bald aus diesem alten Haus fortmuss, an dem sie so mit allen Fasern ihres Herzens hängt."

Annemarie sah ihn erschrocken an.

„Daran habe ich eigentlich auch noch gar nicht gedacht, Klaus. Aber das ist doch ganz unmöglich. Tante Sören ohne ihr Pfarrhaus, das hält sie nicht aus."

„Nicht wahr, sie ist so verwachsen mit ihm, dass man es sich gar nicht mehr anders vorstellen kann. Aber man muss doch alle Möglichkeiten ins Auge fassen. Denn Onkel Mümmlein gefällt mir gar nicht mehr recht. Er ist doch diese letzten Monate sehr alt geworden. Wenn er nun die Augen schließt, kommt naturgemäß ein neuer Pastor her."

„Ja, aber Klaus, warum soll denn Tante Sören nicht dem Neuen ebenso gut die Wirtschaft führen helfen?"

Er lächelte.

„Dummes Annmiekchen, wer sagt dir denn, dass dieser Neue auch Junggeselle ist? Das ist doch recht unwahrscheinlich. Er kann doch eine Frau und Kinder haben. Und dann braucht er den Platz im Haus ganz für sich allein."

„Ach, Klaus, wie schrecklich, darüber habe ich

noch nie so recht nachgedacht. Was fangen wir dann bloß mit Tante Sören an? Kannst du dich nicht schon bald niederlassen in Plichten?"

„Doktor Mertens ist noch sehr rüstig und denkt gar nicht daran, sich schon zur Ruhe zu setzen."

„Dann muss sie in den Pachthof ziehen, ach ja – mein Giebelstübchen ist dann ja frei geworden. Oder nein, das wird noch besser sein – sie zieht in Meister Güldenwangs leeres Haus. Wir wohnen dann ja doch die meiste Zeit in Hamburg."

Er war stehen geblieben und hatte ihre Hand genommen.

„Wie lieb du wieder bist, Annmieken. Ich danke dir. Aber siehst du, ich fürchte – so wie ich Mutter kenne, wird sie das nie tun. Weil es ihr schrecklich wäre, tagtäglich vor Augen zu haben, wie fremde Leute dann in ihrem lieben Pfarrhaus und ihrem Garten hausen. Ich glaube, das ertrüge sie nicht, so in der Nähe wohnen zu bleiben und doch nichts mehr sagen zu dürfen in ihrem alten, lieben Reich. Und ohne Arbeit kann sie auch nicht sein. Dann wird sie wenigstens mir die Wirtschaft führen wollen. Und kommt zu mir in die große Stadt. Pass auf, ob ich nicht Recht behalten werde."

Er sagte es bekümmert, und auf seiner Stirn standen Sorgenfalten.

Da fuhr sie ihm begütigend über den Arm.

„Nun sorge dich nicht unnötig vor der Zeit, Klaus. Es kommt doch meist alles anders, als wir denken.

Und dann, lass die alte Frau noch nichts merken von deinen Gedanken. Sie muss ihr Pfarrhaus, ihr Sonnenhüsing noch genießen, solange es geht. Kommt Zeit – kommt Rat."

Er nickte und sah ihr dankbar ins Gesicht.

„Du bist doch immer noch mein lieber, vernünftiger Kamerad, Annmieken. Es wird mir ordentlich etwas fehlen hier, wenn du erst verheiratet bist. Übrigens muss ich als Arzt konstatieren, dass du nicht gut aussiehst. So tiefe Ränder unter den Augen, und der Gang so müde."

Sie schritten jetzt langsam dem Haus zu, und sie nickte vor sich hin.

„Ja, Klaus, das ist wohl auch kein Wunder jetzt. Ich habe viel verloren die letzten Tage. Niemand weiß, wie viel mir der alte Meister gewesen ist."

Sie wollte gerade in die Haustür treten, da wandte sie sich noch einmal auf der Schwelle um und sagte halblaut – in tiefem Ernst:

„Und du, Klaus? Wie steht es mit dir? Du siehst auch angegriffen aus und überarbeitet. Warst du schon drüben in Resis jungem Hausstand?"

Eine jähe Röte sprang über sein Gesicht.

„Ich musste ja hinüber, was sollten sie sonst von mir denken. Sie machen beide solch einen glücklichen Eindruck. Resi war sehr taktvoll und tat, als sei nie etwas zwischen uns gewesen."

Er biss sich auf die Unterlippe und sah an ihr vorüber.

„Aber weh tat's doch, Annmieken."

Sie sah ihn an mit ihrer mütterlichen Herzlichkeit.

„Ja, mein lieber, alter Junge, so etwas tut immer weh. Aber das soll es vielleicht auch gerade. Damit wir daran reifen – darunter wachsen. Oder, wie Meister Güldenwang gesagt hätte – damit wir das große Ja lernen. Wenn auch unser ganzes Inneres jetzt noch nein dagegen schreit. Kopf hoch, alter Junge. Das Leben braucht dich noch – uns alle."

Ein fester Händedruck, und sie ging schnell ihm voraus in den hellen Hausflur, wo Mutter Sören schon auf sie wartete.

* * *

Sie wohnten in Altona in der Königstraße, drei Treppen hoch. Annemarie hatte es zuerst sehr vermisst, dass sie kein Gärtchen hatten und keinen Balkon. Besonders im August, als es so heiß war und die Sehnsucht nach See und Heide übermächtig in ihr wuchs. Aber ihr Mann konnte in dieser Zeit nicht von der Redaktion seiner Zeitung fort und war außerdem sehr mit seinem neuen Werk beschäftigt. So machte sie sich zu schaffen in ihrem neuen, kleinen Haushalt mit Einräumen und Ausschmücken der Wohnung.

Rolf Güldenwang ging wie im Traum umher. Alles in ihm war Dankbarkeit und Liebe für diese Frau, die unbewusst sein ganzes Denken und Tun beeinflusste. Die in ihrer stillen, bestimmten Art neben ihm herging und stets ein teilnehmendes Ohr und ein warmes Herz für all seine Sorgen und Nöte hatte. Sie lernte auch seine Kunstfreunde kennen, von der Redaktion und vom Theater, und es war ein ganz neuer, fremder Kreis, der sich da vor ihr aufschloss. Sie gab sich Mühe, Interesse zu gewinnen für Dinge und Anschauungen, die sie bis dahin kaum dem Namen nach kannte. Sie lauschte den Meinungsäußerungen und Kritiken über Neuaufführungen und werdende Künstler und wunderte sich, dass man an solche Dinge so viel Zeit und Gedanken verschwenden konnte. Aber ihrem Mann zuliebe nahm sie an allem teil und lernte auch allmählich, sich selbst ein Urteil über alles zu bilden. Es wich nur recht häufig von dem Urteil ihres Mannes ab. Ein älterer Schriftsteller, den sie wegen seines ernsten, stillen Wesens gern hatte, sagte ihr einmal, als sie draußen im Fährhaus an der Alster zusammen mit anderen Freunden Abendbrot aßen:

„Sehen Sie, Frau Güldenwang, ich habe mich nie so über eine Heirat gefreut wie über diese unseres jungen Freundes Rolf. Es war so viel Zerfahrenheit, so viel Kraftlosigkeit in ihm. Er war durch einige Misserfolge an sich und seinem Können verzweifelt, und wir fürchteten schon alle das Schlimmste für ihn. Das ist jetzt anders. Er ist wie ausgewechselt. Aber das ist mir jetzt so erklärlich, seit ich Sie kenne. Er hat mir auch die ersten Szenen seines neuen Dramas vorgelesen. Und ich muss sagen, er kann etwas. Wenn er nur dabei bleibt. Denn er leidet an einer großen Unbeständigkeit. Verzeihen Sie, dass ich so offen mit Ihnen darüber rede. Aber Sie flößen mir so großes Vertrauen ein."

Über diese Worte hatte Annemarie sich sehr gefreut. Und sie erinnerte sich oft daran, wenn ihr vieles schwer werden wollte.

So war der Winter ins Land gekommen. Und heute fiel sogar der erste Schnee! Annemarie stand am Fenster und sah mit stillen, großen Augen in die tanzenden Flocken. Wie wohl die weiße, feine Decke jetzt daheim die Dächer ihres stillen Dorfes einhüllen mochte! Nun wurde bei Pastor Mümmlein doppelt so viel eingeheizt, und Tante Sören legte die ersten Bratäpfel in die Ofenröhre. Und nun das leere Haus Güldenwang, wo die Fensterläden geschlossen waren, brauste der Nordwind von der See her und trieb den dicht fallenden Schnee über den kleinen Friedhof und über das stille Grab des alten Meisters.

Annemarie fuhr sich über die Stirn und wandte sich schnell vom Fenster ab. Mit raschen Schritten ging sie in die Küche und ordnete auf einem kleinen Tablett das zweite Frühstück für ihren Mann. Dann klopfte sie leise bei ihm an, denn er liebte keine Störungen beim Arbeiten, und stellte es auf seinen Schreibtisch. Er sah flüchtig auf.

„Ich danke dir, aber ich habe jetzt keine Zeit zum Essen."

Er sah blass aus, und seine großen, dunklen Augen brannten wie im Fieber.

Sie trat auf ihn zu und legte ihm sanft weich die Hand auf die Schulter.

„Du überarbeitest dich wieder, Rolf. Gestern Abend hast du auch bis nach Mitternacht geschrieben. Und das ist nicht gut für deine Nerven. Komm, ich klopfe dir das Ei auf, es ist jetzt gerade so schön heiß, lass es nicht abkühlen."

Sie setzte sich auf die Seitenlehne seines Stuhles und goss ihm heiße Milch in ein Glas. Da legte er die Feder hin, und seine Stirn glättete sich.

„Wie du für mich sorgst, Annemarie. Ach, das tut gut. So hat noch niemand für mich gesorgt außer meiner Mutter."

Er legte den Arm um sie und den dunklen Kopf an ihre Schulter.

Sie strich ihm übers Haar.

„Man muss aber auch für dich sorgen wie für ein kleines Kind, Rolf. Über deinem Schreiben vergisst du Essen und Trinken. Ich bin froh, wenn es erst fertig ist."

Er lächelte.

„Ich auch. Aber das kann noch Monate dauern. Und dann geht die eigentliche Arbeit erst los. Ich meine, die unkünstlerische, schablonenmäßige. Nach dem Satz die Korrekturbogen und dann das

Versenden an die Bühnen. Ob es wohl aufgeführt wird, Annemarie?"

Es war ein fast kindlich ängstlicher Blick, mit dem er sie jetzt ansah.

Sie lachte.

„Natürlich wird es aufgeführt. Und dann gehen wir im Frühling nach Plichten, und du ruhst dich richtig aus."

Er hatte bei ihrem Sprechen angefangen zu essen und nun allmählich den Teller ganz geleert. Dann sah er auf die Uhr.

„So, eine Stunde kann ich nun noch fleißig arbeiten. Dann muss ich in die Redaktion."

Er nickte ihr zu und griff wieder nach der Feder. Da nahm sie das leere Tablett und ging leise zur Tür hinaus. Währenddessen war der Postbote gekommen und hatte ihr einen Brief aus Plichten von Mutter Sören gebracht. Ein Freudenschein stahl sich auf ihr Gesicht, und sie griff hastig nach dem Schreiben. In ihren tiefen Korbstuhl am Fenster setzte sie sich, vor ihren alten lieben Nähtisch, den sie schon als Mädchen benutzt hatte. Und las mit einem leisen, weichen Lächeln den Gruß aus der Heimat.

„Liebes Annmieken!
Nun bist du schon so viele Monate fort, und ich kann mich immer noch nicht daran gewöhnen. Immer denke ich, wenn das Gartenpförtchen knarrt, du kommst um die Ecke gehuscht, und

wir könnten einmal wieder zusammen plaudern. Ob ihr wohl Weihnachten herkommt? Aber ich glaube es kaum. Dein Mann kann aus Hamburg auch gewiss nicht so lange fort.
Uns geht es gut. Pastor Mümmlein hat sich wieder so schön erholt, und ich war doch im Sommer in so großer Sorge um ihn. Er klettert wieder allsonntäglich die steile Treppe zur Kanzel ganz allein hinauf, wo ich doch immer solche Angst habe, dass ihm schwindelig werden könnte. Von Klaus habe ich auch gute Nachrichten. Das heißt, er schreibt nicht viel, weil er immer so viel Arbeit hat. Im Pachthof ist neben dem Donnerhüsing nun auch noch ein Sonnenhüsing entstanden. Nämlich im Neubau, wo Erich und Resi wohnen. Über die Ehe freue ich mich zu sehr. Es ist solch ein tiefes, reines Glück. Und unsere Resi erwartet nun auch bald ein Kindchen. Du kannst dir ihre Freude und ihren Stolz vorstellen.
Aber ich muss nun schließen, mein liebes Annmieken. Schreibe doch bald mal wieder an deine alte Tante Sören.“

Annemarie ließ den Brief in den Schoß sinken. Über den kleinen Nähtisch fort glitt ihr Blick zu dem großen Bild an der Wand, das der alte Meister einst von dem kleinen Dorf am grauen Meer gemalt hatte. Mit seinen tiefen Strohdächern und immer rauschenden Pappeln, und dahinter die weite, blaue See.

Und dann wurde der Blick der jungen Frau starr, abwesend – wie nach innen gerichtet. Und sie stützte den blonden Kopf schwer in die Hand. Was schreibt Tante Sören da noch? Resi erwartet ein Kindchen! Du kannst dir ihre Freude und ihren Stolz vorstellen.

Wie im Traum nickte Annemarie vor sich hin.

O ja, wie musste das selig sein, solch ein kleines Menschenleben erwarten zu dürfen. Mutter sein zu dürfen! Das heiligste Amt zu hegen – die heiligste Würde zu tragen, die diese Erde zu vergeben hat. Selig war die Frau, die das von sich sagen konnte!

Und Annemarie legte die Hände vor das Gesicht und saß ganz still – ganz regungslos. Wie Neid stieg es plötzlich in ihrem Herzen auf. Neid auf die kleine, junge Resi, die dieses grenzenlose Glück genießen durfte.

Und Sehnsucht! Eine Sehnsucht, die sie bis dahin noch nie gekannt, nie empfunden hatte. Heute wurde sie wach. Durch diesen kleinen, unscheinbaren Satz in Mutter Sörens Brief. Musste ein Kind das Leben nicht hell und sonnig gestalten? Dieses Leben, das nicht ausgefüllt wurde durch die wenige, leichte tägliche Arbeit?

Ihre Lippen zitterten.

Kleine, hilflose Händchen sah sie, die sich ausstreckten nach ihr. Ein süßes Lallen hörte sie, das ihr das Blut in die Wangen trieb. Winzige Füßchen trappelten durch Haus und Zimmer und füllten die leeren, öden Räume mit Leben – heißem, jubelndem, weinendem, wirklichem Menschenleben.

Da stand sie auf und strich sich über die Stirn. Man rief in der Küche nach ihr.

Und sie atmete tief und schwer und ging langsam hinaus.

* * *

Maienblütenschnee lag über dem Dorf und seinen duftenden Gärten. Mit schrillem, wildem Jauchzen schossen die heimgekehrten Schwalben an den tiefen Strohdächern vorüber, unter deren überhängenden Firsten die Nester lockten vom alten Jahr. Durch die blühenden Schneeballbüsche des Pfarrgartens blinkte in silbernem Glitzern das blaue Meer. Auf der weißen Bank in der Sonne saß Pastor Mümmlein und rauchte seine lange Pfeife. Im Pachthof schrie ein Kinderstimmchen aus einem kleinen Wagen, der dort in der Sonne vor der Haustür stand. Und die junge Mutter lief alle Augenblicke aus der Küche und schaute mit seligem Stolz auf den strampelnden Hoferben. Auf dem Pferdestall klapperte der Storch wie alle Jahre, und am Teich hinterm Garten führten die Gänse und Enten schnatternd ihre goldgelbe Jugend spazieren.

In Haus Güldenwang standen die Fenster weit offen, um die linde Frühlingsluft hereinzulassen. Und auf dem Tisch der kleinen Holzveranda stand ein mächtiger Tonkrug mit blühenden Weißdornzweigen.

In einem weißen Kleid, den großen Strohhut auf den blonden Haaren, ging Annemarie langsam dem kleinen, umrankten Pfarrhaus zu. Sie sollte einige herrliche Frühlingswochen hier in Haus Güldenwang bleiben, so hatte es Rolf selber gewünscht. Denn die ungewohnte Großstadtluft hatte sie doch recht mitgenommen. Zu Pfingsten kam er dann auch her, um sich ein wenig Ruhe zu gönnen. Die stille Dorfstraße ging Annemarie entlang, die in der milden Nachmittagssonne eines duftenden Maientages lag.

Als wäre sie nie fort gewesen, so lugten die alten Strohdächer aus ihren Höfen hervor, von zitternden Pappeln unermüdlich überrascht und beschirmt. Gestern Abend spät war sie angekommen, nun ließ es ihr keine Ruhe, sie musste erst alles und alle begrüßen. Auf dem Hügel am Kirchlein stand sie still und sah ins weite, flache Land, wo sich die grünen Saaten dehnten und die endlose, braune Heide. Und auf der anderen Seite hinter den weißen Dünen schlief im unschuldigsten Lenztraum das blaugoldne Meer, dem man es heute nicht ansah, dass es im Nordsturm heulen konnte wie ein wildes, unbändiges Tier.

Annemarie ging am Kirchlein vorüber auf den kleinen, windzerzausten Friedhof. Zum Grab des alten Meisters ging sie, der unter blühendem Flieder schlief, zu Häupten ein schlichtes Holzkreuz, wie er es gewünscht hatte. Einen großen Strauß junger Frühlingsblumen legte sie still auf seinen Hügel. Dann ging sie weiter durch das kleine Pförtchen in den lauschigen Pfarrgarten. Sie ging die Pfade ihrer Kindheit und Jugend, und ein stilles, versonnenes Lächeln lag auf ihrem Gesicht. Und in ihren tiefen, ernsten Augen war ein Leuchten, wie es seit Jahren nicht mehr darin gewesen war.

Sie ging wie eine Königin, die eine unsichtbare Krone trägt – oder wie eine Priesterin, die ein heiliges Geheimnis hütet. Es war ein Jubeln und Anbeten in ihrer Seele, das sie emporhob über sich selbst – über die kleine Not und Last des Tages und des Lebens hinaus. Denn sie war werdende Mutter.

Und es war ein quellender Reichtum in ihr, dass sie mit vollen Händen, mit voller Seele nur immer hätte geben und schenken mögen.

Ein kleines Lied kam ihr in den Sinn, und sie summte es unbewusst:

„Nach meinem Herzen greifen kleine Hände –"

O, ja, sie fühlte sie jetzt schon hineingreifen in ihr Dasein, ihr Leben, ihre Zukunft, sie hell und sonnig und reif gestalten.

Denn war eine Frau nicht dann erst wirklich reif für alles, wenn sie Mutter wurde? Reif für das höchste Glück und das tiefste Leid. Alles andere, was man früher dachte und fühlte, erträumte und erstrebte, war doch immer nur für einen selbst gewesen – für die Befriedigung und Glückseligkeit des eigenen Ich.

Nun wurde das so von Grund auf anders. Von dem Augenblick an, wo eine Frau das zweite Leben unter ihrem Herzen fühlt, gehört sie sich nicht mehr selbst. Nun sieht und denkt und empfindet sie alles nur noch für ihr Kind, durch ihr Kind – mit ihrem Kind. Sie, die das Kind hineinträgt ins Leben, möchte es auch hindurchtragen durch seine Klippen und Dornen. Annemarie lebte nur noch in dem Gedanken an ihr Kind. Das Tiefste und Heiligste, was in jeder Frau schlummert – das Durchdrungensein von der Größe des Mutteramtes –, war auch in ihrer Seele erwacht und ließ alles andere daneben gering und klein erscheinen.

Sie musste über sich selbst lächeln, als sie daran dachte, wie sie hier einst an einem grauen Nebeltag gestanden und geklagt hatte, dass das Leben nur nehme und nie gebe. Oh, wie war sie kleingläubig und kurzsichtig gewesen! Nur weil damals ein Liebestraum in Scherben ging und stille, ernste Pflicht ihr den Weg wies. Dennoch wusste sie heute, dass das Leben auch geben konnte. Reich – beglückend – unendlich.

Sie faltete die Hände über der Brust. In ihren Augen standen Tränen. Tränen des Dankes und des Glücks. Traumumfangen ging sie so die Pfade ihrer Kindheit und Jugend entlang. Und sah sich in späteren Lenzen hier schreiten, ein warmes, kleines Kinderhändchen in ihrer großen Mutterhand.

Uralte Wiegenlieder schwangen ihre weichen, süßen Melodien durch den blütentrunkenen Frühlingsabend. Vöglein huschten durch die Zweige, ihren stillen Nestern zu.

Und vom Meer her kam das große, ewige Rauschen. Da klopfte sie leise an Mutter Sörens Tür – wie in alter Zeit.

* * *

Als die Herbststürme gelbe und braune Blätter über die graue Alster fegten, kam Annemaries schwere Stunde. Sie schwebte tagelang zwischen Leben und Tod, bis sie dann endlich, endlich ein feines, zartes Kind in den Armen halten durfte. Der Junge war so zart, dass man um sein Leben fürchtete und ihm die Nottaufe gab. Aber dann erholte er sich und nahm stetig zu. Und wurde ihr Sonnenschein bei Tag und bei Nacht. Sie ließ ihn nicht von ihrer Seite, und wenn er an ihrer Brust lag und Leben von ihrem Leben trank, dann versank die ganze übrige Welt um sie her. Es geschah jetzt oft des Nachts, dass sie träumte und unruhig schlief und es sich wie ein unerklärlicher Alp auf ihre Seele legte. Wenn sie dann erwachte, in Schweiß gebadet und mit Herzklopfen, dann konnte sie stundenlang regungslos liegen und in das Dunkel starren. Aber alle Spannung, alle Angst löste sich in seligem Dankgefühl, wenn sie die leisen, feinen Atemzüge ihres Kindes dicht neben sich aus der Wiege hörte. Dann beugte sie sich wohl lauschend herüber und faltete die Hände in wortlosem Glück.

Wie war das Leben doch so anders geworden – so hell – so hell – wenn sie morgens mit einer Näharbeit am Fenster saß und die Wiege mit dem weißen Schleier neben ihr stand, in der ihr Kind schlief. Wenn es dann aufwachte und kleine, unruhige Fäuste ruckweise über den Kissenrand fuhren – immer stärker, immer unruhiger, bis ein feines, ärgerliches Stimmchen kläglich nach der Mutter schrie.

In diesen Wintertagen war es, dass Rolf Güldenwangs Drama von einem Hamburger Theater zur Uraufführung angenommen wurde. Nun hatte er täglich mit den Proben zu tun und war wenig zu Hause. Es war eigentlich sein Wunsch, dass seine Frau ihn begleitete, aber sie konnte sich nicht entschließen, so lange von ihrem Kind fortzugehen und es dem Mädchen allein zu überlassen. Er wurde dann ärgerlich und meinte, er hätte doch das erste Recht auf sie. Er war überhaupt selten so nervös und aufgeregt gewesen wie in diesen Wochen. Denn das Schicksal seines Werkes, die Aufnahme beim Publikum, ließ ihm Tag und Nacht keine Ruhe.

Nach Weihnachten kam eine große Sorge über Annemarie. Der Kleine nahm plötzlich nicht mehr zu und verlor seinen schönen Appetit. Sie versuchte es mit allem Möglichen, aber es wurde nicht besser, der Junge begann abzunehmen. Der alte Hausarzt schüttelte den Kopf und wusste sich auch keinen

Rat mehr. Vor der Haustür sagte er zu Rolf Güldenwang, um die Mutter zu schonen:

„Das Kind muss einen inneren, organischen Fehler haben, ich kann es mir sonst nicht anders erklären. Das Beste ist, ihre Frau bringt den Kleinen in das große Kinderkrankenhaus, wo er unter ständiger Beobachtung und geschulter Pflege ist."

Rolf Güldenwang hatte seine Uraufführung im Kopf und war in Eile. Er verstand zu wenig von kleinen Kindern und hatte seinen Jungen bisher nur als Störenfried angesehen, der sich zwischen ihn und seine Frau gedrängt hatte.

Er ging wieder zurück ins Zimmer, wo Annemarie mit blassem Gesicht an der Wiege saß, die Augen unverwandt auf dem Kleinen, der zu schlafen schien.

„Doktor Halbein meint auch, du solltest das Kind ins Kinderkrankenhaus bringen. Du reibst dich gänzlich auf mit der Pflege und hast für nichts anderes mehr Interesse."

Sie hob müde den Kopf und sah ihn verständnislos an.

„Mein Kind fortgeben? Das kann doch nicht dein Ernst sein, Rolf. Aber ich will heute unseren ersten Kinderarzt noch einmal kommen lassen, der kann vielleicht helfen."

Er sah flüchtig in die Wiege.

„Na siehst du, er schläft ja ganz schön fest. Nun lege dich nur auch ein wenig aufs Ohr, du siehst erbärmlich genug aus. Ich muss jetzt zur Probe. Auf Wiedersehen."

Er ging rasch aus der Tür, und sie saß wieder allein mit ihrer Not und ihrer Sorge. Unverwandt hingen ihre Augen an dem schmalen, weißen Gesichtchen in den Kissen. Es war so etwas Ernstes, Schmerzliches in dem geliebten, kleinen Gesicht, dass sie den Tränen nicht wehren konnte, die unaufhaltsam über ihre Wangen liefen. Oh, dass sie ihr Herzblut hätte geben dürfen für dieses Kind. Sie hätte es mit Freuden getan.

Da schrillte die Klingel im Vorflur, dass sie zusammenschrak und das Kind aufwachte und leise anfing zu weinen. Sie beugte sich über die Wiege und sprach ihm zu mit linden, weichen Worten, dass es wieder einschliefe. Aber es wollte sich nicht beruhigen lassen. Da nahm sie es in ihre Arme und trug es wiegend hin und her.

Und merkte darüber nicht, dass die Flurtür ging und dass man leise bei ihr anklopfte. Bis plötzlich Klaus Sören auf der Schwelle stand, den Hut in der Hand.

„Guten Tag, Annmieken! So überrasche ich Mutter und Kind, wie ich's mir lange gewünscht habe."

Aber er hielt betroffen inne, als er jetzt ihr weißes, vergrämtes Gesicht sah und den trostlosen Ausdruck ihrer tiefen, dunkel umschatteten Augen.

„Aber Annmieken, um Gottes willen, wie siehst du aus? Ist das Kind krank?"

Sie nickte nur, sprechen konnte sie nicht.

Er trat dicht zu ihr und sah lange unverwandt auf den Kleinen.

„Darf ich ihn einmal untersuchen? Oder hattest du schon einen Arzt hier?“

Sie nickte.

„Unser alter Hausarzt war hier. Aber der weiß auch nicht recht, was ihm fehlt. Oh, keiner weiß es. Ich wollte gerade unseren ersten Kinderarzt hier anrufen, ob der nicht einmal kommen kann.“

Klaus Sören hatte Hut und Mantel abgelegt und wärmte sich die Hände am Ofen. Sie legte das weinende Kind auf den Wickeltisch und band es aus dem Steckkissen. Dabei erzählte sie mit leiser, trauriger Stimme von seinem Zustand, der ihr unerklärlich war. Als Klaus den Kleinen untersucht hatte, wurde sein Gesicht ernst.

„Es muss etwas mit seinem Herzen sein. Aber ich möchte dir auch raten, lieber den Professor gleich kommen zu lassen, er ist doch solch ein tüchtiger Kinderarzt. Habt ihr ein Telefon im Haus? Dann will ich gleich mal selbst anrufen.“

Sie nickte.

„Bitte nebenan in Rolfs Zimmer, über seinem Schreibtisch.“

Sie hüllte ihr Kindchen wieder ein, aber die Hände zitterten ihr dabei. Dann trug sie es hin und her, wie vorhin – unermüdlich.

Nach einer Weile kam Klaus zurück.

„Der Professor hat gerade Sprechstunde. Ob du nicht gleich mit dem Kleinen zu ihm kommen wolltest?“

Sie sah ihn entsetzt an.

„O Klaus, bei dem Wetter?“

„Oh, wir wickeln ihn warm ein, und ich hole dir ein Auto. Ich halte es für unbedingt nötig, dass der Professor ihn bald sieht. Das Beste wäre, du ließest ihn dann gleich in seiner Klinik.“

Sie presste ihr Kind an sich und sah ihn hilflos aus großen Augen an. Da war es schon wieder, dieses furchtbare Wort, dass sie ihr Kind fortgeben sollte. Hatten denn diese Menschen hier alle kein Herz? Ach, so konnten auch nur Männer sprechen – kühl – verständnislos. Hätte sie doch jetzt Mutter Sören bei sich! Die würde ihr helfen, raten können!

Aber Klaus hatte etwas so Ruhiges, Bestimmtes, dass sie sich ihm willenlos fügte. Sie hatte den Kleinen warm eingehüllt, und unten wartete das Auto. Klaus stand vor ihr im beschneiten Mantel, um sie hinunterzugeleiten.

„Wo ist eigentlich dein Mann, Annemarie?“

„In der Probe zu seiner Uraufführung.“

„Soll ich ihn nicht benachrichtigen? Vielleicht kann er dich dort treffen?“

Sie schüttelte traurig den Kopf.

„Er hat jetzt keine Zeit.“

Einen Augenblick lehnte sie am Treppengeländer – es tanzte vor ihren Augen.

Mit einem Satz war Klaus neben ihr, um sie zu stützen.

„Du kannst unmöglich so allein fahren, Annemarie. Ich werde dich begleiten."

Und er führte sie zum Auto, sorglich den Schirm breitend über Mutter und Kind, denn es schneite.

Als sie dann nebeneinander auf den harten Ledersitzen saßen – sie ihr wollenes Deckenbündel fest, fest an die Brust gepresst, alle Minuten niederlauschend auf den kleinen, schwachen, geliebten Atemzug – wandte sie ihm plötzlich ihr schmales, todblasses Gesicht zu.

„Klaus, du hast einmal gesagt, ihr Ärzte wäret Könige. Keiner könnte der Menschheit so helfen wie ihr. Stolz könntet ihr sein auf eure großen, sieghaften Erfolge. Klaus – ach – so helft doch heute nur meinem armen, armen, kleinen Kind! Klaus, ich beschwöre dich – hilf mir! Lass mich nicht allein! Sage dem Professor, dass er mein Kind gesund macht! Auf den Knien will ich es ihm danken in alle Ewigkeit. Und wenn er meinen Jungen in seiner Klinik haben will – ich muss mit dabei sein. Hörst du? Denn ich bin die Mutter – ich muss Tag und Nacht dabei sein."

Er nickte ihr beruhigend zu.

„Es wird schon alles gut werden, Annmieken – alles gut. Sieh, jetzt schläft der kleine Mann ja ganz schön und fest. Ich habe dir übrigens noch gar nicht die vielen Grüße von Mutter bestellt."

Sie fuhr sich über die Stirn, als käme plötzlich ein Aufwachen über sie.

„Ach so, Klaus, ich habe ja überhaupt noch gar nicht gefragt, wie du eigentlich hierher kommst."

„Ich war zum Weihnachtsurlaub in Plichten und hatte hier geschäftlich zu tun. Da wollte ich doch einmal bei euch vorbeigehen und mich nach dir umsehen. Ich ahnte ja nichts von der Krankheit deines Kleinen."

„Es ist auch erst seit einigen Tagen so. Vorher ging es ihm so gut. Aber wir sind wohl am Ziel. Das Auto hält."

* * *

Sie stand am Fenster der kleinen Kinderstube, die Stirn an die kalten Scheiben gepresst. Ohne Tränen waren die Augen – ohne Gedanken das Hirn. So stand sie regungslos da, nachdem sie erst mit zitternden Händen über das leere Wiegenbettchen gestrichen hatte, über die Wickelkommode und die winzige Badewanne. Sie hatte kein Licht angemacht im Zimmer, alles Helle tat ihr so weh, so weh. Nur von draußen, von der Straße her, fiel der Schein einer Laterne voll in den warmen, traulichen Raum, den ihre Liebe und ihre fleißige Hand mit hundert süßen Kleinigkeiten geschmückt hatte. Nun fror sie darin, weil alles so leer geworden war, so grenzenlos leer und einsam.

Sie presste die Hände an die Stirn und dachte nach. Wie war es doch alles gewesen heute Morgen? Als sie ihr Kind dem Professor gezeigt und er es untersucht hatte, hatte er sie freundlich durch seine großen Brillengläser angesehen.

„Der Kleine muss bei mir in der Klinik bleiben. Denn wenn er alle Nahrung verweigert, muss er künstlich ernährt werden. So darf das nicht weitergehen."

Und sie antwortete mit zuckenden Lippen:

„Wenn es sein muss, ja, Herr Professor. Aber ich darf doch bei ihm bleiben?"

„Mütter können wir nur in unserer Klinik behalten, wenn sie stillen. Sie dürfen Ihr Kind aber täglich besuchen, mittags zwischen 12 und 1 Uhr. Und wenn es nötig sein sollte, werden sie natürlich sofort benachrichtigt. Ich rufe gleich die Oberschwester an, dass alles zur Aufnahme vorbereitet wird. Sie können dann gleich mit Ihrem Auto zur Klinik weiter."

Klaus Sören, der geduldig unterdessen im Wartezimmer gesessen hatte, half ihr still und ernst, brachte sie zum Auto zurück und fuhr mit ihr zur Klinik.

Eine freundliche Schwester nahm sie in Empfang und bettete den Kleinen in einer sauberen, schneeweißen Stube, wo kleine Kindergitterbettchen in Reih und Glied standen.

„Wir werden gut hier für ihn sorgen, Frau Güldenwang. Sie brauchen keine Angst zu haben.

Und jeden Tag, wenn Sie ihn besuchen, wird es ihm hoffentlich besser gehen. Wir haben schon ganz andere Kinder hier gehabt, die noch mehr abgenommen hatten, und sie sind doch wieder gesund geworden."

Sie stand an seinem Bettchen und rührte sich nicht.

Die Schwester nickte.

„Ich kann nicht fortgehen, Schwester – ich kann es nicht. Ist es nicht der größte Widersinn und die größte Grausamkeit der Erde, eine Mutter fortzuschicken von ihrem kranken Kind?"

„Ich kann Ihre Gefühle verstehen, Frau Güldenwang. Aber denken Sie nur, wenn all die Mütter von all diesen kleinen, kranken Kindern ständig hier sein wollten? Wo hätten wir wohl Platz dafür? Und Ruhe und Ordnung würden darunter leiden."

„Und was geschieht nun mit meinem Kind?"

„Wir bieten ihm erst die Flasche an, und wenn er sie nicht nimmt, wird er sondiert. Ich habe meine genauen Bestimmungen hierfür telefonisch vom Professor bekommen. Und nun muss ich Sie bitten zu gehen, Frau Güldenwang, so Leid es mir tut."

Sie stand und starrte auf das liebe, liebe, kleine, schmale Gesicht. Sie presste die Hände ineinander, und es war ein Würgen in ihrer Kehle. Da schlug ihr Junge die Augen auf – groß und blau – und sah sie an. Und als sie sich über ihn beugte in grenzenloser Mutterliebe, verzog er das kleine, schmale Mündchen zu einem schwachen Lächeln.

Das nahm ihr alle Kraft. Am Bettchen sank sie in die Knie und barg den Kopf in seinem Kissen und weinte – weinte. Es war, als müsste sie ihre Seele fortweinen vor unsagbarer Not.

Dies Kind hier allein lassen? Dies Stück von ihrem Herzen? Allein unter lauter wildfremden Menschen?

Da trat die Oberschwester zu ihr. Kühl – gemessen.

„Ich muss Sie bitten, die Klinik jetzt zu verlassen, Frau Güldenwang. Längeres Verweilen ist gegen die Hausordnung. Morgen können Sie ja wieder vorsprechen."

An allen Gliedern zitternd erhob sich Annemarie. Sie griff nach den Händen der Oberschwester.

„Ich will ja nur eins wissen, glauben Sie, dass mein Kind wieder gesund wird?"

Die Oberschwester zuckte die Achseln.

„Herr Professor hat ja noch Hoffnung, sonst hätte er Sie nicht in die Klinik geschickt. Wir hatten schon schwerere Fälle."

Und sie hielt die Tür weit auf, um Annemarie herauszulassen.

Sie ging wie jemand, der unter einer Geißel geht. Schwer – tief gebeugt. So schlich sie den langen Korridor entlang und die Treppe hinunter. Immer stehen bleibend, ob sie das geliebte Stimmchen nicht noch einmal hören könnte.

Aber es blieb alles still. Er war wohl auch schon

zu schwach zum Schreien. Aber gelächelt hatte er noch, als sie sich über ihn beugte – so süß – so süß.

Unten wartete noch das Auto mit Klaus Sören. Der fror und war auf- und abgegangen im Schnee.

Sie sah ihn groß an.

„Wartest du noch immer auf mich, Klaus? Du kannst aber ruhig nach Hause fahren, denn ich komme doch nicht mit."

„Aber was willst du denn machen, Annmieken?"

„Hier bleiben."

„Wo, hier? Es ist ja morgen Mittag erst wieder Besuchsstunde."

„Ja, ich gehe hier auf und ab vor der Tür, damit sie mich gleich rufen können, wenn es denn nötig ist."

Er nahm sie bei der Hand, weich – zart – wie man ein kleines Kind anfasst.

„Du kannst doch nicht die Nacht hier draußen im Schnee sitzen, Annmieken. Komm, sei doch vernünftig. Du musst jetzt erst einmal etwas essen und dich vor allen Dingen gesund erhalten. Denke doch, dein Kind darf doch keine kranke Mutter haben, wenn es gesund aus der Klinik nach Hause kommt."

Ein mattes Leuchten ging über ihr Gesicht.

„Du hast Recht, Klaus. Da muss ich wohl vernünftig sein."

Er half ihr in den Wagen.

„Na siehst du. Und dann kannst du ja von eurer Wohnung zu jeder Zeit im Krankenhaus anrufen und dich nach dem Befinden des Jungen erkundigen."

Sie griff nach seiner Hand und presste sie.

„Ach, Klaus, daran habe ich ja noch gar nicht gedacht. Das tue ich gleich, gleich, wenn wir zu Hause angekommen sind."

Und so war sie dann wieder in ihrer Wohnung angelangt. Ihr Mann war schon da und wartete auf sie.

„Das ist vernünftig, Annemarie, dass du das Würmchen in geschulte Pflege übergeben hast. Nun wird es auch bald besser werden. Du bist dann auch nicht mehr so gebunden. Es passt so gut, dass du dann morgen mit mir in die Aufführung gehen kannst. Sie kommen doch auch mit, Herr Sören? Meine Leute spielen ausgezeichnet. Ich bin sehr zufrieden – wirklich sehr zufrieden."

Er lud dann noch Klaus zum Essen ein, und die beiden Männer hatten manch anregendes Gespräch miteinander.

Wie im Traum ließ Annemarie alles an sich vorüberrauschen. Denn es waren ihr nur Worte, Worte – leere Worte, die ihr wehtaten. Ihre Seele war bei ihrem Kind.

Mechanisch erfüllte sie die Pflichten einer Hausfrau. Dann bat sie, sich zurückziehen zu dürfen wegen Kopfweh.

Klaus nickte ihr zu.

„Ja, leg' dich nur hin, Annmieken. Du siehst

schlecht aus. Du musst erst mal tüchtig ausschlafen."

Sie sagte irgendetwas – was, wusste sie selber nicht mehr – und ging dann leise zur Tür hinaus.

Hinüber ins Krankenzimmer schlich sie – während die beiden Herren noch rauchten in Rolfs Zimmer.

Nun stand sie hier am Fenster im Dunkeln und presste die heiße Stirn gegen die kalten, feuchten Scheiben.

Und ihre Seele war krank zum Sterben vor Heimweh nach ihrem Kind.

Ob sie sich schnell noch einmal den Mantel überziehen sollte und hinüberfahren zum Krankenhaus? Die Elektrische hielt ja dicht vor der Tür. Niemand würde sie hier vermissen. Denn es war ja undenkbar, dass sie zu Bett gehen sollte, ohne ihr Kind noch einmal gesehen zu haben. Wenn nur jetzt keiner auf den Flur kam! Sie stand still und lauschte. Denn dann würde man natürlich versuchen, sie zurückzuhalten von ihrem Vorhaben. Man würde sagen: Du darfst ja doch nicht zu ihm. Es ist ja keine Besuchszeit jetzt. Sie lachte bitter. Besuchszeit – für eine Mutter! War das nicht lächerlich? Nein, es war widersinnig – brutal.

Da klangen Schritte nebenan. Klaus Sören verabschiedete sich. Ihr Mann brachte ihn auf den Flur.

Da war es ihr plötzlich, als müsste sie hinauslaufen und Klaus am Mantel festhalten.

„Du darfst jetzt nicht von mir gehen, hörst du? Oh, lasst mich doch nicht so allein in meiner großen Not!"

Aber sie blieb stehen, wo sie stand, und hatte nur den Kopf müde gesenkt.

Ach, war sie wirklich so schwach?

Und hatte Meister Güldenwang nicht gesagt, dass sie Kraft und Stütze sein sollte für Rolf?

Wie konnte einer Kraft und Stütze für andere sein, der selbst gestützt werden musste?

Die Flurtür fiel ins Schloss.

Nun war Klaus Sören gegangen. Und nun würde ihr Mann gleich kommen und sie suchen. Und schimpfen, dass sie noch nicht zu Bett gegangen war.

Und sie konnte doch nicht schlafen heute Nacht! Ach, sie konnte es nicht! Denn es war ja die erste Nacht ohne ihr Kind.

Sie kauerte sich auf den kleinen Fußschemel am Fenster und presste den Kopf in die Arme.

Dass Muttersein solch eine Qual war! Dass Muttersein solches Leid schuf, dem kein zweites Leid auf dieser Erde glich! Und es war doch solche wonnetrunkene Seligkeit gewesen.

Klaus Groths altes Lied ging ihr durch den Sinn:

„Ik wull, wi weern noch kleen, Johann,
do weer de Welt so grot!
Wi feten op den Stehen, Johann,
weest noch? Bi Nawers Sot.

Mitünner inne Schummertid
Denn ward mi so to Moth.
Denn löppt mi't langs den Rügg so hitt,
as domals bi den Sot.
Denn dreih ik mi so hasti um,
as weer ik nich alleen:
Doch allens, wat ik sinn, Johann,
dat ist – ik sta un ween."

Da kamen Schritte, die Tür ging auf, ein Lichtschein fiel hinein in das Dunkel.

„Bist du hier, Annemarie?"

Sie stand auf und ging ihm entgegen.

„Ja, Rolf. Ich will jetzt auch zu Bett gehen. Aber vorher lass mich bitte noch einmal in der Klinik anrufen. Ich habe keine Ruhe sonst."

* * *

Sie hatte bis nach Mitternacht wach gelegen. Und die zitternde Hand hatte wohl hundertmal ins Leere getastet, wo sonst die kleine Wiege stand. Bis sie dann endlich in einen schweren, bleiernen Schlaf fiel, aus dem sie erst spät am anderen Morgen erwachte.

Rolf stand an ihrem Bett fertig angezogen, den Hut in der Hand.

„Wie schön du geschlafen hast, Annemarie. Endlich einmal eine ruhevolle Nacht. Nun wirst du auch heute Abend frisch sein zu meiner Aufführung."

Sie sah ihn verständnislos an.

„Deine Aufführung? Ist die schon heute?"

„Aber ja, Frau. Wo hast du nur deine Gedanken gehabt? Du musst dich natürlich recht hübsch anziehen dazu. Weißt du, so, wie ich es liebe. Ich will doch Staat machen mit meiner hübschen Frau. Und dann etwas schminken, du siehst gar zu blass aus heute. Ich hoffe doch, dass das Stück gefällt und ich herausgeklatscht werde, Herr Sören kommt auch mit in unsere Loge. Da er heute noch hier ist, habe ich ihn dazu eingeladen."

Er war auf und ab gegangen im Sprechen, sich sorgsam die Handschuhe zuknöpfend.

Sie hatte kaum hingehört, was er sagte.

Hastig war sie aufgestanden und mit den bloßen Füßen in die weichen Pantoffel geschlüpft. Über ihr langes, weißes Nachthemd zog sie eilig ihren warmen, blauen Schlafrock, über den die schweren, blonden Zöpfe den Rücken hinabfielen.

So huschte sie aus der Tür hinüber in sein Schreibzimmer zum Telefon und bat um die Verbindung mit der Privatstation des Kinderkrankenhauses.

Aufatmend kam sie nach einer Weile zurück.

„Er hat die Nacht gut geschlafen, Gott sei Dank. Und auch die künstliche Nahrung hat er bei sich behalten. Nun muss ich mich schnell anziehen, dass ich nicht zu spät zu ihm komme."

Rolf Güldenwang sah lächelnd auf sein Uhrarmband.

„Es ist gerade acht Uhr, Kind, und von zwölf ab ist erst Besuchszeit. Da ist es wirklich noch nicht eilig. Aber ich muss gleich fort und hätte doch so gerne vorher noch die Antwort auf meine Frage vorhin."

Sie fuhr sich über die Stirn.

„Ach, verzeih Rolf, wovon sprachst du doch gleich?"

Er lachte bitter auf.

„So fragt eine Frau ihren Mann, der monatelang im Schweiße seines Angesichts an seinem großen Werk arbeitete, das heute endlich, endlich zur Uraufführung gelangen soll, das heißt: zur Öffentlichkeit – zum geistigen Gemeingut der ganzen gebildeten Menschheit. Es ist der größte Tag im Leben eines Künstlers, Annemarie, der über meine Zukunft entscheiden soll."

Er griff nach ihrer Hand.

„Ist es da nicht begreiflich, dass ich dich in solch einem Augenblick an meiner Seite haben möchte?"

Es war etwas Weiches, Bittendes in seinen großen, dunklen Augen.

Sie sah ihn betroffen an. Wie erschrocken über sich selbst. Und es war ihr plötzlich bewusst, dass sie nicht nur Mutter, sondern auch Gattin war. Und dass es des alten Meisters Sohn war, der sie da um etwas bat.

„Rolf", sagte sie leise, und in ihren Augen standen große Tränen, „ich weiß nicht, warum es uns oft so schwer gemacht wird im Leben, den richtigen Weg zu finden. Ich bin doch auch Mutter. Und unser Kind ist schwer krank. Das dürfen wir uns nicht verhehlen. Ich will nachher den Professor selbst fragen, ob er meint, dass –“ sie schluckte und suchte nach Worten – „dass heute noch keine Gefahr ist. Wenn er mich beruhigt und mir die Versicherung gibt, das ich nichts fürchten muss – so komme ich heute Abend mit dir.“

Er zog ihre Hände an seine Lippen.

„Du geliebte, herrliche Frau! Natürlich musst du mit dabei sein. Es ist ja gar nicht denkbar sonst. Denn du bist ja der Genius, dem ich all meine Inspiration verdanke. Und sei nur nicht zu besorgt um das Kind. Jedes kleine Kind ist mal krank. Pass nur auf, bald holst du ihn dir dick und rund wieder nach Hause.“

Ein wehes Lächeln irrte um ihre Lippen.

Er nickte ihr noch einmal zu und ging dann rasch aus der Tür.

* * *

In blendender Fülle strahlten die Kandelaber und Kronleuchter von der weißgoldenen Decke des überfüllten Theaters.

Ein unaufhörliches Summen webte vom Parkett hinauf zum ersten Rang und weiter durch alle Logen bis empor zur Galerie.

Es lag wie eine große Spannung über dem harrenden Publikum. Denn ein junger, unbekannter Künstler sollte heute zum ersten Mal mit einer Uraufführung zu ihnen sprechen. So etwas ließ sich das sensationslüsterne Publikum nicht gerne entgehen und war darum vollzählig erschienen, bereit zu einer erbarmungslosen Kritik – vielleicht aber auch zu jubelndem Applaus.

In der Loge des Direktors saß Rolf Güldenwang in Frack und weißer Binde. Seine Hände zitterten, und in seinen dunklen Augen war eine große Unruhe.

In einem grauvioletten, weichen Seidenkleid saß Annemarie neben ihm. Ihre weizenblonden, schweren Zöpfe, die im Kranz um den Hinterkopf lagen, leuchteten bei dem flutenden Lichtübermaß wie mattes Gold.

Sie saß ganz still, die Augen gesenkt, die Hände im Schoß gefaltet. Ihre Gedanken gingen um ihr kleines, fernes Kind.

Und dieses blendende Gleißen ringsum tat ihr weh. Es lag so viel Schein, so viel Äußerlichkeit, so viel Unwahrheit in dem ganzen, wogenden Menschenstrom ringsum. Sie kamen ihr vor wie ein schillerndes Ungetüm, das sich auf sein Opfer stürzen will, um es zu zerfleischen. Oder wie rastlose Nachtfalter, die von Irrlicht zu Irrlicht taumeln. Und sie musste daran denken, was ihr alter Meister einmal von diesen Nachtfaltern gesagt hatte.

Dann wanderten ihre Gedanken wieder zurück zu

ihrem Kind. Oh, wie hätte sie diese eine Stunde heute ausdehnen mögen ins Unendliche, die sie an seinem kleinen Gitterbettchen sitzen durfte.

Über eine Stunde hatte sie warten müssen im Vorsaal, bis sie endlich hereindurfte. So früh war sie gekommen. Und dann konnte sie sich nicht satt sehen an den lieben, kleinen Zügen. Und hatte den Tränen nicht wehren können, die ihr immer wieder in die Augen stiegen. Denn sie hatte ihn so still und blass gefunden. Und ohne ein Lächeln für sie.

Aber der Professor war voll Hoffnung und hatte auch ihr Mut gemacht. Und hatte sie ausgelacht, als sie mit zitternden Lippen von Lebensgefahr sprach.

„Sie müssen selbstverständlich heute Abend mit Ihrem Mann zur Uraufführung gehen. Das ist sogar Ihre Pflicht. Und außerdem bringt es Sie schön auf andere Gedanken."

Auf andere Gedanken?

Tat es das wirklich?

Sie sah zu ihrem Mann hinüber. Der saß so gebeugt und eingefallen da, dass sie erschrak. Er hatte sich die letzten Monate wohl doch zu viel zugemutet. Sie hätte mehr Acht auf ihn geben sollen und nicht alles um sich her vergessen über dem Kind.

Oh, das sollte anders werden – gewiss. Wenn das Kind erst gesund nach Hause kam und dieser furchtbare Alp endlich von ihr genommen war. Ihr Mann würde nun auch mehr ausspannen und zur Ruhe kommen, wo die große Arbeit hinter ihm lag.

Ob sie Erfolg haben würde? Und mit einem Mal durchfuhr es sie wie ein gewaltiger Schreck.

Wenn er nun ausgepfiffen würde? Würde er das je verwinden?

Oh, hatte sie denn nicht die doppelte Kraft nötig, um auch ihn noch aufzurichten und zu stützen?

Es war wie ein Stöhnen in ihr. Kraft und immer wieder wurde Kraft von ihr gefordert. Ja, woher sollte sie die noch nehmen? Fühlte sie nicht, dass auch sie bald am Ende ihrer Kraft war?

Hier im Lärm des Theaters im Gewoge der schwatzenden, geputzten Menschen ging plötzlich ein Wort durch ihre Seele, das sie einmal in der altersgrauen Dorfkirche von Pastor Mümmlein gehört hatte:

„Der Herr ist meines Lebens Kraft – vor wem sollte mir grauen?"

Sie lehnte sich zurück in ihren Stuhl. Es kam eine große Ruhe über sie. Eine Stille, wie ihre Seele sie lange entbehrt hatte.

Da klingelte es. Im Zuschauerraum erlosch das Licht. Der Vorhang ging hoch. Über den Mann neben ihr ging ein Zittern. Kalter Schweiß trat ihm auf die Stirn. So hatte ihn das Lampenfieber gepackt.

Da legte sie ihm die Linke weich und beruhigend über die unruhigen Hände, die auf der Brüstung lagen.

Und es ging ein Strom der Kraft und Sicherheit von ihr aus, dass es ihn stiller machte und gefasster.

Die Darstellung war glänzend. Die Schauspieler

gaben ihr Bestes. Als nach dem ersten Akt der Vorhang fiel, wollte das Klatschen kein Ende nehmen.

Rolf Güldenwang wurde herausgerufen. Immer wieder.

Und in dieses jubelnde Tosen – in diese lärmenden Rufe hinein – trat leise von hinten der Theaterdiener. Er ging zu Annemarie und flüsterte in ihr Ohr, dass man sie am Telefon zu sprechen wünsche.

Einen Augenblick war es, als müsse ihr Herz aussetzen. Aber sie riss sich zusammen.

Hinter dem rot befrackten Diener ging sie her zur kleinen Telefonkabine.

„Hier Kinderkrankenhaus, Privatstation. Bitte kommen Sie sofort, Frau Güldenwang. Das Befinden Ihres Kleinen hat sich verschlechtert."

Sie bat den Diener, ein Auto zu besorgen, und ließ sich den Pelz umlegen.

Todesernst – todesruhig.

Klaus Sören stand vor ihr, als sie die Treppe hinuntergehen wollte.

„Lass mich mitkommen, Annmieken. Du darfst jetzt nicht allein fahren."

Sie schüttelte den Kopf.

„Bitte bleibe du hier und sage Rolf, mir sei schlecht geworden. Nichts von dem Kind. Er darf heute Abend nichts erfahren. Ich darf ihm seinen ersten großen Erfolg nicht so grausam zerstören."

Sie stieg in das Auto und fuhr in die Nacht hinaus.

* * *

Es gibt Sekunden, die einem wie Ewigkeiten vorkommen. Und man möchte die Zeit peitschen, dass sie vorwärts hastet – schneller – schneller.

Annemarie wünschte sich Flügel, obschon das Auto so schnell fuhr, wie es nur konnte. Sie saß in eine Ecke gelehnt, die Augen starr aus dem Fenster gerichtet. Im Dunkel der Winternacht tanzten die Straßenlaternen vorüber wie gespensterhafte, gelbe Gestalten.

Und dann endlich die schattenhaften Umrisse des großen, grauen, steinernen Gebäudes.

Sie zog die Nachtglocke, aber der Portier schien schon auf sie gewartet zu haben. Er öffnete die Tür und nahm ihr den Mantel ab. Sie zog den langen, dunklen Schal eng um Hals und Schultern, denn es kam ihr plötzlich zum Bewusstsein, dass sie ja noch im Festkleid war.

Sie folgte die Stufen hinauf. Oben stand die Stationsschwester.

„Wie geht es meinem Jungen? Ist es schlimmer mit ihm?"

Da legte die Schwester den Arm um sie. Weich – liebevoll. So, als wollte sie sie stützen.

Und in demselben Augenblick wusste Annemarie alles.

Sie sagte kein Wort mehr. Sorglich geleitete die

Schwester sie in das kleine Zimmer, wo man das Gitterbettchen ihres Kindes hineingestellt hatte.

Und da lag es mit gefalteten Händchen. Schneeweiß das süße Gesicht in überirdischer Schönheit.

Annemarie war es, als griffe eine eiserne Faust nach ihrem Herzen.

Sie brach in die Knie, und ihr Körper schüttelte sich in qualvollem Weinen. Und immer stärker das Brausen in ihren Ohren.

Wie aus weiter, weiter Ferne tönte die Stimme der Schwester:

„Er wurde so unruhig um neun Uhr. Und dann kam ganz plötzlich und unerwartet ein Herzkrampf. Er hat nichts mehr gefühlt. Ganz still schlief er ein auf meinem Arm."

Da stand Annemarie auf. Ganz langsam – ganz schwer. Und beugte sich über ihr Kind. Immer tiefer. Bis ihre Lippen auf seiner Stirn lagen – seinen geschlossenen Augen – die ihres Lebens Inhalt und Sonne gewesen waren.

Da ging die Schwester leise hinaus.

* * *

In endlosen, langen Zügen rollten die grauen Wogen heulend an den Strand. Sturmvögel flogen mit scharfen Schreien in jähen Stößen über die gischtenden Wellenkämme.

Es war einsam am Strand in dieser Winterabendstunde.

Nur eine Frau in schwarzem Kleid stand nahe am Wasser, die blonden Haare vom Sturmwind zerzaust.

Es war Annemarie.

Nun hatte man neben dem alten Meister Güldenwang auch ihr Kindchen hier eingebettet in den kleinen, verschneiten Friedhof. Das war vor Wochen gewesen. Schnee war über die frischen Erdschollen gefallen – tiefer, weißer Schnee.

Sie wohnte in ihrem früheren Zimmer oben im Giebel des Pachthauses. Es hatte sich nicht gelohnt, für so kurze Zeit Haus Güldenwang instand zu setzen. Ihr Mann hatte auch nur den einen Tag zur Beerdigung kommen können. Aber sie konnte sich noch nicht losreißen von dem kleinen Hügel. Sie konnte den Gedanken nicht ertragen, wieder zurückzukehren in das Haus, wo nun das kleine, weiße Kinderzimmer für immer leer stand.

So blieb sie einen Tag um den anderen und vergaß in ihrem Giebelstübchen fast, dass sie einmal Gattin und Mutter gewesen war. Vergaß es? Ach, nein! Wer konnte das jemals vergessen? Nur wie ein Traum kam es ihr oft vor – ein schwerer, süßer – todesweher. Sie war viel im Pfarrhaus drüben, wie in alter Zeit. Denn das Lachen und Jauchzen des kleinsten Knudsen tat ihr so weh. Es war wie eine große Apathie über sie gekommen – eine stumpfe Resignation, aus der sie sich nicht aufraffen konnte.

Ganz langsam ging sie am Strand entlang, den milden Tauwind um Stirn und Wange streichen lassend. Die untergegangene Sonne hatte noch ein fahles Licht über Meer und Land geworfen. Still und verlassen lag Haus Güldenwang am Strand. Die Fensterläden waren geschlossen, die blühenden Ranken um die Holzveranda vertrocknet und erfroren. In den dürren, braunen Blättern raschelte nur der Wind.

Sie holte einen Schlüssel aus der Tasche und schloss die schwere Haustür auf. Kälte und Dämmerung schlugen ihr entgegen.

Sie tastete sich zur Tür des Ateliers und klinkte sie auf. Hier stand noch alles so, wie der alte Meister es verlassen hatte. Nur jedes Gerät war mit einer dicken Staubschicht überzogen. Sie ging hinüber zum großen Fenster, wo das matte Tageslicht noch etwas stärker war.

Hier stand auch die Staffelei mit dem angefangenen Bild. Die einsame Zeder, vom Sturm zerzaust. Und darunter stand, von des Meisters zittriger Hand geschrieben:

„Ich wuchs an allem, was mir ward."

Sie starrte unverwandt darauf. Hatte er es nicht „Das große Ja" nennen wollen?

Das große Ja?

Oh, wer so ja sagen konnte wie der alte Meister! So still und stark und getrost. Sie konnte es wirklich nicht.

O – nein – das wäre ihr so widersinnig erschienen. Alles in ihr bäumte sich auf und schrie nein! Was hatte sie denn getan, dass ihr das Liebste auf dieser Erde genommen wurde?

War sie schlechter als andere, die blühende, gesunde Kinder herzen und lieben durften?

Sie lehnte die Stirn gegen die Staffelei und stöhnte.

„Wärest du jetzt hier, Vater Güldenwang, du würdest mit meiner Seele reden, dass sie still wird. Denn ich weiß, es ist unrecht, wenn ich so hadere. Und ich kann doch nicht anders."

Sie ging zum alten Lehnstuhl hinüber und strich liebkosend über seine mottenzerfressene Polsterung. Dann tastete sie sich zur Tür zurück, denn es war inzwischen fast ganz dunkel geworden.

Als sie am Pfarrgarten vorüberkam, packte sie wieder die Sehnsucht nach dem stillen Haus und der alten Frau Sören.

Sie klinkte die Pforte auf und ging den breiten Gartenweg entlang, der gerade aufs Haus zuführte. Und sie musste an jenen Maientag denken, als sie hier in ihrer frohen, stillen Hoffnung spazieren gegangen war. Eine Königin und Priesterin zugleich – eine werdende Mutter. Wo ihre Seele gejauchzt hatte, dass das Leben doch gab und nicht nur nahm.

Heute wusste sie, dass es nahm. Unersättlich nahm es mit harten, gierigen Händen – mit brutaler Sinnlosigkeit.

Und ein Grauen überkam sie. Vor dieser rätselhaften, dunklen, grausamen Nacht, die alles Leben zerbrach.

Sie schauerte zusammen.

Da sah sie die stillen, hellen Lichter der beiden Wohnzimmerfenster hinausscheinen in das tiefe Dunkel des Gartens. Die schienen zu locken und zu winken, als wollten sie sagen: Was stehst du hier draußen in Nacht und Grauen?

Willst du nicht lieber hereinkommen zu uns in Wärme und Helligkeit?

Es zog sie unwiderstehlich hinein in Mutter Sörens große Stube. – Die alte Frau saß am Spinnrad, was sie jetzt oft zu tun pflegte, weil ihre Augen zum Nähen und Sticken zu schwach wurden. Sie nickte Annemarie freundlich zu, während sie emsig weiterspann.

„Das ist recht, Kind, dass du noch einmal hereinkommst. Solltest nicht immer so lange draußen in Wind und Nässe herumlaufen, Annmieken. Das ist nicht gut für dich."

Annemarie hatte sich auf ihren Kinderschemel gekauert, dicht neben die alte Frau.

„Ich habe nirgends Ruhe, Tante Sören."

„Das kenne ich, armes Kind. Ich habe es viermal durchmachen müssen. Und bin doch endlich auch zur Ruhe gekommen."

„Ja, du hattest noch deinen Klaus."

„Weißt du denn, ob Gott dir nicht noch einmal ein Kind schenken will?"

Annemarie schüttelte den Kopf.

„Dazu gehört Kraft und Freudigkeit und Mut, Tante Sören. Die habe ich nicht mehr."

Da ließ die Alte ihr Rad stehen, dass es plötzlich aufhörte zu surren.

„Ich will dir einmal etwas sagen, Annmieken. Du bist jetzt ganz und gar auf dem Holzweg. Da musst du beizeiten herunter, ehe es zu spät ist. Du bist doch sonst so tapfer und mutig gewesen, dass ich immer meine Freude an dir hatte. Das muss wiederkehren, Annmieken. Vergisst du denn ganz deinen Mann, der einsam in Altona sitzt und auf dich wartet?"

„Ich glaube, er vermisst mich jetzt gar nicht, Tante Sören. Er ist so in die verschiedenen Aufführungen seines Werkes vertieft."

„Weißt du das gewiss? Ich fand, er sah entsetzlich elend aus, als er zur Beerdigung hier war."

Annemaries Lippen zitterten.

„Und mein kleines Grab hier?"

„Ich werde es pflegen wie das von meinen eigenen Kindern, Annmieken. Das weißt du. Aber du weißt auch, dass die Lebenden uns nötiger haben als die Heimgegangenen. Die brauchen uns nun nicht mehr. Aber Gott braucht uns noch sehr nötig auf dieser Erde."

Die alte Frau strich der jungen mit ihrer zitternden, runzligen Hand weich über den blonden Scheitel.

„Als ich damals gar nicht herauskonnte aus dem Gram um unsere Kinder, die so schnell hintereinander fortmussten, hat mir mein Mann einen Vers aufgeschrieben:

Tausendmal zu Tod getroffen,
kampfverwundet, gramzerschlagen,
Frieden sollst du mutig hoffen,
und die Kraft, dein Kreuz zu tragen.
Über deine größten Schmerzen
siegend sollst du dich erheben,
deine Toten tief im Herzen,
weihe deine Kraft dem Leben!"

Sie saßen beide ganz still. Annemarie hatte die Hand der alten Frau an die Lippen gezogen.

Dann stand sie leise auf und ging zum Pachthof hinüber.

Ihre Mutter gab ihr einen Brief, der für sie angekommen war. Sie kannte die Handschrift nicht.

Sie nahm ihn mit hinauf in ihre Giebelstube und las ihn hier. Er war von jenem alten Schauspieler, der ihr immer schon sympathisch gewesen war, einem Freund und Gönner Rolfs.

„Sehr geehrte gnädige Frau!
Verzeihen Sie mir bitte, wenn ich mir heute die Freiheit nehme, ein Wort an Sie zu richten. Aber es betrifft Ihren Gatten, um den ich mir Sorgen

mache. Er wird Ihnen wohl von seinem Missgeschick und den verschiedenen Niederlagen erzählt und geschrieben haben. Es schien ja damals zuerst so, als hätte sein neues Stück Erfolg. Aber es war wohl nur ein Achtungserfolg, der nicht anhielt. Bei der zweiten Aufführung verhielt sich das Publikum sehr passiv. So dass es der Direktor kaum zum dritten Mal wagen wollte. Auf die inständigen Bitten Ihres Gatten tat er es aber doch noch einmal, was verkehrt war. Denn es wurde ein Misserfolg. Wie denn überhaupt Allegorien für das Publikum nie recht etwas gewesen sind. Kurz und gut, alle übrigen Bühnen Deutschlands, denen Ihr Gatte die Arbeit einschickte, sandten dieselbe zurück wegen der Hamburger Kritik. Ihr Mann ist infolgedessen vollständig gebrochen. Er mag niemanden mehr sehen, nur ich darf noch ab und zu einmal zu ihm. Er brütet tatenlos vor sich hin und kann sich zu nichts mehr aufraffen. Das darf so nicht weitergehen. Bitte kommen Sie bald her und helfen Sie ihm. Sonst muss man das Schlimmste befürchten.“

Annemarie hatte den Brief zu Ende gelesen. Ihr Atem ging rasch und aufgeregt.

Davon hatte Rolf ihr ja nie etwas geschrieben! Er schrieb überhaupt immer nur sehr kurz und flüchtig die letzte Zeit.

Sie wollte wieder hinuntergehen zu den Eltern.

Als sie die Treppe herabkam, stand die Mutter im Flur und schimpfte mit weinerlicher Stimme auf das Waschmädchen, das ein Handtuch beim Plätten versengt hatte.

Annemarie trat leise an sie heran.

„Kann ich dich einmal einen Augenblick sprechen, Mutter?"

„Wenn es sein muss! Ich habe eigentlich zu tun. Kannst du es mir nicht hier auf dem Flur sagen? Anna, Sie können wieder ins Zimmer gehen."

„Ich wollte dich nur fragen, Mutter, ob es euch auch passt, wenn ich morgen wieder nach Altona zurückkehre. Ich habe eben einen Brief bekommen. Es geht Rolf nicht gut. Da will ich doch lieber zu ihm."

„Was fehlt ihm denn? Ich habe es ja damals gleich gesagt, dass er in keiner gesunden Haut steckt. Man kommt auch aus der Angst und Sorge gar nicht mehr heraus. Aber gehe nur hinein zu Vater und bitte ihn um den Wagen. Er wird wohl schelten wegen der Pferde, die Wege sind so sehr schlecht jetzt."

Als Annemarie bei ihrem Vater gewesen war, der sehr freundlich und teilnehmend war, ging sie durch den langen Korridor zum Anbau hinüber. Sie wollte von Resi und Erich gerne Abschied nehmen. Erich saß in seiner Stube und las die Zeitung und wandte ihr erstaunt sein rundes, fröhliches Gesicht zu, denn Annemarie hatte es seit dem Tod ihres Kindes noch nicht über sich gebracht, in dieses fröhliche Heim zu kommen. Erich war aufgesprungen und streckte der Schwester herzlich beide Hände entgegen.

„Wie nett, dass du auch mal wieder zu uns kommst, Annmieken. Da will ich doch gleich mal Resi rufen."

Sie legte ihm die Hand auf den Arm.

„Lass nur, ich gehe selber zu ihr. Sie ist gewiss im Kinderzimmer."

„Ja, sie bringt den Jungen zu Bett. Aber wenn es dir lieber ist –"

Sie war schon aus der Tür und hinübergegangen, wo fröhliches Lachen und Jubeln ihr entgegenschallte. Es war ein liebliches Bild, das sich ihr bot. Resi stand mit einer großen, weißen Schürze und aufgekrempelten Ärmeln an der Badewanne und seifte ihren Ältesten, der rund und rosig im Wasser patschte, während das kleine Schwesterchen im Wiegenkörbchen schlief.

Resi sah erschrocken aus, als Annemarie hereinkam. Sie wusste, wie weh ihrer Schwägerin der Anblick der gesunden Kinder tun musste.

„O Annmieken, verzeih – ich bin gleich fertig, dann komme ich hinüber."

„Lass nur, Resi, ich muss mir deine Kleinen doch auch einmal genau ansehen. Besonders das Kleinste, was ich ja noch gar nicht kenne."

Und sie riss sich zusammen und trat an die Wiege und konnte doch den Tränen nicht wehren, die ihr heimlich dabei über die Wange liefen.

Als sie abends in ihrem Bett lag, konnte sie lange nicht einschlafen. Sie machte sich Vorwürfe, ihren Mann so lange allein gelassen zu haben. Hatte Meister Güldenwang ihn ihr nicht auf die Seele gebunden?

Und sie hatte ihn so vernachlässigt! Es hatte in ihrer Seele nichts anderes mehr Raum gehabt als der große Schmerz um ihr Kind.

Mutter Sören hatte Recht, das musste anders werden. Das durfte so nicht weitergehen. Sie durfte sich nicht selbst untreu werden und ihr Versprechen vergessen, das sie einst dem alten Meister gegeben hatte. An den Giebeln und Fenstern des Pachthofes rüttelte der Wind. Sie lauschte auf sein Singen und das donnernde Rauschen der See. Es war eine große Müdigkeit und Mutlosigkeit in ihr. Denn sie fürchtete sich vor ihrer Wohnung in Altona und all den hundert wehen, süßen Erinnerungen, die wieder wach werden würden. Aber sie wollte dagegen kämpfen. Ach, sie wollte es so gerne.

Da schlief sie endlich lange nach Mitternacht ein.

* * *

Es waren mehrere Monate vergangen. Über Wald und Feld lag wieder der grüne, duftende Schleier, und in den Linden am Pfarrhaus lärmten die heimgekehrten Stare.

Und es war doch so anders als sonst. Die Gartenwege waren nicht geharkt, und die weiße Bank in der Sonne wartete vergeblich von Tag zu Tag, dass Pastor Mümmlein käme und sich ein wenig auf ihr ausruhte. Die dunklen Vorhänge seines Studierzimmers blieben den ganzen Tag geschlossen, so dass kein Sonnenstrahl hineindringen konnte in das stille, trauliche Zimmer. An ihrem alten Schreibsekretär saß Mutter Sören im schwarzen Kleid, ein schwarzes Häubchen auf dem weißen Haar. Sie versuchte einen Brief zu schreiben, aber es wollte nicht so recht gelingen. Die Hände zitterten so sehr, und sie musste so oft mit dem Taschentuch über die Augen fahren. Der Brief aber war an Annemarie und lautete so:

„Liebes Annmieken!
Für deine lieben, teilnehmenden Zeilen danke ich dir sehr. Wir dachten es uns gleich, dass du nicht zur Beerdigung kommen könntest, wo es deinem Mann so schlecht geht. Es sind schwere Zeiten, Annmieken, für dich und für mich – aber wir müssen hindurch. Ich bin nur dankbar, dass unser guter Mümmlein gar nicht mehr gelitten hat. Als Line ihn morgens wecken wollte, fand sie ihn sanft eingeschlafen in seinem Bett. Auf seinem stillen, freundlichen Gesicht war so recht das Wort zu lesen: ‚Selig sind die Toten, die in dem Herrn sterben!'
Nun schläft er mit dem alten Meister Güldenwang und deinem Herzblättchen unter dem blühenden

Flieder. Und das alte Pfarrhaus kommt mir so leer und wunderlich vor. Ich gehe wie im Traum durch Küche und Keller, Stuben und Boden, denn ich weiß, dass ich bald alles verlassen muss. Du verstehst, was das für mich bedeutet. Ein ganzes, reiches, glückseliges Frauen- und Mutterleben habe ich hier leben dürfen. Jeder Fleck in der Tapete, jede Ritze in der Diele bedeutet für mich ein Stück Vergangenheit. Aber ich darf nicht klagen. Ich musste es ja immer kommen sehen. Der neue Pastor, den die Gemeinde letzten Sonntag wählte, hat neun Kinder. Da braucht er allen Raum im Hause selbst. Ich hatte nämlich im Stillen immer noch auf ein ganz kleines Altenteilchen gehofft. Nur aus Gnade und Barmherzigkeit, denn ein Recht habe ich ja nicht darauf. Im Pachthof haben sie mir rührend angeboten, zu ihnen zu ziehen. Und du warst ja auch so lieb, mir Haus Güldenwang anzubieten. Aber ich kann es nicht. Ich kann es wirklich nicht. Ihr findet das vielleicht dumm und könnt es nicht verstehen. Aber ich glaube, das wäre das Schwerste von allem, wenn ich tagtäglich sehen sollte, wie fremde Leute in meinen lieben Räumen schalten und walten und wie die neun Kinder meine sauberen Gartenbeete zertrampeln, und ich müsste dazu stillschweigen und dürfte nichts sagen. So ziehe ich denn zu meinem Jungen nach Berlin. Er hat schon eine nette, kleine Wohnung für uns beide gemietet. Da habe ich

doch noch jemanden, für den ich sorgen und wirtschaften kann.
Leb wohl, mein Annmieken. Wenn du das nächste Mal wieder nach Plichten kommst, ist Mutter Sörens Platz im Pfarrhaus leer. Kannst du dir das vorstellen? Ich noch gar nicht. Aber ich will ja tapfer sein. Ich hab' ja noch meinen Jungen!
Gute Besserung für deinen Mann.
deine alte Tante Sören.“

Wieder musste sie mit dem Taschentuch übers Gesicht fahren, als sie den Brief fertig hatte. Dann nahm sie die Brille ab und putzte sie umständlich.

Draußen auf dem Flur war ein Kramen und Räumen, ein Laufen und Trappeln. Und nun drangen sie auch in Mutter Sörens stille Wohnstube, wo schon alles in großen Kisten verpackt dastand, und die Möbel sauber eingenäht waren.

Wie ein Seufzen ging es durch das alte Haus, als die Männer ein Stück nach dem anderen hinaustrugen. Mutter Sören trippelte unruhig dazwischen hin und her, wie ein Vogel, dem man sein Nest zerstört. Als sie sah, dass der schwere Möbelwagen draußen beim Kehrtmachen ungeschickt über die langen Tulpenbeete gefahren war, krauste sie die Stirn und rückte ärgerlich an ihrem schwarzen Häubchen. Und wollte gerade hinüberlaufen in Pastor Mümmleins Studierstube und ihm ihr Leid klagen. Aber auf der Schwelle blieb sie ganz erschrocken stehen und fasste sich an die Stirn und schüttelte traurig den Kopf. Da war es gut, dass Erich und Resi jetzt um die Ecke kamen, um ihr zu helfen.

* * *

Wieder blühten in Schwarzburg die Kastanien. Und die Drosseln sangen in den alten Bäumen am Schloss, dass es weit hinaushallte in die stillen, tiefen Wälder. Unermüdlich sprang die Schwarza murmelnd und plätschernd über die glatt gewachsenen Steine. Ein Sonnenflimmern war in der Luft und ein Summen von Honig suchenden fleißigen Bienen.

Unten am Ufer, wo die Schwarza einen Knick macht und der Rasen sich so weich und grün herabsenkt zum Wasser, saß Annemarie auf einem Stein in der Sonne, die Hände auf den Knien gefaltet. Nicht weit von ihr im Rollstuhl lag ihr Mann, blass und müde, die Augen geschlossen, er schien zu schlafen.

Sie war auf Rat der Ärzte mit ihm hierher gekommen; denn seine Gesundheit und seine Nerven hatten schwer gelitten unter den Enttäuschungen, die er durch den Misserfolg seiner letzten, großen Arbeit erleben musste. Sie hatte schwere Zeiten mit ihm durchgemacht. Er konnte sich zu nichts mehr aufraffen und brach dann im Frühling völlig zusammen. Als sie damals aus Plichten zurückkam, von dem Brief des alten Schauspielers gerufen, hatte sie einen körperlich und geistig Zusammengebrochenen vorgefunden. Unermüdlich hatte sie ihn gepflegt und war Tag und Nacht um ihn bemüht gewesen. Aber es hatte nichts genützt. Bis der Arzt völlige Luftveränderung riet und ein gänzliches Loslösen von der alten Beschäftigung und der Großstadt. Da hatte Annemarie an Schwarzburg gedacht, wo sie einst so glückliche Wandertage als Mädchen verlebt hatte. Und sie war mit ihm hierher gekommen in die reine Wald- und Bergluft Thüringens. Sie wollten den ganzen Sommer hier bleiben und dann Haus Güldenwang in Plichten beziehen. Davor fürchtete sich Annemarie noch, wenn sie an die Umwälzung im lieben, alten Pfarrhaus dachte. Wo keine Mutter Sören mehr schaltete und waltete und alles so anders geworden war.

Sie stützte den blonden Kopf in beide Hände und sah in das murmelnde Wasser zu ihren Füßen. War das wirklich erst wenige Jahre her, als sie hier mit Erich und Klaus Sören barfuß durch die klare Luft gewandert war? Oh, so selig und ahnungslos über das, was das Leben ihr noch bringen würde.

Rolf Güldenwang rührte sich in seinem Rollstuhl. Er hatte die Augen geöffnet und schien sie zu suchen. Sie stand auf und ging hinüber zu ihm.

„Hier bin ich, Rolf. Möchtest du etwas haben?"

Er sah zu ihr auf mit seinen tiefen, schwermütigen Augen.

„Bleib bei mir, Annemarie, ach, deine Nähe beruhigt mich immer so."

Sie setzte sich auf einen Baumstumpf neben seinen Stuhl und sah ihn freundlich an.

„Ist es nicht schön hier, Rolf? Sieh, wie weiß und rot die Kastanien blühen gegen den goldblauen Himmel. Es ist wie ein Stück Paradies hier."

Er griff nach ihrer Hand.

„Ja, ein Paradies könnte es wohl sein für mich, wo alles so schön ist und ich dich an meiner Seite habe. Aber wir Menschen sind immer töricht. Wir können nie in Ruhe das genießen, was wir haben, und wenn es auch noch so schön ist, weil wir nicht das vergessen können, was wir verloren haben. Ich habe den Glauben verloren an meine Künstlerschaft, meine Schaffenskraft. Das hat mich welk und mutlos gemacht vor der Zeit. Du hast eine schwere Last mit mir, Annemarie, und dein Leben ist traurig und ohne Sonne."

Sie stand auf und beugte sich über ihn.

„Du darfst nicht so viel sprechen, Rolf, das greift dich an. Ich bin ja gesund und darf all die Schönheit sehen, die um mich ist. Ist das nichts?"

Er lehnte sich zurück und schloss die Augen. Und sie setzte sich langsam wieder nieder auf ihren Baumstumpf und zog ein Buch aus der Tasche. Sie wollte lesen, aber ihre Gedanken glitten immer wieder fort und ließen sich nicht sammeln.

Den schmalen Fußweg am Wasser entlang kam

eine Bauersfrau mit einer Kiepe auf dem Rücken. Darin saß ein kleiner Junge, der noch nicht laufen konnte, und sah mit großen, erstaunten Augen in die schöne Gotteswelt. Ein Mädchen hing ihr am Rockschoß und trottete emsig nebenher. Die Frau schien hart gearbeitet zu haben im Wald, denn der Schweiß rann ihr von der Stirn. Mit neidischen Augen sah sie auf Annemarie, die da mit ihrem Buch auf dem Stein saß. Es mochte ein Gedanke über die Ungerechtigkeit in der Welt in ihr arbeiten. Sie sah mürrisch auf, als Annemarie ihr einen guten Tag wünschte, und sagte kurz und hart:

„Ihr habt's halt gut da. So mit Nichtstun im Schatten, und am Alltag so 'n feines Kleid. Aber so tun die Fremden alle. Indes unsereiner sich placken muss von früh bis spät."

Annemarie war dunkelrot geworden. Und ihre Lippen zitterten.

„Ich wünschte, ich müsste es auch, liebe Frau. Und hätte dabei so herzige Kinder wie ihr. Mein Mann ist krank und mein Kind gestorben."

Da sah die andere scheu zu dem blassen Kranken im Rollstuhl herüber und ging schnell wortlos weiter.

Annemarie sah ihr lange nach. Und konnte das süße, wippende Kinderköpfchen nicht vergessen, das da oben aus der Kiepe sah. Sie wusste, dass Rolf Güldenwang nie mehr Kinder haben würde. Und doch schrie ihre ganze Seele danach. Und all ihre

Sehnsucht flutete in wilder, heißer Not zurück zu ihrem heimgegangenen Kind.

Am Abend schrieb sie auf dem Balkon ihres Zimmers im Mondlicht unter Tränen ein Lied in ihr Tagebuch:

„Meinem Kinde.
Du kamst von mir aus meines Herzens Tiefen,
Wo tausend Hoffnungen und Wünsche schliefen.
Wir waren eins, mit einem Herzensschlag –
Ich war die Muschel, darin die Perle lag –
Ich war die Blume, die im Blütenblatt
Den heil'gen Fruchtkeim still getragen hat.
Ich war der Schöpfer stark – an Gottes statt,
Der Tag und Nacht an dir geschaffen hat.
Der für dich schaute – alles, was da schön
Und hehr und licht und herrlich anzusehn:
Des Waldes Tiefen und der Blumen Blühn,
Der Wolken Wandern und der Sterne Glühn –
Der für dich lauschte auf den heil'gen Klang
Von Meer und Glocken und des Sturmes Sang.
Der still für dich in seiner Seele Schrein
Trug alles Große, Herrliche hinein,
Dass ich für deine ungeborne Seele
Den einst'gen Richtweg jauchzend dir erwähle.
Ein Menschenführer solltest du mir werden,
Der Großes, Starkes schafft auf dieser Erden.
Und als dein erster Schrei drang an mein Ohr,
Da jauchzte all mein Sein zu Gott empor.

Nun hat dich still des großen Gärtners Hand
So jäh verpflanzt in ein anderes Land,
Und schloss wohl hinter dir die Tür so leis,
Wo keine Mutter je zu folgen weiß.
O Kind – o Kind! Du meiner Seele Traum,
Ich hielt dich ja in meinen Armen kaum.
Ich sah ja kaum dein süßes Lächeln blühn,
Wie wenn im Dämmern Sonnenstrählchen ziehn.
Nun sucht dich meine Seele immerzu
In allen Welten ohne Rast und Ruh
Und will ich Weh und wilder Not vergehn
Und kann den großen Gärtner nicht verstehn.
Und knie' nun hier, wo so viel Nebel sind:
Nun führe du mich heim, mein süßes Kind!
An deiner kleinen, kleinen, weichen Hand
Führ' deine Mutter heim ins Vaterland!"

* * *

In einem überfüllten Abteil der Untergrundbahn sitzt Klaus Sören am Fenster. Rauchgeschwärzte, himmelhohe Wände mit grellfarbigen Reklameplakaten sausen an ihm vorüber – Balkons mit Wäsche zum Trocknen – Straßen voll hastender, unfroher Menschen. Und dabei eine Hitze im Abteil, dass es kaum zum Aushalten ist. Er hat den Strohhut abgenommen und wischt sich mit dem Taschentuch über die heiße Stirn. Unbarmherzig brennt die Julisonne auf Groß-Berlin nieder. Jetzt saust die Bahn über den Tiergarten fort. Grüne Bäume, frischer Rasen erquicken das Auge. Neben dem Tattersall am Zoo traben die Pferde auf der sandigen Reitbahn. Die grotesken Eingangstüren zum Zoologischen Garten leuchten herüber. Und dahinter im goldfunkelnden Sonnenschein die graue, ehrwürdige Kaiser-Wilhelm-Gedächtniskirche mit ihrem schlanken Turm. Weiter saust die Bahn. Nun wieder im Dunkeln tief unter der Erde wie ein lichtscheuer Maulwurf.

Klaus Sörens Abteil hat sich geleert, er sitzt jetzt fast allein.

Sein Gesicht ist schmal und hager geworden im letzten Jahr. Er hat sehr viel zu tun in seinem großen Krankenhaus, und bis tief in die Nächte hinein schreibt er noch an einer großen medizinischen Arbeit.

Mutter Sören ist froh, dass sie bei ihm ist und ihn nun etwas pflegen kann. Aber er grämt sich darum.

Er wüsste seine Mutter viel lieber im alten Plichten in der schönen gesunden Landluft als hier in der heißen Großstadt. Denn es entgeht ihm nicht, wie alt sie geworden ist und wie ihre Kräfte abnehmen. Es ist nicht gut für einen Baum, wenn er noch im Alter verpflanzt wird mit all seinen Wurzeln und Lebensfasern, die anderen Boden gewöhnt sind.

Klaus Sören seufzt und stützt den Kopf in die Hand. Das ist ihm das Schwerste, dass er seiner Mutter nicht das bieten kann, was für sie doch so nötig wäre. Er weiß, wie sie an Heimweh leidet und es sorgsam vor ihm verbirgt.

Ach, hätte Pastor Mümmlein nicht noch so lange leben können, bis er, Klaus, Doktor Mertens in Plichten ablöste? Dann wäre Mutter nie weggegangen aus dem stillen Heimatdorf.

Wie stolz und siegesbewusst war man doch hineingegangen ins Leben! Und nun standen überall Hindernisse – Barrikaden. Alles kam anders, als man dachte, hoffte und wünschte.

Zuerst damals die bittere Enttäuschung mit Resi – nun, dass Mutter aus dem alten Pfarrhaus musste.

War man nicht wie eine Schnecke in der Hand spielender Kinder? Die auch, sobald sie ihre Fühler aus dem Häuschen streckt, mit dem Finger eins auf die Nase bekommt, dass sie sich ängstlich wieder zurückziehen muss? Ging es nicht allen so?

Er musste an Annemarie denken. Was hatte das Leben diesem frischen, frohen Mädchen gebracht? Und wie er jetzt so deutlich an sie dachte und sie vor sich stehen sah mit ihren tiefen, ernsten Augen, musste er sich auf einmal schämen. Schämen vor sich selbst und seinen Gedanken.

Sie würde sicher nicht zufrieden sein mit ihrem alten Kameraden, wenn sie jetzt seinen Kleinmut und seine Niedergeschlagenheit gesehen hätte.

Was hatte sie doch damals zu ihm gesagt?

„Wir sollen daran reifen, alter Junge. Kopf hoch! Das Leben braucht uns noch.“

Ach ja, und sie hatte es wohl noch schwerer gehabt als er.

Er biss sich auf die Unterlippe und warf den Rest seiner Zigarette aus dem offenen Fenster. An der nächsten Haltestelle musste er aussteigen. Er sah auf die Uhr. Wie lange die Operationen heute wieder gedauert hatten! Nun musste er aber schnell nach Hause, denn Mutter wartete gewiss schon mit dem Essen auf ihn.

Endlich hatte er die heiße Straße hinter sich und die vier Treppen zu seiner Wohnung erklommen. Mutter hatte alle Vorhänge zugezogen, so dass es leidlich kühl hier oben war.

Sie streichelte ihm die Wange.

„Du siehst wieder so abgearbeitet aus, Kind. Du müsstest auch einmal ausspannen und hier aus der Hitze heraus."

Er lachte.

„Das gibt es nicht, Mutter. Dazu ist vorläufig noch zu viel Arbeit da. Vielleicht später einmal. Außerdem hättest du es viel eher nötig als ich, Mutter. Dir bekommt die Großstadtluft gar nicht."

Sie brachte die Suppenterrine und setzte sich ihm gegenüber an den sauber gedeckten Tisch.

„Was du hier zu viel hast, Klaus, habe ich zu wenig. Nämlich Arbeit. Das war in Plichten ganz anders. Da war die Wirtschaft doch viel größer! Und dann der Hühnerstall! Und der Garten. Ach, mein lieber, lieber großer Garten! Jetzt müssen die Rosen alle in Blüte stehen. Was war das immer für ein Duften die ganze Dorfstraße entlang. Wenn ich die Augen zumache, rieche ich es noch."

„Ich rieche nur deine gute Brühsuppe, Mutter. Wie lieb hast du heute wieder gekocht für mich."

Und er streichelte ihre welke, abgearbeitete Hand.

„Das ist mir eben so schwer, Mutter, dass ich dir noch kein Mädchen bezahlen kann zur Hilfe. Diese eine Aufwartefrau morgens ist zu wenig."

Da lachte sie ihn aus.

„Das ist mehr als genug, Klaus. Was sollte ich wohl mit so viel Bedienung anfangen? Hier ist ja nur so wenig zu tun. Ach, was haben wir im Sommer morgens und abends spät die Blumen und Gemüsebeete in unserem Plichtner Garten immer begießen müssen! Weißt du noch? Die grüne Pumpe auf dem Hof quietschte immer so sehr, das mochte Pastor Mümmlein nie hören. Da schöpften wir lieber aus der alten Regentonne am Giebel."

Mutter Sören seufzte ein ganz klein wenig.

„O ja – ja – die alte Zeit war doch wunderschön!"

Dann stand sie auf und räumte das Geschirr wieder ab, während Klaus ein bisschen auf seinem Liegestuhl ruhte, denn er musste morgens immer sehr früh heraus. Aber heute konnte er gar keine Ruhe finden. Er grübelte und rechnete immerzu, wie er es wohl möglich machen könnte, für Mutter eine Wohnung mit einem Balkon zu mieten. Dann hätte sie doch wenigstens ein Plätzchen draußen an der frischen Luft, wo sie abends in der Kühle ungestört sitzen konnte.

Er hörte sie noch lange draußen in der Küche mit ihren Tellern klappern.

Da schämte er sich, dass er hier so faul lag, und beschloss, an seiner Arbeit zu schreiben. Als er leise aufstand, um sie nicht zu stören, und das Tintenfass aus dem Wohnzimmer holen wollte, sah er durch die angelehnte Tür, wie sie mit gefalteten Händen vor dem großen Ölbild stand, das Meister Güldenwang damals für Pastor Mümmlein vom Plichtner Pfarrhaus gemalt hatte. Sörens hatten es aus seinem Nachlass bekommen. Im Kranz seines blühenden Gartens lag das strohgedeckte, efeuumrankte Haus. Der Duft der Heimat lag wie ein Glorienschein über dem uralten, traulichen Nest. Und Klaus Sören fand es so unendlich begreiflich, dass einer Heimweh danach bekommen musste. Besonders hier in der großen, staubigen, lärmenden Stadt.

Mutter Sören hatte einen kleinen Streifen Papier in den Rahmen gesteckt und mit zitternder Hand darauf geschrieben:

„Selig sind, die da Heimweh haben, denn sie sollen nach Hause kommen."

* * *

Besonders früh war in diesem Jahr der Herbst ins Land gezogen. Er schickte seine Stürme von der See her übers Dorf und bog die Bäume im Pfarrgarten, dass sie stöhnend ihre bunten Blätter lassen mussten. Rolf und Annemarie Güldenwang waren aus Thüringen zurückgekehrt und hatten Einzug gehalten in ihrem stillen Haus an der See. Es war nicht besser geworden mit Rolf Güldenwang. Es hatte sich noch ein Lungenleiden bei ihm herausgestellt, und der furchtbare Husten quälte ihn Tag und Nacht. Annemarie war fortwährend in seiner Nähe, um ihm Linderung zu verschaffen in seiner Krankheit. Nur gegen Abend, wenn er müde wurde und ein wenig einnickte, schlüpfte sie aus dem Haus, um noch frische Luft zu schöpfen.

So auch heute. Sie war im Pachthof gewesen und hatte nach ihren Eltern gesehen. Nun ging sie am Pfarrgarten entlang zurück.

Ein großes Heimweh überkam sie. Nach Mutter Sörens stiller Wohnstube und ihrer weichen, freundlichen Stimme. Sie hatte den neuen Pastor und seine Frau erst flüchtig kennen gelernt. Sie waren beide entsetzt über das uralte, baufällige Pfarrhaus.

„Außerdem viel zu eng für uns, Frau Güldenwang. Ich bitte Sie – mit neun Kindern! Die Dielen sind so schadhaft, und auf dem Dachboden stürzt ja fast alles ein. Wir haben bei der Gemeinde ein neues Pfarrhaus beantragt. Wir müssen es unter allen Umständen haben, sonst können wir nicht hier bleiben. Dieser alte Kasten ist ja direkt lebensgefährlich. Er muss eingerissen und abgetragen werden.“

Wie erstarrt hatte Annemarie zugehört.

Aber das war ja doch unmöglich – undenkbar! Was würden Mutter Sören und Klaus dazu sagen!

Als sie jetzt in der Dämmerung an dem lieben, alten Haus vorüberkam, musste sie immerzu daran denken. Und der schöne große Garten! Würde man den auch zerstören? Lag nicht ihre ganze Kindheit und Jugend darin?

Vor Haus Güldenwang traf sie mit Doktor Mertens zusammen, der zu ihrem Mann wollte.

„Wie geht es denn bei Ihnen, Frau Annemarie? Konnte leider nicht eher kommen, hatte mit Reisevorbereitungen zu tun."

„Wollen Sie fort, Herr Doktor?"

„Ja, für vierzehn Tage nur. Man muss doch auch mal ausspannen. Klaus Sören wird mich vertreten."

Sie hatte die Haustür aufgeklinkt und das Mädchen gebeten, Licht zu bringen. Jetzt wandte sie sich jäh herum zu Doktor Mertens.

„Oh, dann kommt Mutter Sören auch her! Wie wunderwunderschön! Da werde ich ihr gleich schreiben, ob sie nicht bei uns wohnen will."

Doktor Mertens kratzte sich hinterm Ohr.

„Klaus wohnt natürlich im Doktorhaus, schon wegen der Sprechstunden und der Praxis. An seine Mutter habe ich allerdings nicht gedacht."

In Annemaries Augen war ein stilles, tiefes Leuchten, wie lange nicht.

„So habe ich sie dann eben ganz für mich allein.

Oh, das wird ja beinahe wie in alten, schönen Zeiten. Ich musste gerade eben so viel an sie denken, als ich am Pfarrhaus vorüberkam."

Doktor Mertens zog seinen Mantel aus und hing den Hut an den Nagel.

„Die Gemeinde hat übrigens das neue Pfarrhaus bewilligt. Im Frühling soll schon mit dem Bau begonnen werden. Da wird Ihr alter Kasten, den Sie so lieben, nicht mehr lange stehen."

„Wo soll das neue Haus denn hingebaut werden?"

„Auf die andere Seite des Dorfes. Die neue Pfarrfrau findet ja diese Ecke so ungesund und zugig."

Dann gingen sie hinein zu Rolf Güldenwang, und Doktor Mertens machte ein ernstes Gesicht.

* * *

Annemarie hatte Meister Güldenwangs Atelier zum großen, gemütlichen Wohnzimmer hergerichtet. Die hell gestrichenen Wände bedeckten seine großen, sonnigen Landschaftsbilder. Das dunkle Ecksofa mit dem runden Tisch davor war an der alten Stelle stehen geblieben. Ebenso des Meisters Lehnstuhl am breiten Fenster mit der Staffelei und dem angefangenen Bild. Schlohweiße Gardinen hingen vor den blanken Fenstern, und bunte Blumen standen grüßend davor. Denn das einsame Haus Güldenwang erwartete einen lieben Gast. Und der Gedanke an diesen Besuch weckte in Annemaries Seele nach langen Monaten endlich einmal wieder ein Gefühl der Freude und Anspannung.

Und als dann die Dämmerung kam und sie über dem runden Tisch die trauliche Hängelampe angezündet hatte, lief sie alle fünf Minuten vor die Haustür, um zu hören, ob der Wagen noch nicht käme. Das Teewasser sang im silbernen Kessel, und die frisch gebackenen Hörnchen dufteten in der durchbrochenen Porzellanschale. Ach, wie lange hatte Annemarie keine Gäste gehabt! Rolf Güldenwangs bequemer Rollstuhl war dicht an den Tisch geschoben. Er sah bleich und eingefallen aus und hustete viel. Voll tiefer Sorge ruhten Annemaries Augen oft auf seiner müden, gebrechlichen Gestalt. Und es tat ihr weh, wenn sie an den alten Meister dachte und die großen Hoffnungen, die er auf die Zukunft seines Sohnes gesetzt hatte. Welche Gnade, dass er dies nicht mehr miterlebte! Aber die körperliche Gebrechlichkeit Rolfs war wohl noch nicht so schlimm wie seine seelische Apathie, seine vollständige Gleichgültigkeit gegen alles. Doch es war nicht immer so.

Es kamen oft auch Augenblicke großer Gereiztheit und harter Ungerechtigkeit gegen seine Frau. Wo er ihr vorwarf, schuld an allem zu sein, da sie zu wenig Interesse für seine Kunst gezeigt hatte.

Solche heftigen Ausbrüche trug sie schweigend und ohne Widerrede und schob sie auf seinen krankhaften Zustand.

Sie fühlte sich auch nicht ganz ohne Schuld. Denn sie hatte das wohl nicht halten können, was sie dem alten Meister einst versprochen hatte. Wenn sie auch den besten Willen dazu gehabt hatte. Aber wir können nicht über unsere Kraft hinaus. Sie kannte zu wenig von moderner Literatur und verstand nichts von den Gesetzen des Dramas – ja, hatte eigentlich gar kein rechtes Verständnis dafür, um ihrem Mann in seinem Schaffen wirklich eine Helferin und Beraterin sein zu können.

Und besonders, als dann das Kind kam, war alles andere für sie nur noch Nebensache. Und deswegen machte sie sich jetzt manchmal Vorwürfe.

Aber hatte sie es ihm damals nicht gleich gesagt? Hatte sie ihn nicht gewarnt mit ernsten, herzlichen Worten, als er im ersten Liebesrausch meinte, nur durch sie könne ihm neues Leben, neues Schaffen entstehen?

Hatte Mutter Sören nicht damals doch Recht gehabt, als sie Annemarie vor einer Ehe ohne Liebe warnte?

Annemarie hatte gemeint, die Liebe müsse kommen, wenn nur der gute Wille da sei. Und sie hatte es so gerne gewollt um des alten Meisters willen.

Aber seit wann lässt sich die Liebe befehlen? Oder zurechtlegen wie ein Rechenexempel? Wenn die Gleichung falsch aufgestellt ist, wird sich niemals eine Lösung finden. Aber doch rang Annemarie darum. Und in ihrem großen Mitleid mit ihm glaubte sie auch Liebe zu fühlen. Aber es war die Liebe der Barmherzigkeit, die jede Frau für den Leidenden hat. Sie war Tag und Nacht um ihn bemüht und glücklich, wenn er es ihr mit einem freundlichen Blick, einem warmen Händedruck dankte. Doktor Mertens hatte oft von einer Pflegerin gesprochen, aber davon wollten sie beide nichts wissen. Annemarie sah es als die heiligste Pflicht ihres Lebens an, ihm noch die letzten Jahre so viel zu sein, wie nur möglich. Und Rolf hatte sich so an sie gewöhnt, dass er niemand anderen mehr um sich haben wollte. Sie fuhr ihn spazieren, wenn das Wetter schön war – sie las ihm vor an den langen Herbstabenden oder sang an ihrem großen Flügel. Das tat sie aber auch erst in der letzten Zeit auf seinen besonderen Wunsch, denn seit dem Tod ihres Kindes hatte sie keine Tasten mehr berühren mögen. Nun sang sie ihm stille, ernste Lieder, die auch der alte Meister immer so geliebt hatte.

Seit Mutter Sören ihr auf ihren Brief geantwortet hatte, dass sie ihren Jungen nach Plichten begleiten wolle und die vierzehn Tage gerne bei Annemarie wohnen würde, war es, als ob feine, kleine Sonnenstrahlen wieder Eingang suchten in ihr verzagtes, einsames Herz. Und sie schloss die Tür nicht zu vor ihnen, sondern ließ diese seltenen Sonnenstrahlen still und dankbar hereinfluten, an dem lang entbehrten Licht sich wärmend und sonnend.

Vor das Haus rollte ein Wagen. Und Annemarie

führte die kleine, gebeugte Gestalt der alten Frau Sören sorglich in die hell erleuchtete Stube und schälte sie aus ihren Mänteln und Decken, denn die Fahrt in der rauen Herbstluft war kalt gewesen. Und Annemarie war erschrocken, wie sehr Mutter Sören sich verändert hatte. Sie hatte sie ja aber auch so lange nicht gesehen. Noch ein wenig weißer der dünne Scheitel unter dem schwarzen Häubchen, noch ein wenig gebeugter und schmaler Rücken und Schultern. Sie musste immer wieder darüber hinstreichen in liebevoller Zärtlichkeit.

Mutter Sören trippelte gleich zum großen Kachelofen und wärmte sich die verfrorenen Hände.

„Wie ist es warm und gemütlich bei euch, Annmieken. Ach, ich kann es ja gar nicht für möglich halten, dass ich nun wieder im lieben, alten Plichten bin. Morgen muss ich gleich das Pfarrhaus besehen. Du glaubst ja nicht, was ich für Heimweh danach hatte."

Klaus war auch mitgekommen, um in Haus Güldenwang noch einen Tee zu trinken, ehe er zu Doktor Mertens hinüberging. Er und Mutter waren erschrocken über Rolfs Aussehen. Aber auch über Annemarie. Sie war so schmal und blass in ihrem schwarzen Kleid und trug den Kopf ein wenig gebeugt unter der schweren, blonden Flechtenkrone, als läge noch eine andere, unsichtbare Last auf ihr. Annemarie war es, als sei sie kleiner geworden, als der große, hagere Klaus Sören vor ihr stand. Oder war er gewachsen? Es lag so viel Kraft und treue Freundschaft in seinem festen Händedruck und in dem Blick seiner klaren, stählernen Augen. Es war sonderbar, aber es war Annemarie, als sie nun zwischen Mutter Sören und Klaus am Kaffeetisch saß, als sei sie hier zwischen diesen beiden Menschen geborgen vor aller Not der Welt. Als sei zwischen diesen beiden eigentlich ihre Heimat und alles andere nur Fremde.

Sie erschrak über ihre eigenen Gedanken und konnte ihnen doch nicht wehren. Still und geräuschlos stand sie auf und bediente ihren Mann.

Heute war er wieder so hilflos wie ein kleines Kind und konnte die Arme kaum rühren, so dass sie ihn füttern musste. Es war immer sehr wechselhaft mit ihm.

Sie sprachen natürlich von dem alten Pfarrhaus. Es war eigentlich der Punkt, um den sich Mutter Sörens ganzes Sinnen und Denken drehte. Sie wusste auch schon, dass es abgerissen werden sollte und dass man ein neues Pfarrhaus wünschte. Es war ihr unvorstellbar – einfach unfassbar. Sie konnte nicht darüber hinwegkommen.

„Sieh, Annmieken, da ist es doch gut, dass ich jetzt nicht mehr hier wohne. Wie sollte ich so etwas wohl mit ansehen können! Ich glaube, das Herz würde mir brechen. Und dann der liebe, alte Garten. Was soll denn aus dem werden?"

„Die Gemeinde will alles Holz darin schlagen, weil

es zu alt und morsch sei, um noch viel Obst zu tragen. Es soll eine Gemeindeweide werden oder eine Koppel."

Mutter Sören legte die Hand über die Augen.

„Und ich trug mein tiefstes Glück darin."

Annemarie nickte langsam vor sich hin. Und ihre Lippen sprachen es leise nach:

„Und ich trug mein tiefstes Glück darin."

Sie hatten sich so viel, so viel zu erzählen. Bis Klaus meinte, dass er nun fortmüsse.

Da bat der Kranke um ein Lied. Er war es so gewohnt um diese Stunde.

„Das will ich erst noch hören, Annmieken", sagte Klaus, „wie lange habe ich dich nicht singen hören."

Der große Flügel stand nahe am Fenster, bei des Meisters Staffelei. So konnte das Licht der Lampe ihn nur wenig erreichen, so dass er fast im Dunkeln stand, denn die Fenstervorhänge waren dicht zugezogen. Annemarie setzte sich auf den hohen Stuhl und ließ die Hände über die Tasten gleiten.

All ihre Gedanken waren noch bei dem alten Pfarrhaus. Und darum konnte sie auch nichts anderes singen als dies eine:

„Aus der Jugendzeit,
aus der Jugendzeit
klingt ein Lied mir immerdar –
oh, wie liegt so weit,

oh, wie liegt so weit,
was mein einst war."

Sie sang alle Verse mit ihrer schweren, tiefen Stimme, die immer klang, als seien Tränen darin.

Als sie geendet hatte, stand Klaus auf.

„Nun muss ich aber gehen, Doktor Mertens wartet auf mich. Er will mich noch instruieren, denn er fährt morgen ganz früh fort."

Als er Annemarie die Hand gab, sagte er leise:

„Komm bitte noch einen Augenblick mit auf den Flur. Ich möchte dich noch mal allein sprechen."

Sie ging mit ihm hinaus und sah ihm draußen beim matten Schein der Flurlampe ängstlich ins Gesicht, denn sie wusste, dass es sich um ihren Mann handelte.

„Du bist nicht zufrieden mit Rolf, nicht wahr, er sieht schlecht aus?"

Klaus nickte ernst.

„Du hast meine Gedanken erraten, Annmieken. Ich bin ganz erschrocken über ihn. Meiner Meinung nach müsste er sofort in ein Bad. Die raue Herbstluft hier oben an der See bekommt ihm nicht."

„Ach, sage ihm das doch morgen selbst als Arzt und Freund. Wir haben ja schon alles versucht. Er will absolut nicht mehr von hier fort. Doktor Mertens war oft schon ganz verzweifelt. Vielleicht richtest du mehr aus."

„Ich will es versuchen, Annmieken. Er ist sehr

nervös, nicht wahr? Man sieht es seinen Augen an. Du hast es nicht leicht mit ihm."

Er zog sich den Mantel an.

„Ich werde ja nun täglich nach ihm sehen, da ich jetzt seine Behandlung übernehme. Hoffentlich kann ich dir ein wenig helfen, armes Kind."

Es war so viel warme Herzlichkeit in seiner Stimme, solch ein tiefes Mitgefühl. Das tat ihr gut. Er war doch noch der treue Kindheitsfreund und Jugendkamerad geblieben, wie schön war das! Wie geborgen fühlte sie sich in seiner Nähe. Er legte ihr väterlich die Hand auf die Schulter.

„Das Leben ist ein Rätsel, Annmieken. Aber du hast mir ja selbst einmal gesagt: Wir müssen tapfer hindurch und Mut haben, Annmieken, das ist die Hauptsache. Wenn auch so viele Hoffnungen fehlschlagen und so manches in Trümmer geht. Irgendwo gibt es immer noch ein Licht. Und nun gute Nacht. Und ich danke dir auch, dass du es Mutter so schön und behaglich machst bei dir. Sie wird noch Monate davon zehren in dem fremden Berlin."

Sie schloss ihm die Haustür auf und ließ ihn hinaus. Ein kalter Wind kam von der See her und riss ihr fast den Türgriff aus der Hand. Die Luft roch nach feuchtem, grauem Nebel und nach welkem Herbstlaub. Klaus Sörens hohe Gestalt verschwand im Dunkel, und sie hörte den langen Kragen seines Mantels im Wind flattern.

Sie stand noch eine Weile in der offenen Haustür

und lauschte in die Nacht hinaus. Ohne zu wissen, worauf und warum. Ein Schwarm wilder Gänse musste über das Haus nach Süden fliegen, denn sie hörte deutlich das Schreien. Die kleine Lampe im Flur duckte sich scheu und drohte zu erlöschen in dem scharfen Luftzug. Von der See kam das große, ewige Rollen und Donnern – als ob eine unsichtbare Hand eine Riesenorgel in den tiefsten Registern spielte. Ganz, ganz fern auf hoher See blinkte ein Licht durch das Dunkel. Da kämpfte auch in nächtlicher Fahrt ein Menschenkind gegen Wind und Wellen.

Sie schauerte zusammen, denn es war kalt, und schloss rasch die Tür. Zu Mutter Sören und Rolf Güldenwang schlüpfte sie eilig zurück ins warme, helle Zimmer. Die beiden hatten sich ganz angelegentlich unterhalten, und Rolf verzog sogar seinen Mund zu einem Lächeln, so anschaulich wusste Mutter Sören ihren Berliner Haushalt, vier Treppen hoch, zu schildern.

Als Annemarie die alte Frau am Abend hinaufbrachte in ihr gemütliches Gästezimmer am Giebel, war ihr zumute wie einem Kind am ersten Ferientag. So hell und schön lag die Zeit des Beisammenseins vor ihr.

„Doktor Mertens hätte auch vier Wochen fortbleiben können, Tante Sören. Vierzehn Tage sind eigentlich beinahe etwas kurz. Meinst du nicht auch?“

Mutter Sören lachte und zog den blonden Kopf der jungen Frau zu sich herunter und küsste sie mitten auf den Mund.

„Liebes, altes Annmieken du! Wir wollen schon dankbar sein für diese vierzehn Tage hier. Klaus konnte wirklich nicht länger fort. Dies ist ja sein so genannter Erholungsurlaub."

„Ja, Tante Sören, das sehe ich ein, aber du könntest vielleicht noch länger bleiben, wenn er auch zurück muss."

„Nein, mein Deern, das geht wirklich nicht. Ich mag meinen Jungen in dem ollen Berlin nicht mehr allein lassen, weil er sich doch schon so an mein Wirtschaften dort gewöhnt hat. Wozu hat er denn seine alte Mutter, wenn sie ihm nicht mal kochen und Kleider flicken will?"

„Das ging doch früher auch ohne dich, Tante Sören."

„Ja, mein Kind, damals war Pastor Mümmlein noch da, und der brauchte mich eben noch notwendiger, weil er alt und einsam war. Eine Pflicht nach der anderen. Aber immer die wichtigste zuerst. Und dann kann doch wohl kein Mensch von mir verlangen, dass ich hier noch wohnen soll in Plichten, wenn sie mein altes Pfarrhaus abreißen."

Annemarie zog die Vorhänge am Fenster zu und sah nach, ob auch der Ofen schön warm sei. Auch nach der Wärmflasche im Bett fühlte sie, damit die alte Frau auch alles behaglich und gemütlich hatte.

„Und nun gute Nacht, Tante Sören. Deine Pantoffeln stehen in der Ofenröhre. Und morgen früh gehen wir beide gleich zum alten Pfarrhaus hinüber."

„Gute Nacht, Annmieken. Weißt du, dass dies die erste Nacht in meinem Leben ist, die ich in Plichten unter fremdem Dach schlafe?"

Und sie holte mit zitternden Händen ihre schneeweiße Nachtjacke aus dem kleinen Koffer.

* * *

Der Wind hatte sich über Nacht gelegt. Eine milde, weiche Herbstsonne brach sich am anderen Morgen Bahn durch den dichten Nebel. In der heiligen Frühe standen Gräser und Büsche in silbernen Tauperlen. Aus Dunst und Nebelschleiern lösten sich Ufer und Dünen und endlich auch die weite träumende See, die heute still und ruhig lag, als wüsste sie nichts mehr von den wilden Stürmen des gestrigen Tages.

Arm in Arm traten Mutter Sören und Annemarie aus der grün gestrichenen Tür von Haus Güldenwang. Sie wollten zum Pfarrhaus und Pachthof hinüber, während die alte Trine, die schon beim Meister treue Hausmagd gewesen war, nach dem Kranken sah.

Die beiden Frauen atmeten tief die reine, starke Morgenluft ein. Die uralten Silberpappeln flüsterten über ihren Köpfen auf der breiten Dorfstraße, und die Morgensonne spiegelte sich in den Fensterscheiben der niederen Strohdachhäuser. Eine Gänseherde zog schnatternd zur Stoppel hinaus, lange, weiße Herbstfäden spannen weich um Busch und Baum. Bis dann der kleine, niedrige Lattenzaun vom Pfarrhaus sichtbar wurde. Und dahinter das efeuumrankte, uralte Nest mit den leuchtenden Asternbeeten vor der Haustür.

Sie klinkten die Gartenpforte auf und gingen langsam die wohl bekannten alten Wege auf und ab. Die neue Pfarrerin, die gerade mit einigen ihrer Kinder beim Pflaumenschütteln war, hatte es ihnen freundlich erlaubt.

Als am Nachmittag Klaus Sören kam, um in Haus Güldenwang nach dem Kranken zu sehen und wieder eine Tasse Tee mit ihnen zu trinken, bat er Annemarie, doch noch ein wenig mit ihm an den Strand in die schöne Herbstsonne zu kommen.

„Die frische Herbstluft wird dir bestimmt gut tun, Annmieken, denn du bist mächtig schmal und blass geworden in der steten Krankenstubenluft. Da muss ich jetzt ein wenig für Auffrischung sorgen. Mutter ist müde, die bleibt unterdessen gerne bei deinem Mann."

Mutter Sören nickte freundlich. Sie saß im Lehnstuhl des alten Meisters und hatte ihren Strickstrumpf in der Hand.

„Ja, Kinder, geht man ruhig. Nicht, Herr Güldenwang, wir beide vertragen uns auch gut miteinander? Ich lese Ihnen nachher vor und erzähle Ihnen von Berlin. Auf das Spazierengehen am Strand entlang hat sich ja mein Junge schon die ganze Zeit gefreut."

So gingen die beiden wie in alten Jugendtagen in den klaren, farbenprächtigen Herbstnachmittag hinein. Denn die Sonne hatte sich siegreich Bahn gebrochen und alle Nebel endgültig zerstreut. Es war eine so intensive Klarheit und Reinheit überall, wie man sie nur in der tiefen, feierlichen Stille des Spätherbstes findet. Die See lag unbeweglich wie eine große, silberne Scheibe, die alles Licht in sich aufgesogen hat und nun hundertfältig wieder zurückstrahlt. Über dem Ganzen spannte sich der Himmel wie ein blauseidenes, grenzenloses Königszelt. Und dazwischen immer dies Sonnenfunkeln und lautlose Weben der schneeweißen, taumelnden Marienfäden.

Sie gingen wie trunken durch diese große Stille und Schönheit und sogen sie tief in Aug' und Seele.

Und je weiter sie gingen, desto fester und rascher wurde Annemaries müder Gang, desto aufrechter trug sie ihren feinen Kopf mit der blonden Flechtenkrone. Denn sie gingen beide ohne Hut, wie sie es von Kindheit an gewöhnt waren. Mit stiller, starker Stimme sprach die Heimat zu ihnen und machte sie froh und mutig. Und Annemarie meinte, dass sie so wandern könne bis in alle Ewigkeit. Alle Not und alles Leid des Lebens, das sie bisher so fest gefangen gehalten hatte, fiel von ihr ab wie eine schwere, dunkle Last. Und im Wandern wunderte sie sich darüber und grübelte, woher das wohl käme. Und mit einem Male wusste sie es. Und erschrak so bis in die tiefste Seele vor dieser Erkenntnis, dass sie plötzlich stehen blieb und beide Hände auf das Herz presste.

Und Klaus Sören stand still und wandte sich rasch nach ihr um.

„Wir sind wohl zu schnell gegangen, Annmieken? Verzeih, ich war so in mein Tempo vertieft. Willst du dich ein wenig ausruhen?"

Sie nickte und setzte sich auf den großen Stein am Strand, um den die Wellen spülten.

„Du solltest allein weitergehen, Klaus. Ich kehre jetzt lieber um. Es wird zu viel für mich."

Er setzte sich neben sie und stützte sein Kinn auf den dicken Knotenstock, der zwischen seinen Beinen stand.

„Ich will nun auch zurück, Annmieken. Sonst schimpfen die Plichtner über ihren wanderlustigen Doktor. Aber es ist wahr, es ist eine gesegnete Gegend hier. Es sind so wenig Krankenbesuche zu machen, dass ich kaum weiß, wie du immer Gemeindeschwester hier werden wolltest, um mir zu helfen."

Sie nickte und sah mit weitem, verlorenem Blick über das Wasser.

„Ich weiß es noch gut, Klaus. Aber es kam ja dann

anders. Als Mutter Sören und ich heute vor dem alten Pfarrhaus standen, erinnerte deine Mutter sich daran, wie du sie einmal vor Jahren aus dem Fenster gehoben und in die Asternbeete gestellt hattest. Weil Pastor Mümmlein in seiner Vergesslichkeit das Haus abgeschlossen und den Schlüssel mitgenommen hatte. Damals hattest du lachend gesagt: ‚Es geht alles!' Wenn wir erst älter werden, sagen wir das nicht mehr, Klaus."

Er wiegte den Kopf.

„Das möchte ich nicht behaupten, Annmieken. Wenn auch vieles anders ging, als wir es uns wünschten. Und wenn ich auch manche Enttäuschungen habe herunterschlucken müssen. Das waren Zeiten, wo man den Kopf hängen ließ und allen Mut verlor. Aber sieh, an solchen Tagen wie heute, wo Gottes Güte und Liebe so greifbar zu uns spricht aus der unsäglich schönen Natur – wo wir fühlen, dass wir noch jung und voll Kraft sind und das Leben ein ganzes Tun von uns fordert –, da kommt auch unsere alte Germanennatur wieder zum Vorschein, Annmieken. Und die Germanen waren stets Lebensbejaher. Sie sahen das Leben als ein großes, heiliges Geschenk Gottes an. Und das ist es ja auch. Hast du nicht selbst einmal gesagt, dass die Kräfte und Schatten, die sich zwischen uns und die Sonne stellen, uns nur reifen und kräftigen sollen? Und hat es der alte Meister nicht unter sein letztes Bild geschrieben: ‚Ich wuchs an allem, was mir ward'?"

Er war aufgestanden und einige Schritte weiter hinuntergegangen zum Strand. Und stand nun groß und aufrecht im roten Schein der Abendsonne. Mit den blonden Haaren seines unbedeckten Kopfes spielte leise der Wind.

Und er sprach langsam zu ihr, als spräche er zu sich selbst.

„Sieh, das war bitter damals mit Resi. Und dass Mutter dann fortmusste von hier und ich ihr nicht helfen konnte. Aber ich hoffe doch so sehr, sie bald wieder für immer zurückbringen zu können in ihre alte Heimat. Weil sie da drüben in Berlin verkümmern muss. Oft habe ich Angst, sie könnte es nicht mehr erleben, denn sie ist so sehr gealtert in der letzten Zeit. Und das wäre das Schwerste für mich, wenn sie in der Fremde sterben müsste."

Da stand Annemarie auf und trat zu ihm.

„So etwas darfst du nie denken, Klaus, hörst du? Ach, deine Mutter ist ja noch so gesund und rüstig. Sieh, wir dürfen niemals die Hoffnung verlieren."

So trösteten sie sich gegenseitig über die Not ihres Lebens und gingen langsam am Strand zurück. Bis die Schatten immer länger wurden und die Sonne tiefer sank. Und aus den Gründen und Wiesen wieder der feine Nebeldunst des Herbstabends wob.

Im Gärtchen vor der Tür pflückte sie noch Astern und Strandhafer und brachte sie zu dem kleinen Hügel ihres Kindes, während er die Dorfstraße zum Doktorhaus entlangging.

* * *

Rolf Güldenwang schlief schon lange, und seine ruhigen, regelmäßigen Atemzüge klangen durch das dunkle Zimmer, in dessen einer Ecke ein trübes Nachtlämpchen brannte.

Mit großen, wachen Augen lag Annemarie da. Sie konnte keinen Schlaf finden und hörte die Uhren schlagen in dem stillen Haus. Und hörte das Meer rauschen in schwerem, gleichmäßigem Orgelton.

Und sah Klaus Sörens fröhliches Gesicht vor sich, als er sich heute von ihr verabschiedet hatte.

„Morgen hole ich dich wieder zum Spaziergang ab, Annmieken. Das tut dir gut, das Wandern an der frischen Luft."

Und wie sich ein Kind auf Weihnachten freut, so freute sie sich auf dieses Morgen und musste immer daran denken. Bis ihr plötzlich, wie heute Nachmittag, wieder jene Erkenntnis kam, die sie zittern machte.

War es wirklich so?

Die Nacht ist tief und ernst und voll Wahrheit. Sie lässt keinen Schein und Trug aufkommen wie der tanzende Tag. Was des Nachts durch unsere Seele geht, kann uns nicht belügen oder irreführen. Es ist da kein Lärm des Tages, der uns betäubt und Falsches vorspiegelt. Nackt steht unsere Seele vor uns da, ohne Tugendmäntelchen und fremden Glanz.

Und wir halten Zwiesprache mit ihr, wie wir es im Lärm des Tages nie vermögen.

Und in dieser stillen Nachtstunde wurde sich auch Annemarie bewusst, dass sie nicht mehr mit Klaus Sören spazieren gehen würde. Denn die Erkenntnis, die so blitzschnell und erschreckend heute Nachmittag über sie gekommen war, das war jenes Unfassliche, dass sie ihn noch immer liebte.

Wie war das möglich?

Hatte sie nicht jene Liebe längst unterdrückt und überwunden geglaubt? Kann etwas wieder aufleben, das unter Schutt und Trümmern begraben liegt? Vor allem aber unter eisernem Willen? Eine Macht, die da lächelnd sagte: Was hast du denn vom Leben gehabt, Annmieken? Genieße doch die wenigen Sonnenstunden, die es dir bietet. Sieh, wie schön war es heute auf dem Spaziergang. Du warst ein ganz anderer Mensch, als du davon heimkehrtest. Sogar Mutter Sören fand, dass du frischer und besser aussähest. Warum willst du denn auf alles verzichten? Du bist ja noch so jung. Und es sind ja nur kurze vierzehn Tage glücklichen Beisammenseins. Du bereicherst dich damit und nimmst niemandem etwas fort. Denn Klaus ahnt nichts von deiner Liebe und wird immer die Grenzen zu wahren wissen."

So sprach die fremde Macht, vor der Annemarie erschrak.

Und sie antwortete ihr zaghaft in der stillen, tiefen Nacht.

„Wenn auch kein anderer etwas ahnt, so habe ich mich doch selbst jetzt erkannt und muss auf der Hut sein vor mir. Denn ein Wort, ein Blick könnte mich verraten. Und meine Liebe könnte durch öfteres Beisammensein wachsen. Das darf nicht sein."

Mit jähem Ruck setzte sie sich aufrecht hin im Bett und faltete beide Hände.

„Mein Gott, das darf nicht sein. Denn ich bin die Frau eines anderen, dem ich Treue gelobt habe und der mich braucht. Und führe uns nicht in Versuchung!"

Sie musste plötzlich an jene Frau denken, die sie einmal als Krankenschwester gepflegt hatte. Die ihr die Geschichte ihrer Liebe erzählt und dann gesagt hatte: „Denn es ist doch nichts größer als die Liebe."

„Doch" – hatte Annemarie geantwortet –, „ die Treue."

Und die Treue durfte nicht gebrochen werden. Nicht einmal im Herzen vor sich selbst. Annemarie hätte sich sonst verachten müssen. Rein in der tiefsten Tiefe der Seele muss der bleiben, der vor sich selbst bestehen will. Seit Annemarie ihre Gefühle erkannt hatte an jenem Nachmittag, rang sie eisern jeden Gedanken an Klaus Sören nieder. Und hatte von nun an immer einen Vorwand, die einsamen Spaziergänge mit ihm abzulehnen. Denn sie fürchtete sich vor sich selbst und wusste, dass sie schwach war in seiner Nähe und die Gedanken und Sehnsüchte ihrer Seele der festen Hand ihres Willens entgleiten konnten.

* * *

Es war ungefähr zehn Tage später. Mutter Sören sprach wieder von der Abreise, und Annemarie wurde das Herz schwer.

Sie umgab ihren Mann mit innigster Pflege und Treue und ließ ihn kaum einen Augenblick mehr allein. Es ging ihm körperlich etwas besser, doch war er mürrisch und launisch, und sie konnte ihm nichts recht machen.

Ein früher Herbstabend senkte sich müde auf die graue, dämmernde Erde. Annemarie hatte Rolf gerade zu Bett gebracht und seine Lampe mit einem grünen Schirm sorglich verhangen. Nun ging sie mit ihren leichten, frauenhaften Schritten durch das Krankenzimmer und ordnete noch dies und jenes mit stiller, fleißiger Hand. Da rief sie eine leise Stimme vom Krankenlager her, und sie setzte sich an den Rand seines Bettes.

Mit fieberheißen Händen griff Rolf nach ihrer Rechten.

„Annemarie, warum hast du mir das vorhin vorgelesen aus Ludwig Richter? Du sagtest, Vater hätte die Stellen so sehr geliebt? Aber sieh, das ist nichts für mich. Ich bin nicht so wie er. In mir ist Zorn und Hass und Bitterkeit. Weil ich so jung bin und schon ein Krüppel sein muss. Rede mir nicht dazwischen – es ist doch so. Ich weiß, die Pastoren sagen, man soll still und ergeben sein Schicksal tragen. Aber ich kann es nicht. Alles in mir bäumt sich dagegen auf. Hast du je einen gesehen, dem es schlechter ging als mir?"

Sie legte ihm weich beide Hände auf die seinen.

„Ach, Rolf, ich weiß so viele, denen es noch schlechter geht. Die auch krank sein müssen und niemanden haben, der für sie sorgt. Die sich einsam und mittellos quälen müssen in der Not. Du hast dieses schöne Heim voll Licht und Sonne und Seeluft. Was wir nur können, tun wir alle dir zuliebe. Ach, und der Geist deines alten Vaters ist um dich – fühlbar nahe in diesem Haus. Der gibt unseren Seelen Frieden und Ruhe und heißt uns, alles Schwere so zu tragen, wie er es trug. Denke an seine Blindheit und an sein großes Ja – trotz allem."

Sie hatte weich und leise gesprochen und ihm dabei mit linder Hand über das Haar gestrichen.

Er stieß ihre Hand zurück und biss die Zähne zusammen.

„Elendes Geschwätz von Weibern und Greisen! Hat unser Leben überhaupt einen Sinn? Zerrt uns nicht ein blindes, herzloses Schicksal mit eisernen Fäusten an den Haaren über den Erdball? Kalt gegen unsere Not und unsere Leiden?"

Sie sah an ihm vorüber in das grüne Licht der kleinen Lampe. Ihr Gesicht war still und ernst.

„Es ist vieles dunkel, mein Rolf. Aber doch scheint das Licht. Es scheint irgendwo. Wir müssen es nur suchen. Es kommt dabei ganz allein auf uns an. Wenn wir nicht danach suchen, können wir es auch nicht finden. Denn es ist sehr verborgen."

Sie drückte fest seine Hand und stand auf.

„Nun will ich dir ein schönes, starkes Lied singen. Und dann bringe ich dir dein Abendbrot. Weiche Eier und ein Gläschen Ungarwein, das magst du doch so gern, nicht wahr? Und dann kommt Tante Sören noch ein bisschen zu dir und erzählt dir etwas."

Er antwortete nicht und drehte den Kopf zur Wand.

Sie ging leise hinaus. Im Atelier nebenan brannte die Hängelampe über dem runden Tisch. Sie wollte an den Flügel gehen und ihm ein Lied singen, das er liebte. Da streiften ihre Augen von ungefähr den alten Lehnstuhl am Fenster, in dem der Meister immer gesessen hatte. Und die Erinnerung an den frommen, ehrwürdigen Greis, der so still und fröhlich sein Leiden getragen hatte, wurde übermächtig in ihr.

Sie sank vor dem alten Stuhl in die Knie und legte den Kopf in beide Arme. Ein Schluchzen ließ ihren Körper erzittern wie einen Baum im Sturmwind. Sie hatte es drinnen bei dem Kranken so lange zurückhalten müssen. Nun konnte sie nicht mehr. Und ihre Seele klagte wie ein kranker Vogel.

„Ach, Vater Güldenwang, was macht es mir dein Sohn so schwer! Wie wollte ich ihm doch alles hell und schön machen um deinetwillen! Und nun musste es so kommen. Ach, Herr Gott, gib mir Kraft, dass ich stark und mutig bleibe. Und führe uns nicht in Versuchung!"

Sie lag ganz still und konnte den Tränen nicht wehren, die ihr über das Gesicht liefen. Und überhörte ganz ein Klopfen an der Tür und Schritte im Zimmer.

Klaus Sören stand hinter ihr und legte ihr die Hand auf die Schulter.

„Um Gottes willen, Annmieken, was ist mit dir? Steht es so schlimm mit Rolf?"

Sie war hastig aufgestanden und wischte sich die Tränen vom Gesicht.

„Nein, nein, Klaus – es ist nichts. Wirklich nicht. Es war nur so eine Schwäche von mir, die mich überkam."

Er stand vor ihr und hatte ihre beiden Hände in seinen großen, starken.

„Ich mache mir Sorgen um dich, Annmieken. Du reibst dich ganz auf bei dieser Pflege. Du solltest wirklich eine Hilfe nehmen. Mutter sagt es auch. Sieh, man hat ja sonst keine Ruhe deinetwegen, wenn wir nun übermorgen wieder nach Berlin zurückmüssen. Wer sorgt denn hier überhaupt für dich?"

Da lächelte sie und reckte sich.

„Für mich, Klaus? Für mich braucht doch niemand zu sorgen. Ich bin ja gesund und stark."

Er schüttelte den Kopf. Sein freundliches, schmales Gesicht sah ernst aus.

„Ich sorge mich aber um dich, Annmieken. Dein alter Jugendkamerad. Denn ich als Arzt sehe sehr wohl, wie erholungsbedürftig du bist."

Da schüttelte sie den blonden Kopf. Und etwas wie alter Übermut leuchtete in ihren Augen.

„Was wir hier für Zeit verplaudern, Klaus. Und alles bloß um mich. Dabei wartet unser Patient auf dich."

Und sie öffnete ihm rasch die Tür zum Krankenzimmer.

* * *

Nun war es wieder einsam geworden in Haus Güldenwang, denn Mutter Sörens fröhliche, tröstende Stimme fehlte überall. Auf harten, frostklirrenden Schneeschuhen kam der Winter ins Land und brachte viel Krankheit und Sorge. Und als endlich der Frühling kam, begann auf der alten Weide am anderen Ende des Dorfes ein Messen und Graben, Hämmern und Klopfen, dass es fast das Meeresrauschen übertönen wollte. Da bauten sie emsig das neue Pfarrhaus, das zum Herbst fertig werden sollte. Ein großes, rotes Haus wurde es, zweistöckig und stattlich. Und der neue Pfarrer rieb sich die Hände und verteilte im Geiste seine neun Kinder in all den Zimmern und Kammern. Es tat Annemarie weh, wenn sie am alten Pfarrhaus vorüberging und daran dachte, dass es nun im Herbst abgerissen würde. Im Pachthof lag das dritte Kind in der Wiege, und Erich und Resi waren strahlender denn je. Die alte Frau Knudsen war noch dünner und spitzer geworden und mochte sich an nichts mehr freuen, obgleich sie sonst bei guter Gesundheit und noch sehr rüstig war. Vater Knudsen hatte sich zur Ruhe gesetzt und Erich den ganzen Pachthof zur Bewirtschaftung übergeben. Er selbst fuhr Abend für Abend zur Stadt ins Wirtshaus und kehrte immer recht spät heim zu Frau Knudsens verbissenem Zorn.

Als dann die Apfel- und Kirschbäume im alten Pfarrgarten blühten, trug man Rolf Güldenwang auf den stillen, kleinen Kirchhof hinaus. Annemarie hatte noch die Freude gehabt, dass er zuletzt weicher und zugänglicher geworden war. Dass seine Seele sich doch noch ausgestreckt hatte nach dem Licht, ohne das wir alle verkümmern müssen. Nun wusste sie Vater und Sohn vereint, und von ihrer Seele war eine große Last genommen.

Sie blieb mit der alten Rieke in Haus Güldenwang wohnen und half der jungen Mutter Resi, so viel sie nur konnte. Denn da war immer Hilfe nötig bei den kleinen Kindern. Im Laufe des Sommers hatte sie einen Brief von Klaus Sören erhalten, dass es seiner Mutter nicht gut ginge und er sich so sorgte um sie. Das grämte sie, und sie bat Mutter Sören so inständig, doch zu ihr nach Haus Güldenwang zu ziehen. Aber die alte Frau war eigensinnig und wollte nicht.

„Ich kann es im Herbst doch nicht mit ansehen, wenn mein altes Pfarrhaus abgerissen wird", schrieb sie und blieb bei ihrem Entschluss.

So ging der Sommer ins Land, und das neue Pfarrhaus wuchs immer stattlicher aus dem Boden. In Annemaries Seele war ein tiefer Frieden eingekehrt. Wenn sie abends am Strand entlangging und dem Rauschen der Wellen lauschte, fühlte sie ihre alte Kraft und Frische wiederkehren und den frohen Mut zum Leben. Stundenlang konnte sie dann auf der kleinen, weinumrankten Veranda sitzen und in den Lieblingsbüchern ihres alten Meisters lesen.

Nur der Abendwind strich durch die Blätterranken, und kleine Grillen zirpten in der Ferne. Über der See stieg der Mond auf, und die ganze Natur ringsum atmete tiefsten Frieden und seligste Ruhe.

An solchen stillen Abenden fühlte sie deutlich die Nähe des alten Meisters und seine segnenden Hände über ihrem Haupt.

Es war ein sonniger Herbstmorgen, als sie zum Pachthof hinübergehen wollte. Vorm alten Pfarrhaus standen zwei große Möbelwagen. Da wurde Umzug gehalten. Und auf der Dorfstraße tummelten sich neun Kinder, die alle helfen wollten und keuchend unzählige Gegenstände schleppten. Denn das neue Haus war fertig und wirkte einladend mit seinen roten Mauern und blanken Fensterscheiben.

Und als die Sonne sank, stand das alte Pfarrhaus leer – ausgeräumt vom Keller bis zum Dachboden. Niemand zu eigen, der Gemeinde verfallen zum Abbruch.

Auf diesen Augenblick hatte Annemarie gewartet.

Nur ein dunkles, wollenes Tuch über ihr schwarzes Kleid geworfen, ging sie langsam in der sinkenden Abenddämmerung zu jenem Ort, der ihre liebsten und schönsten Kindheitserinnerungen barg. Die Gartenpforte stand weit offen, die Wege waren zerwühlt von den schweren Rädern der Lastwagen. Die bunten Astern vorm Haus waren zerknickt und zertreten, die lauschigen Plätze, wo die großen, weißen Gartenbänke gestanden hatten, leer und öde. Auf dem schönen Rasenplatz lag Stroh und Papier umher – Kistendeckel und zerbrochenes Gerümpel. Die Haustür war nur angelehnt, da schlüpfte Annemarie schnell noch einmal hinein. In die liebe alte Wohnstube zur linken Hand ging sie und strich liebkosend über die kahlen Wände und den schwerfälligen, dickbäuchigen Kachelofen. Wie viele schöne, glückliche Stunden hatte sie hier verleben dürfen! Es war ihr zumute, als nähme sie Abschied von einem Verstorbenen. In Pastor Mümmleins Studierzimmer ging sie hinüber – in die geräumige, große

Küche und Mutter Sörens Schlafzimmer. Und dann stieg sie langsam mit schweren Knien die Treppe hinauf zur Giebelstube, wo Klaus Sören immer in den Ferien gehaust hatte. Wo das große Bild von der Ersteigung der Zugspitze gehangen hatte, das er so sehr liebte. Wenn sie die Hand über die Augen legte, sah sie es noch deutlich vor sich. In schneeweißer Reinheit hob sich die Bergkrone gegen den tiefblauen Himmel. Und langsam klommen zwei Männer, mit Seilen verbunden, da hinauf. Man hörte förmlich den Schnee knirschen unter ihren nägelbeschlagenen Schuhen und sah auf den braun gebrannten Gesichtern die Schweißperlen von der Anstrengung. Und Klaus Sören hatte damals, als er ihr das Bild zeigte, mit einem tiefen, starken Leuchten in seinen großen, hellen Augen gesagt:

„So hindurch und hinauf müssen wir auch alle, Annmieken. Im Schweiße unseres Angesichtes. Der Schnee ist tief, und der Berg ist steil, aber oben ist dann die Aussicht. Die grenzenlose Aussicht auf alles, was vorher noch im Nebel und im Schatten lag. Da lohnt sich das Klettern."

Ja, das sagte er damals, und sie hatte die Worte nicht vergessen. Sie öffnete das hohe Giebelfenster, das so dicht mit uraltem Efeu umrankt war. Auf das niedrige Fensterbrett setzte sie sich und faltete die Hände im Schoß. Und träumte so hinaus in den lautlos dämmernden Herbstabend. Von der See her stieg der Nebel, und von den welken Blättern fiel es in leisen, schweren Tropfen. Immer dieselbe Melodie: „O du Heimatflur, lass zu deinem heil'gen Raum –"

Kann man alte Häuser so lieb haben? Sie muss immerzu an Mutter Sören denken. Die hier ihre Kinder geboren und ihr reiches, schönes Frauenleben gelebt und geliebt hat. Sie denkt wohl heute auch so hierher, denn Annemarie fühlt förmlich ihre liebe, wohltuende Nähe.

Wie es knackt im Gebälk!

Wie der Holzwurm pocht in der Täfelung!

Eine Fledermaus, die sich noch nicht zum Winterschlaf entschließen kann, huscht lautlos durch den rieselnden Regen um den Efeu.

Vom alten Kirchlein läuten sie den Sonntag ein.

Annemarie klingt es wie des alten Pfarrhauses Grabgesang. Und ihre Lippen zittern.

„Alte Zeiten, sie schreiten
wie Geister vorbei,
wo ist es geblieben,
das Lachen und Lieben?
Blieb keines dir treu?
Von weitem, da läuten
die Glocken wie einst,
lass die Träume vergehen,
sonst kann es geschehen,
dass du bitterlich weinst!"

* * *

Und wieder war ein stiller Winter ins Land gegangen. Der hatte mit lindem Schnee alle Schäden und alle Unordnung um das alte Pfarrhaus zugedeckt. Von der Gemeinde waren Türen und Fenster ordentlich verschlossen worden, so dass Sturm und Wind nicht mehr ungehindert hineindringen konnten. Der Abbruch sollte nun erst im Frühjahr erfolgen, da der starke Frost zu plötzlich gekommen war. Das war eine förmliche Beruhigung für Annemarie, und sie atmete ordentlich erleichtert auf.

Nach Weihnachten ging Annemarie Güldenwang nach Hamburg in ihr altes Krankenhaus, wo sie schon als Mädchen gewesen war. Sie war zur vertretungsweisen Aushilfe gebeten worden, da solch ein großer Mangel an Schwestern herrschte. Und sie tat es gerne, denn sie sehnte sich sehr nach Arbeit und Tätigkeit. Es hatte sie schon oft bedrückt, als junge, gesunde Witwe so müßig in Haus Güldenwang zu sitzen. Denn der kleine Haushalt dort füllte ihren Tag nicht aus.

So arbeitete sie wieder zwischen ihren lieben Kranken in den großen, ernsten Sälen und versuchte mit starkem, mutigem Frauenherzen Trost und Linderung und Sonnenschein zu denen zu bringen, die es am nötigsten hatten in ihrem Elend.

Aus Plichten erhielt sie wenig Nachrichten, denn

die Eltern schrieben nicht viel, und Resi hatte neben Haushalt und Kindern wenig Zeit dafür übrig.

Zu Ostern war ihre Vertretung abgelaufen, da wollte sie dann wieder Einzug halten im einsamen Haus Güldenwang.

Denn durch all ihre Arbeit und Schaffensfreude zog immer wie ein ferner leiser Schmerz das Heimweh nach dem stillen Dorf und dem kleinen Hügel ihres Kindes, das ihres Lebens Wonne gewesen war. Wenn Not am Mann war, wollte man sie wieder rufen, das musste ihr die Oberschwester versprechen.

Ostern lag spät in diesem Jahr und die Natur war schon grüner und schöner als sonst. Über den frischen Saaten jubelten die Lerchen, und mit schrillem Schrei flogen die Kiebitze in jähem Zickzack über die Wiesen. Weiße Wanderwolken segelten schweigend durch die frühlingsduftenden Lüfte. Überall ein Ahnen künftiger Herrlichkeit und knospender Blütenpracht. Es war schon dunkel, als sie daheim ankam, und sie ging früh zu Bett, denn sie war sehr müde.

Die Sonne war gerade aufgegangen, als sie am anderen Morgen frisch und gestärkt erwachte. Es war am Gründonnerstag. Und schon lag ein Hauch von Festlichkeit und Feierlichkeit über der erwachenden Erde. Annemarie hatte die Fenster ihres Schlafzimmers weit geöffnet und ließ Seeluft und Morgensonnenglanz voll hereinfluten. Ihr war so andächtig zumute, dass sie die Hände falten musste.

Sie frühstückte schnell, denn es drängte sie, die ersten blauen Krokusse aus dem Gärtchen hinüberzutragen auf den kleinen Hügel ihres Kindes.

Es war noch sehr früh, als sie die Dorfstraße entlangging. Das Rauschen der flimmernden See und das Jubeln der Lerchen auf den Wiesen übertönte alle anderen Morgenstimmen. Auf den Büschen und Bäumen des kleinen Friedhofs lag schon der feine, grüne Frühlingsschleier. Und aus dem welken Gras drängten Krokusse und Anemonen, Veilchen und Leberblümchen leuchtend zum Licht empor. Ein stilles, urewiges Bild sieghafter Auferstehung nach Frost und Winternacht.

Sie stand lange bei ihren lieben Gräbern und hielt Zwiesprache mit denen, die einst der Inhalt ihres Lebens gewesen waren.

Und eine wundersame, heilige Osterstimmung kam über sie. Dann stieg sie die Stufen vom Kirchlein hinunter und wollte am Pfarrgarten vorübergehen. Als sie unter den alten Linden und Walnussbäumen das tiefe Strohdach des Pfarrhauses leuchten sah, stockte ihr Fuß. So stand es also immer noch? Ach, und nun sollte sie das Abbrechen noch miterleben? Sie hatte gehofft, es wäre während ihrer Abwesenheit geschehen und nun sei alles vorüber. Aber bei dem lieben, alten Anblick wallte der Schmerz wieder neu auf. Ganz leise öffnete sie die Pforte und trat ein.

Wie sonderbar, dass es wieder so sauber und ordentlich hier geworden war! Alles Gerümpel und alter Unrat vom Herbst waren entfernt worden.

Ja, die Beete waren sogar zurechtgemacht, und blau und gelb lachten die Krokusse in die lichte Morgensonne empor. Auch die Wege hatte man geharkt, wie in schöner, alter Zeit. Als sie am Giebel vorüberkam zur Gartenseite, musste sie wieder stehen bleiben und verwundert den Kopf schütteln. Da standen ja sogar die weißen Gartenbänke unter den alten Bäumen – sauber und frisch gestrichen – wie ein Märchen aus alter Zeit.

Annemarie fuhr sich über die Stirn und atmete schwer. Das war doch wohl alles nur ein Traum. Ein wunderschöner Traum am hellen Frühlingsmorgen.

Langsam, ganz langsam ging sie weiter. So, als hätte sie Angst, das süße Traumbild zu zerstören. Über ihr in den knorrigen Zweigen pfiffen die Stare. Auf dem höchsten Tannengipfel hinten im Garten flötete sonnentrunken eine Drossel. Der Mandelbaum neben der weißen Bank stand im rosa Blütenkleid, und hundert emsige Bienen umsummten seine duftenden Kelche.

Sie ging tiefer in den Garten hinein – ganz langsam – ganz weltentrückt. Und der Frühlingswind trug eine Welle süßen Duftes blühender Veilchen vorüber. Sie hob den Kopf und schloss die Augen und atmete tief – tief.

Da kamen ihr Schritte entgegen. Es war auf dem schmalen Weg, wo rechts und links die hohen Fliederbüsche standen. Sie öffnete weit die Augen, und ein Lächeln umspielte ihre Lippen.

Klaus Sören.

Ach ja, in einem so schönen Traum durfte er ja auch nicht fehlen. Sie war sich jetzt ganz sicher, dass sie träumte, und hatte nur immer die eine große Angst, dass sie plötzlich aufwachen könnte und dann alles, alles fort war.

„Annmieken", sagte dann seine weiche, tiefe Stimme mit der alten, treuen Herzlichkeit. Beide Hände streckte er ihr entgegen, und in seinen großen, hellen Augen war ein Leuchten.

„Ich dachte es mir, Annmieken, dass dein erster Gang heute früh nach deiner Rückkehr dich hierher führen würde. Ich hatte schon darauf gewartet."

Sie wagte nicht zu atmen, denn das Traumbild konnte ja so leicht, so leicht zerfließen.

Ganz leise fragte sie:

„Wie kommst du nur hierher? Ich dachte, du wärest in Berlin?"

Er lächelte und führte sie an der Hand durch den frühlingsduftenden, morgenstillen Garten.

„Ich bin schon drei Wochen hier und vertrete Doktor Mertens. Der hat sich doch zur Ruhe gesetzt."

Sie schlug die Hände zusammen.

„Aber das hast du mir ja gar nicht geschrieben, Klaus! Bleibst du denn nun für immer hier?"

„Ja, Annmieken, für immer. Niemand durfte es

dir schreiben, weil es eine Überraschung für dich sein sollte."

„Und Tante Sören? Ist sie auch schon hier?"

„Nein, wir wollen sie heute Nachmittag zusammen von der Bahn abholen. Ich habe sie in ein Erholungsheim geschickt, weil sie so elend aussah."

„Oh, das habe ich ja alles gar nicht gewusst! Und werdet ihr nun in Doktor Mertens Haus wohnen?"

„Nein, Annmieken. Mutter und ich wohnen hier im lieben, alten Pfarrhaus."

Da sah sie ihn traurig an.

„Das wird aber doch abgerissen, lieber Junge."

Er nahm wieder ihre Hand und ging langsam mit ihr auf das alte Pfarrhaus zu. Und die Sonne malte goldene Ringe auf ihren Weg, und die Stare jubelten in den Baumwipfeln.

„Das wird nicht abgerissen, Annmieken. Denn ich habe es gekauft und den Garten dazu. Aus dem Pfarrhaus wird nun ein Doktorhaus werden."

Sie konnte nicht mehr stehen.

Es war zu viel für sie. Auf die weiße Gartenbank musste sie sich setzen, mitten unter den uralten Kastanienbaum. Und die rosa Mandelblüten fielen leise auf ihr schwarzes Kleid. Sie konnte nichts sagen, so bewegt war sie.

Ganz still stand Klaus Sören neben ihr. Auf ihre blonde Haarkrone sah er hinab und die feinen Linien ihres weißen Halses.

Es war so still, dass man das Summen der Bienen

hörte und das ferne Rauschen der See. Endlich hob sie den Kopf.

Und sah ihm groß und tief in die Augen. Klaus Sören hat den Ausdruck von Glück nie vergessen können, der in dieser Stunde darin lag.

„Und was sagt denn Mutter zu dem allem?"

Er setzte sich neben sie auf die Bank.

„Sie ahnt noch nichts, Annmieken. Wir beide wollen es ihr heute erst sagen, wenn wir sie zusammen in das alte Haus führen."

„Habt ihr denn schon Möbel darin?"

„Komm mit", bat er, „damit ich dir alles zeigen kann."

Da standen sie beide auf. Sie sah schon von außen die weißen Gardinen an den Fenstern und die bunten Blumentöpfe. Dass sie das vorhin ganz übersehen hatte! Die grüne Haustür stand weit offen, in der hellen Küche hantierte Line am Herd. Er öffnete ihr die Tür links zur großen Wohnstube. Regungslos blieb sie auf der Schwelle stehen.

Da war ja das alte Sofa mit dem runden Tisch davor und dem Ölbild von Pastor Sören darüber! Und die Truhe zwischen den beiden Fenstern und der Blumentisch mit dem Vogelbauer! Und der uralte, eingelegte Sekretär mit den dünnen Beinen, der immer so quietschte! Alle, alle Sachen von Mutter Sören – es fehlte auch nicht ein Stück davon.

Da musste sie sich an den Türpfosten lehnen und eine Weile die Augen schließen.

„Es ist nur ein Traum, nicht wahr, Klaus? Oh, es kann ja nur ein Traum sein!"

Ein Zittern überkam sie, und über ihre schmalen, blassen Wangen liefen große Tränen.

Da beugte sich der lange Klaus Sören zu ihr herunter und legte seinen Arm weich um ihre Schultern und leitete sie sorgsam zu Mutter Sörens tiefem Lehnsessel.

„Komm, Annmieken, du musst dich setzen, es wird sonst zu viel für dich. So ist es recht. Willst du noch ein Kissen in den Rücken? So, nun sitzt du gemütlich, nicht wahr? Und nun will ich dir auch alles ordentlich hintereinander erzählen."

Er war vor ihr stehen geblieben. Und in seinen Augen war wieder das große, tiefe Leuchten.

„Sieh, es war doch schon immer mein Wunsch, Mutter wieder zu ihrer alten Heimat zu verhelfen. Denn nirgends konnte sie mehr recht glücklich sein. Ich kaufte vorigen Herbst gleich dieses Haus und ließ dann im Frühjahr alles schön ausbessern und instand setzen. Aber es sollte eine Überraschung für Mutter und dich sein. So habe ich euch beiden nichts davon erzählt. Es passte auch gerade so gut, dass du in Hamburg warst und nichts von alledem bemerken konntest. Drei Wochen vor dem Umzug schickte ich Mutter in ein Sanatorium und redete ihr ein, dass es hoch nötig für sie sei. In ihrer Abwesenheit erledigte ich den Umzug. Sie denkt nun, wir verleben die Osterfeiertage hier bei dir in Haus

Güldenwang. Was freue ich mich auf ihr liebes, erstauntes Gesicht, wenn wir sie heute abholen werden!"

Er rieb sich die Hände, und seine Augen lachten wie in alter, fröhlicher Jugendzeit.

„Nachher muss ich dir noch das ganze Haus zeigen, Annmieken. Es ist alles, alles wieder wie früher. Nur Pastor Mümmleins Studierstube natürlich nicht. Das ist mein Arbeitszimmer geworden."

Jetzt streckte Annemarie ihre beiden Hände aus.

„O du lieber, lieber, alter Junge! Wie wunderschön hast du dir das wieder alles ausgedacht. Wie ein Märchen ist es! Wie ein seliger Traum, von dem man fürchtet, er könnte wieder zerfließen."

Er hielt ihre Hände fest in den seinen.

„Er zerfließt nicht, Annmieken. Es liegt jetzt nur an uns, ihn festzuhalten."

Sie war aufgestanden und mit ihm an eines der weit geöffneten Fenster getreten.

Ein Frühlingshauch bauschte kosend die schneeweißen Gardinen. Mit raschen trippelnden Schritten liefen die Stare über den jungen, grünen Rasen. Finkenruf und Amselschlag füllten die sonnentrunkenen Lüfte. Und überall an den Bäumen und Sträuchern war der zarte, grüne Brautschleier des erwachenden Lenzes. Ein Wachsein und Werden – ein Schwellen und Keimen, wohin das Auge sah.

Wieder musste Annemarie die Hände falten wie heute Morgen am Fenster ihres Schlafzimmers.

Und dann hörte sie plötzlich, wie schwer der Atem des Mannes ging, der neben ihr stand.

Sie hob den Kopf und sah ihn ängstlich an.

„Was hast du, Klaus? Fehlt dir etwas?“

„Ja, Annmieken, mir fehlt etwas. Nein – viel fehlt mir. Und ich war ein Narr, dass ich es nicht früher gemerkt habe. Weißt du noch, Annmieken, wie du mir früher einmal gesagt hast, du wolltest mir als Gemeindeschwester helfen?“

„Aber ja, Klaus, das weiß ich noch sehr gut.“

„Jetzt bist du frei, Annmieken. Willst du das jetzt auch noch tun?“

„Ich weiß nicht, ob ich schon genug dafür gelernt habe, Klaus. Sonst sehr gerne.“

„Mir wirklich immer helfen, Annmieken? In aller Not und Arbeit des Lebens? Ach, Annmieken, ich glaube, dann geht das viel besser – als – meine Frau.“

Und dann riss er jäh ihre Hände an seine Lippen und küsste ihre schlanken, zitternden Finger.

„Sieh, Annmieken, ich habe dich ja so lieb – so lieb! Dass ich ohne dich nicht mehr leben kann. Wenn ich auch dein alter, dummer Jugendkamerad bin und du alle meine Fehler und Kanten schon besser kennst als ich selbst – meinst du nicht, dass es vielleicht doch noch ginge? Sieh, seit jenem Herbstabend an der See, als Rolf Güldenwang so krank war und wir zusammen den Spaziergang machten – seit jenem Tag fühle ich, dass du für mich mehr bist als nur eine teure Jugendfreundin. Ich war dir damals dankbar, dass du die Wanderungen abgebrochen hast, denn es wäre wohl sonst zu mächtig in mir geworden. Denn ich durfte dir ja damals noch nichts sagen. Aber heute darf ich es, nicht wahr?“

Er beugte sich herunter zu ihr und nahm ihren Kopf zwischen seine großen Hände.

Sie sah ihn an voll tiefer, großer Innigkeit.

„Ja, Klaus, heute darfst du es.“

Da beugte er sich wortlos herab und küsste ihre Lippen.

Und sie schloss die Augen und dachte nur das eine: „Nehmen denn die Wunder heute gar kein Ende mehr?“

* * *

Immer jubelnder, immer blühender, immer gewaltiger hielt der Frühling seinen Einzug. Über den Wiesen, die noch ein wenig überschwemmt waren, streiften Scharen von Möwen und kreischenden Kiebitzen. Und an den Rainen quollen in goldgelber Fülle die Sumpfdotterblumen und die kleinen, bescheidenen, weißgelben Gänseblümchen. Wie ein blaues Band lag hinter den weißen Dünen das sonnenbeschienene Meer. Zwischen den Strohdächern des Dorfes lugte schon hier und da ein blühender Obstbaum, der geschützt vorm Seewind in einem Sonnenwinkel stand.

Langsam fuhr der Wagen mit den behäbigen

Grauschimmeln durch den tiefen Sand. Klaus Sören saß vorne neben dem Kutscher, seine Mutter hinten mit Annemarie.

Mutter Sören konnte sich gar nicht satt sehen an der stillen, träumenden Frühlingslandschaft, über die die Abendsonne mit weichen Händen matte, rosa Lichter warf. Es spiegelte sich dies matte Rot allüberall. Auf den blanken Wassertümpeln der Wiesen, dass sie aufleuchteten wie Königsschlösser im Kerzenschein. Ja, bis auf die hohe See hinaus liefen die letzten, zitternden Abendsonnenstrahlen und woben rosenrote Bänder in die still atmenden Wellenhügel. Wie ein großer, träumender Feierabend vor dem heiligen Osterfest lag es über der dämmernden Erde. Als gingen unsichtbar stille, segnende Engel über Meer und Land. Die von Frieden sangen und Ruhe – von Heimatliebe und Herdglück. Von all den heiligen Gottesgaben, die wie leuchtende Inseln winken zwischen des Lebens rastlos stürmender Not. Inseln, die Kunde geben von einem Frieden, der alles Leiden krönt, der über allen Kämpfen steht – der höher ist als alle Vernunft.

Ganz langsam gingen die Pferde, denn der Weg war tief und ausgefahren. Mit stillem, ernstem Gesicht saß Annemarie da, das Licht von jenen Inseln in den tiefen Augen. Sie sah auf Klaus Sören, und ihr Herz wurde groß und weit. Es war eine Klarheit in ihr und ein Sonnenglanz, wie da oben jenseits des Meeres am westlichen Abendhimmel.

Denn sie sollte nun fortan weiterwandern mit dem, den ihre Seele liebte. Der kleine, scheue Vogel, der so unruhig und heimatlos flatterte in ihr, hatte nun nach langer, banger Wanderschaft sein Nest gefunden und seiner Seele Unterschlupf.

Und in diesem Augenblick wusste sie, dass alles, was sie durchkämpft und durchlitten hatte, nötig gewesen war, um sie reif zu machen, diese Stunde in ihrer ganzen Größe und Tiefe zu erfassen – diese Stunde und das ganze kommende Leben, das noch vor ihr lag. Und sie musste an des alten Meisters Lied denken:

„Ich wuchs an allem, was mir ward!"

Der Wagen bog in die Dorfstraße ein. Als er am alten Pfarrhaus anhielt, wurde Mutter Sören blass.

„Aber, Klaus – ich denke, das Haus steht nicht mehr? Und sollten wir nicht bei Annemarie wohnen?"

Klaus Sören hob seine alte, runzlige, kleine Mutter aus dem Wagen. Durch die kleine Pforte führte er sie, den sauber geharkten Weg entlang.

„Erschrick nicht, Mutter. Aber das alte Pfarrhaus wird nicht abgerissen. Und du sollst nun darin wohnen bleiben dein Leben lang. Komm in die Stube, wohin ich deine Möbel schon alle stellen ließ. Dort erkläre ich dir alles."

Und oben vom Tannenwipfel jubelte die Drossel in die scheidende Abendsonne.

* * *

Zwei Jahre sind vergangen.

Wieder liegt eine träumende Frühlingsnacht über dem schlummernden Dorf. Am Arm ihres Mannes geht Annemarie Sören langsam durch den blütenduftenden Garten.

Aus dem Wohnzimmer links von der Haustür fällt heller Lampenschein in das Dunkel des Gartens. Da sitzt Mutter Sören in ihrer Stube am Spinnrad und spinnt feine, weiße Fäden zu weichem Kinderlinnen.

Der Abendwind geht um das alte Haus und spielt mit den Efeuranken am Giebel. Aus dem Dunkel huschen Fledermäuse mit knackendem Flügelschlag. Hoch oben im Tannenwipfel singt immer noch die Drossel, wie jedes Jahr. Sie singt von Not und Leiden, aber auch von Sieg und Liebe. Ganz ferne rauscht leise das Meer sein uraltes Ewigkeitslied. Die beiden Menschen in dem stillen Garten haben sich an den Händen gefasst und sehen in den aufgehenden Mond.

Und im Herzen der blonden Frau singt das Lied der Maria: „Meine Seele erhebet den Herrn!"

Denn sie ist wieder Königin geworden und Priesterin. Sie darf wieder unter ihrem Herzen tragen, was einst ihres Lebens Inhalt und Glück werden soll. Sie fühlt die kleinen Hände, die nach ihrem Herzen greifen. Und weiß, dass es nicht nur Sonne und Glück sein wird, was auf sie wartet. Sie weiß, dass es auch Kreuz und Tränen bringen kann, was da wachsend und werdend ans Licht drängt. Aber sie ist voll Mut und Vertrauen. Denn sie weiß das eine: dass alles Leben von Gott kommt und dass Kinderhände in Freud und Leid emporziehen zu ihm.

In ihrer Seele ist das große Ja, das still und stark vorwärtsgeht in die dunkle Zukunft.

Darum ist ein Jauchzen in ihr, und sie geht wie eine Königin und Priesterin, die eine unsichtbare Krone trägt.

Und immer noch jubelt die Drossel in das scheidende Abendrot.

Weitere Titel unserer Reihe „Heimatlicht“:

F. A. Hoffmann
Wenn wieder Weihnachtsrosen blühen
Bestell-Nr. 330 914
ISBN 3-86122-914-5
128 Seiten, kartoniert

„Zwölf Monate ... nur zwölf Monate! Ich habe zwischen zwei Weihnachten ein ganzes Leben gelebt. Junges Mädchen, Braut, Gattin, Witwe, Mutter! Ich bin das alles gewesen. Ich habe das höchste Glück genossen, aber auch den bittersten Kelch menschlicher Schicksalsschläge bis auf den Grund geleert ... Aber die Pfrüfung hat mich nicht zerbrochen. Ich habe gekämpft, ich habe den Sieg gewonnen. Tod, wo ist dein Stachel? Was schadet das Kreuz, wenn es zum Sieg führt?“
Es sind nur ein paar Monate am Ende des 19. Jahrhunderts, festgehalten in bewegenden Tagebuchnotizen. Für die junge Ninnette bergen sie jedoch Freud und Leid eines ganzen Menschenlebens.

FRANCKE
Verlag der Francke-Buchhandlung GmbH

Kristina Roy
Drei Kameraden
Bestell-Nr. 330 915
ISBN 3-86122-915-3
144 Seiten, kartoniert

Ein freundliches Gemüt hat der kleine Ondreijko. Doch sein Los ist traurig. Seinem Vater, dem Grafen Gemersky und seinem lasterhaften Lebenswandel steht er im Weg, das Schicksal seiner Mutter liegt im Dunkel. Man schiebt ihn ab in die Sennhütte des gräflichen Gutes, wo der alte Filina mit seinem Großneffen Peter lebt. Doch Gott weiß Abhilfe zu schaffen.
Schon bald taucht Palko auf, den der Leser aus dem Buch „Im Sonnenland" kennt. Mit seiner fröhlichen Glaubenszuversicht beginnt das Licht eines neuen Morgens über der Alm in den schönen slowakischen Bergen zu dämmern. Bald überschlagen sich die segensreichen Ereignisse ...

Kristina Roy
Die Verlorenen
Bestell-Nr. 330 916
ISBN 3-86122-916-1
208 Seiten, kartoniert

Viel fehlt nicht, und Eva würde ihrem Leben ein Ende machen. Um der Mitgift willen wurde sie bereits mit sechzehn Jahren verheiratet. Schwer leidet sie unter ihrem hartherzigen Mann und seiner tyrannischen Mutter. Mit dem Tod ihres geliebten Töchterchens wird ihr Schicksal schier unerträglich. Da trifft sie in ihrer finstersten Stunde völlig unerwartet der Lichtstrahl der Liebe Gottes. Und bald weist seine Leuchtkraft so manchem Verlorenen den Weg nach Hause ...

Lotte Bormuth
Und doch lacht mir die Sonne
Bestell-Nr. 330 917
ISBN 3-86122-917-X
136 Seiten, kartoniert

In diesem Buch spannt sich der Bogen von Bessarabien, dem heutigen Moldawien, wo die Autorin aufwuchs, über die dramatische Flucht bis hin zu einem Neuanfang und schließlich ihrer Eheschließung.
Und wie immer schafft es Lotte Bormuth, dass der Leser Anteil nimmt an dem Geschehen in schwerer Zeit, an den abenteuerlichen und den heiteren Begebenheiten und an den Menschenschicksalen, die ihr auf den Stationen ihres reichen Lebens begegneten.

FRANCKE
Verlag der Francke-Buchhandlung GmbH